与 马克思主义哲学

杨春贵 著

中国社会科学出版社

图书在版编目(CIP)数据

我与马克思主义哲学/杨春贵著.—北京:中国社会科学出版社,2018.5(2019.2重印)

ISBN 978-7-5203-2214-0

Ⅰ.①我… Ⅱ.①杨… Ⅲ.①马克思主义哲学—研究 Ⅳ.①B0-0

中国版本图书馆CIP数据核字(2018)第052699号

出 版 人	赵剑英
责任编辑	王 茵 孙 萍
责任校对	沈丁晨
责任印制	王 超
出 版	中国社会科学出版社
社 址	北京鼓楼西大街甲158号
邮 编	100720
网 址	http://www.csspw.cn
发 行 部	010-84083685
门 市 部	010-84029450
经 销	新华书店及其他书店
印刷装订	北京君升印刷有限公司
版 次	2018年5月第1版
印 次	2019年2月第3次印刷
开 本	710×1000 1/16
印 张	25
插 页	2
字 数	296千字
定 价	96.00元

凡购买中国社会科学出版社图书,如有质量问题请与本社营销中心联系调换
电话:010-84083683
版权所有 侵权必究

目 录

历史大变动中的人生足迹和哲学生涯 …………………………（1）

　一　少年时期（1936—1950）…………………………（2）

　二　中学时期（1950—1955）…………………………（4）

　三　在北京大学和中国人民大学读书时期
　　　（1955—1962）………………………………………（9）

　四　在南开大学任教和下放广西基层工作时期
　　　（1962—1978）………………………………………（18）

　五　在中共中央党校哲学教研部（室）工作时期
　　　（1978—1993）………………………………………（32）

　六　在中共中央党校从事教学行政管理工作时期
　　　（1993—2001）………………………………………（41）

　七　退出领导工作岗位之后（2001—　）…………（62）

　八　永远的追求：学好用好讲好马克思主义 …………（88）

　九　面向实际的哲学：若干理论问题的探索和
　　　体会 ……………………………………………………（116）

　十　论著目录 ……………………………………………（137）

记者访谈：说人生论哲学……………………………………（183）

    一　潜心读经典　业精哲思深——访中共中央党校
　　　　杨春贵教授（《人民日报》）………………………（183）

    二　哲学与人民共命运——记马克思主义哲学专家
　　　　杨春贵（《光明日报》）………………………………（187）

    三　马克思主义哲学是实践的大众的哲学——杨春贵
　　　　同志访谈录（节录）（《学习时报》）………………（190）

    四　哲学家的思想　政治家的胸怀——记阜新籍著名
　　　　哲学家、中央党校原副校长杨春贵（《阜新
　　　　广播电视报》）…………………………………………（200）

    五　学以致用　不断探索——访中央党校副校长
　　　　杨春贵教授（中国人民大学校友专访录）……………（205）

    六　科学对待马克思主义需要把握的几个原则——访
　　　　马克思主义哲学家、中央党校原副校长杨春贵教授
　　　　（《马克思主义理论学科研究》杂志）…………………（216）

    七　把握体系　抓住精髓　突出主题——就怎样理解中国
　　　　特色社会主义理论访中央党校副校长杨春贵教授
　　　　（《马克思主义与现实》杂志）…………………………（243）

    八　邓小平理论的精髓——访中央党校杨春贵教授
　　　　（《人民日报》）…………………………………………（254）

    九　以人为本是科学发展观的核心——访中央党校
　　　　原副校长杨春贵（《人民日报》）………………………（258）

    十　战略思维与领导艺术——访中央党校原副校长
　　　　杨春贵教授（《中国社会科学报》）……………………（267）

    十一　阅读原著　把握体系　解决问题——就深入学习
　　　　习近平系列重要讲话访中央党校原副校长杨春贵
　　　　（《理论视野》杂志）……………………………………（277）

思想理论界的良师益友 ……………………………………（288）
 一 向李瑞环同志学习"学哲学用哲学"（两则）
  ……………………………………………………（288）
 二 艾思奇：人民的哲学家——在《人民日报》纪念
  "人民的哲学家"艾思奇诞辰100周年笔谈会上的
  发言 ……………………………………………（298）
 三 黄枬森：我心中做学问的一面旗帜（两则）……（299）
 四 肖前教授对马克思主义哲学教材建设的贡献
  ——在"马克思主义哲学的当代发展研讨会
  暨肖前教授八十华诞纪念会"上的讲话…………（309）
 五 韩树英主编的《通俗哲学》是一本优秀的"新大众
  哲学"——在"繁荣哲学社会科学暨纪念韩树英
  教授从事党校教育五十周年研讨会"上的发言
  ……………………………………………………（313）
 六 龚育之在哲学上的三大贡献………………………（316）
 七 袁贵仁主持编写的"马工程"哲学教材是一本
  富有中国特色和时代精神的马克思主义哲学
  教材 ……………………………………………（325）
 八 吴仁宝：中国杰出的农民思想家…………………（337）
 九 张江明：我国社会主义社会辩证法研究的一位
  领军人物…………………………………………（341）
 十 张式谷：一位执着坚定的马克思主义理论
  工作者……………………………………………（343）
 十一 金春明教授对"文革"史研究的贡献 ………（347）
 十二 赵剑英的一部接地气有新意的哲学文集………（352）

附录　本人作品的学界评论……………………………………（358）

　　一　中华人民共和国哲学发展历程的理论再现——《中国
　　　　哲学四十年（1949—1989）》评介 ………………（358）

　　二　全方位研究毛泽东哲学思想的一部力作
　　　　——《哲学家毛泽东》评介 ………………………（362）

　　三　《邓小平理论与社会主义的历史命运》
　　　　一书的专家鉴定意见（2000年10月20日）……（364）

　　四　邓小平理论研究的新开拓——《邓小平理论与
　　　　社会主义的历史命运》评介…………………………（367）

　　五　一套反映干部教育新要求的佳作——读杨春贵
　　　　教授主编的"重大理论与实践100例"系列
　　　　读物……………………………………………………（370）

　　六　总结宝贵经验　弘扬优良学风——读"重大理论与
　　　　实践100例"系列丛书………………………………（376）

　　七　一部研究党校教学的力作——《党校教学论》
　　　　评介……………………………………………………（379）

　　八　实现"步步高"要求的可喜成果——《马克思
　　　　主义与社会科学方法论》评介………………………（384）

后　记 ………………………………………………………（391）

历史大变动中的人生足迹和哲学生涯[*]

子在川上曰："逝者如斯夫！不舍昼夜。"转眼之间，我已经走过80年人生历程。今天晚上，大家在这里聚集一堂，为我过生日，我对大家的深情厚谊和美好祝愿，表示衷心的感谢！

忆往昔，岁月沧桑，感慨万千。我从一个祖国东北县城的穷孩子，成长为党的最高学府的一名老师、一名理论工作者和一名领导干部，固然同个人努力分不开，但更重要的，起决定性作用的，是党和国家的培养。我感恩祖国，感恩人民，感恩党，感恩改革开放的新时代。下面，我对自己80年的人生之路和哲学生涯，做一简要回顾。

---

[*] 2016年1月28日，我的学生、亲戚和朋友，为我举行了一个小型生日聚会。我在会上做了一个发言，简要回顾了80年人生足迹和哲学生涯，以及对党和国家、对亲朋好友的感激之情。这篇《历史大变动中的人生足迹和哲学生涯》就是在此次发言的基础上增写的。增写的时候，利用了2013年8月出版的《毛泽东邓小平理论研究》杂志（上海）发表的《我的半个世纪的哲学教学和研究》一文和科学出版社2014年8月出版的《20世纪中国知名科学家学术成就概览》（哲学卷第3分册）中有关我的介绍中的一些资料。第八部分《永远的追求：学好用好讲好马克思主义》系2017年5月5日在中共中央党校直属机关党委召开的"五四"青年节座谈会上的发言及2017年6月6日在中共中央党校中青年教师党性修养培训班上的讲话整理而成，实际上也是我将近60年学习、研究、讲授和宣传马克思主义的主要心得体会。

一　少年时期（1936—1950）

1996年4月2日，一次座谈会上《中国乡镇企业报》记者乔仲林同志所拍的杨春贵

我1936年1月28日出生于辽宁省阜新市阜新蒙古族自治县城关镇一个贫民家庭。父亲杨福庭（1893—1982）给地主打过长工，在商家当过厨师，与人合伙开过杂货铺和小旅店，劳苦一生，勉强糊口度日，35岁才结婚，娶了我的母亲杨石氏（1907—1986）。我们兄弟姊妹八人，我排行老四。缺吃少穿，日子艰难，是我儿时最深的记忆。我常到郊区地里挖野菜，在城里垃圾堆中捡煤核，以补贴家用。东北的冬天非常冷，破衣烂衫难以御寒，我的手脚常被冻伤而留下一个又一个疤痕。六七岁的时候，我患了一种眼病，无钱医治，每隔十天左右发作一次，眼球发红，泪流不止，不能正常上学，这种情况持续了七八年之久。我的父母都是文盲，家中没有一本书可看，唯一有字的东西是一本皇历。家里也没有钟表，我早晨上学是靠观察家门口一堵墙的影子判断时间，因此常常迟到。

我上小学的六年时间，竟经历了三个不同的时代。1943—1945年就读于阜新县城关镇小学。当时正处于日伪统治时期，受的是亡国奴教育。当时我都不知道自己是中国人，而称自己是"满洲国人",因为大人不敢告诉我们实情。孩子口无遮拦,万一说走了嘴,大人便会面临牢狱之灾。小学校的校长是日本人,我们早晨上学一进校门必须用日语向校长和老师问好。先贤有云:"灭人之国,必先去其史。"幼年的我,便经历了这样一种丧国之痛。1945年8月15日,日本战败投降,祖国光复,万民欢腾。可是,好景不长,胜利的锣鼓声犹闻在耳,国民党、蒋介石就发动全面内战,我的家乡成了"拉锯战"的战场,兵荒马乱,炮火连天,国无宁日,民不聊生。逃难、钻防空洞,成了百姓生活的常态。我们上学只能"三天打鱼,两天晒网",时断时续,难以正常进行。1948年3月18日,中国人民解放军攻克阜新,我的家乡获得解放。解放军战士给各家各户扫院子、挑水、干杂活,给我留下了深深的印象。我们欢天喜地参加群众大会,扭着秧歌走上街头,唱着"解放区的天是明朗的天"的歌曲,庆祝人民翻身解放。人民政府非常重视教育,原来县城只有一所小学,仅仅筹备几个月,就增办了两所,我得以在家门口的城关镇第三小学就近上学了。新学校桌椅不够,我们便在老师的带领下到居民家中暂借。我们还响应人民政府关于扫除文盲的号召,在城门口挂上一块黑板,写上"工人""农民""共产党""解放军"等文字,教过往行人识字;还把邻居家比我们更小的孩子组织起来,一边做游戏,一边教他们读我们学过的课文。当时街头到处张贴革命标语,我照猫画虎,在自己家里的室内墙壁上也用刷子蘸上墨汁刷上"共产党万岁""毛主席万岁""解放军万岁"等大字标语。小小年纪,仿佛一下子成熟起来,懂得了许多"政治"。新社会给我带来了新生活、新希望。

二　中学时期（1950—1955）

1950年春天，我们县城开办了有史以来的第一所初级中学——阜新县中学，我就地入学成了一年级新生。校长王德宏是一位带有警卫员的老干部，我们都非常尊敬他。有一次，他给我们要求入团的积极分子讲团课，这是我人生中第一次听到的政治启蒙课，懂得了中国共产党的奋斗目标是实现没有阶级压迫和阶级剥削的、幸福美好的社会主义、共产主义，现在的任务是建设新民主主义，中国新民主主义青年团是中国共产党政治上的助手和后备军。我热爱党的朴素感情得到一次初步的理性升华。1950年6月25日，由谢文富同学介绍，我光荣地加入了中国新民主主义青年团。从此，我学习的热情更高了，在政治上要求进步的积极性更强烈了。每逢遇到什么困难，我就在心中默念："我是共青团员，没有什么克服不了的困难！"大家推举我做学校学生会的学习部长，初中毕业时我以各科平均94.5分的成绩，在全年级二百多名同学中，排名第一。我对文科尤其感兴趣，学校的图书馆和县文化馆的报刊阅览室几乎成了我的第二课堂，各种报纸、《中学生》杂志、《东北文学》等文学期刊，是我每天不能离开的"精神食粮"。逢年过节，学校在县城的十字街头出版墙报，我总是积极提供稿件，并和几位同学一起到街头张贴稿件。我还经常为地方报纸写稿反映学校生活，有一次写了一篇学校节电的小故事，被《生活知识报》发表出来，更鼓舞了我写"豆腐块"文章的积极性。我后来报考大学选择新闻学专业，想来同青少年时期培养的这种兴趣不无关系。

1952年秋天,我被保送到离家20华里的阜新市中学读高中。这所学校原称辽北八中,是当时辽西省办学条件较好的学校之一,师资力量很强。学校丰富多彩的课外活动给我留下特别深刻的印象,许多活动至今历历在目。教地理课的苏可老师指导学生创办了一个小小气象站,学生每天轮流观天象,记录并发布当日当地气温、湿度、风向、风力,预报当日及近期阴晴雨雪,在全国小有名气,当时有好几家报刊对它做了报道。苏可老师还领着我们到郊野去察看地形、地貌,研究地层、土壤、岩石的分布及其演变,引起我们探索大自然奥秘的浓厚兴趣。学校规定,每天下午四点到四点半为全校各班集体读报时间,教导主任姚广武老师事先将需要宣读的内容用红笔把标题标示出来,高中班由本班推荐领读员领读,初中班由学校指定高中生去领读。我在高中学习三年,为初中班当了三年领读员。这项活动使我受益良多,既培养了天天读报的习惯,又提高了

1999年8月15日,杨春贵回母校阜新县中学,在校领导陪同下参观校园

朗读的能力，还扩大了知识面，了解了许多国际国内大事，党和国家领导人的名字，甚至不少外国政要的名字，我都烂熟于心。寒暑假的时候，学校还组织我们到家庭所在地为居民读报，宣讲党的方针政策。有一次，县城召开有几千人参加的民众大会，庆祝八一建军节，社会各界代表讲话，我作为学生代表发言，自己写的发言稿。会后老师说，讲得很好，只是在一个地方讲"从土地革命战争到北伐战争"，应当倒过来说。我闹了一个大笑话，但也说明，我对这类社会活动是很积极、很热情，也很有勇气的。所有这些活动，不仅锻炼了我的社会活动能力，而且大大增强了我为大家服务的责任感。学校的文体活动丰富多彩。有一次举行演讲比赛，当时我正在读苏联作家写的一本小说《普通一兵》，感到主人公马特洛索夫非常热爱学习，并且也善于学习，我便以"马特洛索夫是怎样学习的"为题参加演讲，结果获得了一等奖。老师认为，我的演讲不仅流畅、有激情，选题特别有意义，把阅读文艺作品、向英雄人物学习、研究学习方法结合起来，对听众有多方面的启发。又有一次，学校举行作文比赛，我应征写了一篇杂文《在学校里和在家里》，内容讲某同学在学校热爱劳动，不怕苦、不怕累，经常受到老师的表扬，可是，在家里却懒懒散散，什么也不干，是个"两面人"。我由此引发一些议论，认为我们从小应该养成表里一致的作风，不慕虚荣，不做表面文章，像古人所倡导的那样，做一个真实的、慎独的人。故事是虚构的，却是我用心观察生活的一种概括、一种思考，尽管这种概括和思考还比较肤浅，却表明了我对生活的一种干预，对自己的一种警示。后来，《中国青年报》刊发了我的这篇文章，使我观察生活、思考问题和勤于动笔的精神受到更大鼓舞。春天学校组织我们

"远足",就是步行到远郊游览山川、农田、村舍,每次回来,我都主动写一篇"纪行",讲自己的所见所闻、所思所感。记得一次到30公里以外的农村"远足",我写了一篇《大铁厂村纪行》,反映一个村庄农业合作化中的新人新事,得到政治课老师的肯定和表扬。我还是学校体育活动的积极分子。每天天不亮就起床参加集体长跑,三年如一日,即使北风呼啸的寒冬腊月也不曾中断。我特别喜欢排球,从初中起就是校排球队队员,经常参加校内外的比赛。高中毕业时,学校授予我"优秀学生"称号,我感到,这里的原因,除了我的各科学习成绩一直比较好以外,大约同我积极参加各种社会活动也不无关系,也许这就是我们今天所说的素质教育吧!

中学阶段结束了。初中三年,我是在县城父母身边度过的。那时生活艰难,自不待言,每逢开学时父亲为几元钱学费到处借钱的尴尬样子,我至今记忆犹新。但那毕竟是一个人口较多的大家庭,即使再穷,也不在乎多我这张嘴;衣衫再烂,由于母亲的缝缝补补,也不至于衣不遮体。到了高中时期,情况不同了,我来到了市里,来到了二哥春华和二嫂这个两口之家。我的到来,给他们带来很多麻烦。二哥在阜新市电业局工作,刚刚由工人转干,二嫂没有工作。他们只有一间

1952年7月,杨春贵在阜新县中学初中毕业照

我与马克思主义哲学

1955年7月,杨春贵在阜新市中学高中毕业照

1959年11月3日,杨春贵同二哥杨春华在北京留影

住房,没有办法,只能在邻居家给我借了一个床位,后来看我放学后没有地方复习功课,下狠心咬了咬牙,还是让我住到了学校。这样,伙食费就要大大增加了,每月要交六元钱,而二哥的月工资也不过四五十元。但是,他们决心供我上学,并且说,将来还要上大学,结束我们杨家从来没有出过大学生的历史。由于吃学校食堂,伙食比在家时好多了,营养跟上了,我长达七八年之久的眼疾——角膜溃疡,也不治自愈了。在我离开家乡到北京上大学的时候,二哥已从阜新电业局调到锦州电业局工作。我路过锦州时,他们给我打理行装,买了车票,另外还带了两样东西:一个是二哥用过多年的一块手表;一个是跟随他多年的绿色帆布书包,这两样东西伴随了我整个大学期间。人们都说,"长兄如父,长嫂如母"。我的大哥早逝,大嫂改嫁,春华和二嫂便是我的长兄长嫂了。我像感恩我的父母一样,感恩

我的这两位兄嫂，没有他们的关照就没有我的今天。

三 在北京大学和中国人民大学读书时期（1955—1962）

1955年夏天，阜新市高中首届毕业生中有四人考入清华大学，两人考入北京大学。我考取的是北京大学中文系，9月1日到校报到。燕园的湖光塔影、古色古香的建筑，令我这个来自边陲小镇的穷孩子感到如入人间仙境，十分陶醉。可是，当时的住宿条件却使我大出意外。当时正值国家掀起经济建设和文化建设高潮，提出了向科学进军的口号，大学普遍扩招，校

1955年7月，阜新市中学排球队欢送杨春贵（后排左一）、宋哲林（后排右二）、高芳（前排左一）、周玉洁（前排右二）等同学高中毕业。二排右一为教导主任姚广武，二排左一为体育老师周英会，二排左二为体育老师刘玉海

舍的建设跟不上,北大便把"小饭厅"改成临时宿舍,安排了几百名新生入住,全是上下双层床铺。我的上铺便是后来成为著名作家和文艺理论家的吴泰昌同学。面对这种困难,学校告诉我们,"这是发展中的困难",形势很快就会好起来的。果不其然,半年后我们就搬进了新落成的简易宿舍第13斋,一间房子住了24个人。大二的时候,又搬到了新落成的四层宿舍楼第30斋,每间房子住了6个人。随着学校建设的发展,北大的学生宿舍日益得到了改善。

北大中文系当时有两个专业,一个是汉语言文学专业,一个是新闻学专业。报考的时候统一报中文系,入学后,根据个人志愿和学校统筹安排,再分专业。我被分配到中文系的新闻学专业。三年以后,即1958年9月底,北京大学新闻学专业与中国人民大学新闻系合并,我们北大学生成建制地转入中国人

1979年冬,杨春贵回家乡探亲时全家合影

(中排左四为父亲杨福庭,右四为母亲杨石氏,右三为二哥杨春华,左三为三哥杨春富,右二为杨春贵,左二为五弟杨春生,右一为六弟杨春明,后排左三为大妹杨淑琴,左四为二妹杨惠琴)

民大学新闻系,学制也由五年改为四年,头三年在北大,最后一年在人大。这两所中国名校、名系使我眼界大开,在人生道路上迈上了一个新台阶。在这里,我聆听了许多大师级教授的精彩授课,坐进了有几百万册藏书的图书馆潜心阅读,参加了校园内丰富多彩的各种社团活动,见到了许多国内外知名政要、作家和社会名流。世界在我眼前变得波澜壮阔、色彩斑斓。我感到无比的幸福和自豪。就家境来说,我本来是没有条件到北京上这样的大

1956年4月4日,北京大学中文系新闻学专业1955级三班同学春游香山。最后一排右四为杨春贵。右一为越南留学生范克榄,左一为越南留学生武黄迪(我是他的辅导员)。班主任郑兴东老师带队,这张照片是他拍的

学的。但是,国家的助学金制度改变了我的命运。学校不仅不向我收取一分钱学费、住宿费,每个月还给我十二元五角的生活费(二等助学金),使我衣食无忧。因此,我从心里感激党、感激国家、感激人民。从入学的第一天起,我就决心在政治上更严格地要求自己,在专业上更刻苦地学习,争取以优异成绩回报党和人民。在组织和同志们的帮助下,经同班调干生戴西江、师德明两位同学介绍,我于1956年12月30日在北京大学光荣地加入了中国共产党,并先后担任班级团支部宣传委员、北大中文系学生会主席、人大新闻系学生会主席。

在大学本科四年的学习中,我感到有四个方面收获最大。

(一)读名著。我这里指的是文学名著,包括中国古典文

我与马克思主义哲学

1957年5月，杨春贵在北大新闻学专业读大三时，和同班同学张志平在北京展览馆门前采访一位老人

1957年10月，杨春贵在北大读大三时所照

学、中国近现代文学以及西方文学史上那些代表性的著作。这些文化瑰宝在我眼前呈现了一幅多姿多彩的历史画面和许多生动鲜活的人物形象，告诉了我什么是历史、什么是人生，什么是真善美、什么是假丑恶，教给了我许多做人做事的道理和规矩，潜移默化地提升了我的精神境界和文字能力。我以为，多读文学名著是青年人了解社会、完善自我、成长进步的一个重要途径，更是成就一名优秀新闻工作者的重要条件。这种阅读，是任何一种课堂讲授都不能代替的。大学四年，我读了古今中外名著数十本，摘录了写人、写景、写事的卡片数百张，大大丰富了我的知识储备，提升了我的精神境界，深感终身受益。

（二）勤动笔。每天坚持写日记，看电影写影评，读书写书评，有感受写杂文，总之，有机会就写，长短不拘，也不一定拿去发表，主要是练笔。这是提炼思想、提高写作能力的必由之路。下功夫写一篇有分量

历史大变动中的人生足迹和哲学生涯

1958年4月26日，北京大学中文系同学在修十三陵水库时在坝顶所照。当时的编制为北京大学方志敏团（中文系）第三连（三年级）卓娅舒拉排（男女生混编）。最高一排左三为杨春贵

的文章，往往会受到多方面的锻炼，得到多方面的提高。1958年北大60年校庆前夕，我和同班的沈金梅同学应《新观察》杂志之约，写了一篇五六千字的《北大六十年的故事》，我们事前翻阅了北大校史和有关的回忆录，登门请教冯友兰等著名教授，重访沙滩北大红楼，写作的过程成了一次北大精神的寻根之旅，一次中国近现代历史的再学习。这次写作给我留下许多终生难忘的记忆，以致在今天的理论课教学中我还经常引用当年积累的一些思想资料。例如当年李大钊、毛泽东、邓中夏等在北大传播马克思主义的活动，1919年"五四"新文化运动，1935年"一二·九"学生爱国运动等，都给我留下了深刻印象。

（三）重实践。新闻学是一门实践性很强的科学。书斋里

培养不出名记者。在大学四年中，我两次参加教学实习，收获都很大。一次是在北大，1958年6月到8月，去《天津工人日报》实习；一次是在人大，1958年10月到1959年4月，去青海参与创办《柴达木报》。特别是后一次，我们七个同学——郭同新、陈清、丁弘、吴正凡、沈金梅、李康宁和我，来到海拔3000多米的柴达木盆地，和当地的几位同志一起，几乎是白手起家办起一张新报纸，就连报社仅有的一台手摇印刷机还是我们从北京带去的。我们住土坯房，吃青稞饭，搭货车、穿翻毛皮大衣和毡靴外出采访。半年时间没处洗澡，临返京前，报社招待我们，才到地质大队的浴室洗了一次澡。艰苦生活磨炼了我们的意志，使我们学会了许多不懂的东西。在当地党委领导下，仅仅筹备一个多月就出了创刊号，半年实习期间一共编辑出版了40多期报纸，其间还参与编写出版了系统介绍柴达木盆地情况的第一本图书《可爱的柴达木》，出版了我们写的通讯集《前进吧，柴达木》，返校后又集体写出一篇论文《〈柴达木报〉是怎样体现地区特色的》，在系里大会上交流，被收入学校出版的新闻学论集。在这期间，我还挤时间写出《富饶的柴达木》《冷湖变油湖》《戈壁滩上的旅客之家》《一本生动的共产主义教科书——读〈烈士亲属的回忆〉》等文章，发表在《人民画报》《中国新闻》《旅行家》《中国青年报》等报刊上。这两次为时八个月的教学实习，使我深刻认识到，在新闻工作实践中学习新闻工作，是新闻工作者成长的一条规律。

（四）学哲学。马克思主义哲学即辩证唯物主义和历史唯物主义，是新闻工作者的望远镜和显微镜，它可以使我们的新闻工作站得更高一些、看得更深一些和更远一些。1956年我听过邓拓同志在新闻工作者协会所做的《马克思主义哲学与新闻工作》的长篇报告，1958年自学了艾思奇的《辩证唯物主义讲课提纲》，1959年又上了一个学期的马克思主义哲学原理课，这三次学习使我深受教益，认识到：马克思主义哲学讲的是世界观、历史观、人生观、价值观的大道理，讲的是认识世界、改造世界的根本原则、根本方法，讲的是做人做事做学问的大智慧，因而是普遍管用、根本管用、长期管用的东西，是每一个新闻工作者都应当努力掌握的世界观、方法论，它应当成为新闻工作者终身的必修课。

1959年7月，我从中国人民大学新闻系毕业。正当我踌躇满志准备走上新闻工作岗位的时候，系领导通知我和胡福明同学，说，根据中央关于加强理论工作的精神，学校决定我们两个人转到哲学系读研究生（人大哲学系1956年创办，1959年时还没有本科毕业生）。对于这一点，我俩毫无思想准备。但那时毕业生的口号是"祖国的需要就是我们的志愿""党叫干什么就干什么"，何况我们两个都是共产党员，更无讨价还价之理。当即表示无条件服从组织分配。这样，在1959年9月1日，我们就到哲学系研究生班报到了。

中国人民大学是我国马克思主义理论研究和教学的重镇。这里有陕北公学的优良传统，有苏联专家讲学，有一大批我们党自己培养起来的理论大家和新秀，当时全国各地许多理论工作者和高校政治课教师在这里进修。尤其是对马克思主义经典著作和基本原理的研究，这里起步早、水平高、人才多、影响大。在读研的三年间，我们系统地学习了马克思和恩格斯的《德意志意识形态》《共产党宣言》，马克思的《哥达纲领批判》，恩格斯的《反杜林论》《路德维希·费尔巴哈和德国古典哲学的终结》《自然辩证法》，马克思、恩格斯关于历史唯物主

我与马克思主义哲学

1958年7月，在参与创办《柴达木报》期间，参与编写《可爱的柴达木》一书。这是丁弘（左一）、陈清（左二）和杨春贵三位同学在统改书稿

义的书信，列宁的《唯物主义和经验批判主义》《哲学笔记》《国家与革命》，毛泽东的《中国革命战争的战略问题》《实践论》《矛盾论》《论持久战》，以及当时刚刚出版的《毛泽东选集》第四卷。当时正值我国"三年困难"时期，全民勒紧裤带过紧日子，许多人营养不良，得了浮肿病，学校为了保证学生健康，大大减少会议和各种文体活动，校园一片宁静，城市也失去了昔日的喧哗。这倒给我们提供了更多读书的时间。我们上课听讲，课后复习，逐句逐段推敲，勾勾画画，圈圈点点，在书上留下了各种颜色的笔记和符号。这三年，我在理论上的最大收获，就是比较集中、比较系统和深入地阅读了一大批马克思主义经典著作。这种阅读，不但为我尔后从事理论工作打下了比较坚实的专业基础，而且使我在世界观、人生观、价值观、思维方式乃至文风和话语系统上都发生了重大而深刻的变化，初步懂得了以实践为基础的认识论、以矛盾为核心的辩证法、以经济为基础的唯物史观、以人民为中心的价值论，坚定了我一生对马克思主义的信念。这种阅读，使我深深体会到，经典的力量是无穷的，它是历史文化中的珍品，人类智慧的结晶，知识海洋中的灯塔，是无产阶级和人民大众实现自身解放的伟大认识工具和行动指南，是我们党和人民最可宝贵的政治和精神财富。

1959年7月，中国人民大学新闻系1955级三班全体同学毕业留念。后排左起：江天水、梅庆生、杜念春、杨春贵、戈悟觉、车书栋、任肇鼎、张锦才、戴西江、霍隽，第三排左起：沈金梅、游延龄、朱克明、师德明、朱玉衡、张志平、李康宁、卢贤君、孙孝建，第二排左起：宋聘辛、颜振育、武黄迪（越南留学生）、×××（越南留学生）、金奇焕（朝鲜留学生）、黄克迪（越南留学生）、叶粹纯、李鹏远，第一排左起：姚志能、许医农、柳慧菊、徐佑珠、谢珂、索菲、×××（越南留学生）

在读研的三年间，除了自学、听课之外，我还参加了一些科研和教学活动。当时哲学系组织本科高年级学生和研究生对马列经典著作进行注释和解读，总共有十来本，我参加了对恩格斯《自然辩证法》一书的注释和介绍的写作。结合俄文课的学习，我和班上的四位同学合译了一位苏联哲学家编写的《恩格斯〈反杜林论〉辅导》一书。我还担任了北京市宣武区红旗夜大学哲学课的部分教学工作。1962年10月26日《光明日

1962年7月7日，中国人民大学哲学研究班毕业照。最后一排右八为杨春贵。二排左六为中国人民大学副校长聂真，二排左七为系主任张腾霄，二排右六为副系主任方华

报》哲学专刊发表了我在学习期间撰写的《总的量变过程中也有部分质变吗？——同何城同志商榷》一文，这是我公开发表的第一篇哲学论文。到此，我的研究生学习阶段也就结束了。

四 在南开大学任教和下放广西基层工作时期（1962—1978）

1962年7月，我从中国人民大学哲学系研究生班毕业时，学校打算把我留在系里从事教学工作。我很感激校方对我的信任。当时"三年困难时期"还没有完全度过，大学毕业生的分配一般并不理想，我能留校，这个机会是很难得的。但是，校方的好意被我婉谢了。因为我在1961年2月7日已经同刘玉琪

女士结婚，她在天津市第一结核病防治院当医生，在1962年5月我们又有了第一个女儿，如果我留校，造成两地分居，会多有不便。领导听了我的困难，表示理解，便根据我的意愿将我分配到天津南开大学哲学系任教。当时南开大学哲学系刚刚从政经系分离出来，人手不齐，我一报到便被授以重任：为本科五年级学生讲授两本分量很重的经典著作，一本是恩格斯的《路德维希·费尔巴哈和德国古典哲学的终结》，一本是列宁的《哲学笔记》。前者在我国的研究基础比较好。我在人大读研期间聆听乐燕平老师讲这本书，他逐句逐段讲解，而且不看讲稿，内容烂熟于心，给我留下深刻印象。而且他的讲稿已由河北人民出版社出版，可以随时翻阅，我备这门课难度不是很大。后者情况不同，内容涉及方面更多，国内研究基础较弱，在人大读研期间老师讲得也比较简略，因此，我备课的难度相当大。当时恰好北大的黄枏森老师有一个内部印刷的《〈哲学笔记〉注释和提要》，我通过在北大读书时的老同学、中文系研究生吴泰昌同志拿到了这本书，对我帮助甚大。因此，我虽然没有听过黄枏森的课，但我始终把他看作我的老师。为了准备这两门课，我还再次认真读了黑格尔的《小逻辑》等著作，并做了详细的读书笔记，黑格尔著作中那种深刻的辩证思维和丰富的思想资料，使我深受启发。确实是，不懂黑格尔是难以读懂马克思、恩格斯和列宁的。感到作为一名马克思主义理论工作者，必须有开阔的理论视野和广博的历史知识，特别是对马克思主义的思想理论来源，应当有深入系统的钻研。否则，便很容易将复杂的理论问题简单化。

我在南开大学工作了七年，这是我人生道路上比较低潮的七年。刚到校不久，就被查出患了肝炎、胆囊炎，跑医院，住

我与马克思主义哲学

1969年11月17日,离开天津下放广西前夕,杨春贵(二排右一)全家在天津与孩子的姥姥(前右)、大姨(前左)合影留念

疗养院,时好时坏,迁延数年。又恰逢全国重提阶级斗争为纲,学校大张旗鼓开展以反对资本主义复辟为主要内容的社会主义教育运动,师生下厂下乡接受工人阶级和贫下中农"再教育",以我的病弱之躯,对这些活动都难以适应,于是同其他老弱病残一起留校守摊,每天读报、讨论,无事可干,情绪相当低落。家庭生活也遇到一些困难,有三四年时间没有住房,全家人只能临时栖居在教学楼中一个废弃的库房中。孩子需要喝奶,当时都是根据住宅房间号送奶,我们只能请一位老师多订一瓶,天天到他家去取。1966年5月,又开始了"文化大革命",学生造反,学校停课,批"资产阶级反动路线",斗"走资本主义道路当权派",打倒"资产阶级反动学术权威",横扫"一切牛鬼蛇神"。整个学校陷于瘫痪。在"文化大革命"中,开始

1996年9月12日,赴南开大学参加校庆。这是与当年的同事在杨春贵曾经住过的北村六楼(201)楼前合影。左起:陈晏清教授、杨春贵、王兴华教授、吴振海教授、洪志教授、封毓昌教授、童坦教授

我是"观潮派",也被人家贴了几张大字报,后来随大流参加"造反派",跟着大家搞"大批判""斗私批修""天天读、早请示、晚汇报",唱"语录歌"、跳"忠字舞",接受军宣队、工宣队"再教育"。在两派武斗的高潮中,我又成了"逍遥派",整天无所事事。正是在这个时候,天津市革命委员会遵照毛泽东关于"把医疗卫生工作的重点放到农村去"的"6·26"指示,决定下放3000多名医务人员到广西壮族自治区农村安家落户。我的夫人刘玉琪名列其中,我和两个女儿杨阳(7岁)、杨光(2岁)陪同下放。

1969年12月27日,也就是新年的前夕,天津下放广西河池地区的医务人员及其家属登上了南去的列车。在天津火车站台,上下哭声一片。我在天津没有亲属,学校也没有派人送行,

1969年12月底,杨春贵全家下放广西河池县河池公社,在公社卫生院安家落户。这是1996年6月10日杨春贵旧地重游时在当年住过的房子前面留影

只有南开的同事、好友李绍庚老师在人群中向我们挥手告别,我至今对他心存感激之情。几千里行程,三天两夜,走走停停,没有卧铺,只有硬座,人们横七竖八地在过道里休息。12月30日中午,我们终于来到位于广西西北部大石山区的河池地委所在地——河池县金城江镇。在这里集中学习两天后,我们全家乘汽车来到50华里以外的河池县河池公社卫生院安家落户。

夫人在卫生院上班,大女儿在公社小学上学,二女儿寄托在老乡家里,我被安排在离公社50华里的地区革委会工作。我们在南国大石山区里开始了一种从前完全不熟悉的农村新生活。我从天津带来的全部家当就是一个衣柜、一个极小的食品柜和一辆自行车。可以说,家徒四壁。但我还是用几块砖头和四个木板搭成了一个书架,摆上了从天津带来的几百本图书,卫生院的医护人员特别是天津下放来的同志常常到我这里翻书。卫生院给我们提供了两张木板床，全家得以安身。我们自己动手，用泥巴砌了一个灶台，用柴草烧火做饭，上小学二年级的大女儿放学时顺路拾柴，回家便点火煮饭，她妈妈下班后炒菜。二女儿两岁多，有一段时间没有找到寄放的家庭，便由她姐姐背着上学，到学校后自己在教室外玩耍，等姐姐放学，才一起回家。这种生活大约

1970年5月，在广西河池县河池公社卫生院门前，杨春贵及夫人刘玉琪、大女儿杨阳、二女儿杨光全家合影

过了两年。后来地委领导看我两地分居，生活确实困难，将我的夫人调到位于金城江镇的广西新华印刷厂医务室，全家一起迁到金城江，住在地委大院，情况才有了明显好转。

在下放广西的3000多名医务人员家属中，我的工作安排是一个例外。其他所有陪同下放的家属，不论从事什么工作，一律在公社所在地安排，有的在供销社，有的在邮局、税务所，有的在中小学。我们的一个朋友，原来在河北省足球队当教练，被安排到供销社卖酱油。为什么我被安排到地区革委会工作呢？后来我才知道，因为河池地区是一个刚刚成立几年的新地区，又是大石山区，干部缺乏，尤其是当年很重视宣传报道工作，这里的新闻工作人员奇缺，报道工作长期上不去，地委领导很着急。翻阅我的档案时发现，我是大学新闻系毕业，简直是雪中送炭！于是我就被"破格"留在了地区革委会宣传小组报道组工作，当了几年报道组副组长（组长是军代表）。后来又担

任地委宣传部理论教育科副科长、科长，一共七年时间。这七年，我在思想上的最大收获，是对中国的国情有了更加深刻的认识，对于中国农民的所思所想、所急所求有了更加真切的了解。中国农村的贫穷、农民生活的艰辛，给我留下了刻骨铭心的记忆。我经常坐长途汽车、自带行李下乡采访，也曾经参加农村社教工作队与农民同吃同住同劳动，有一段时间还到基层同农民一起学哲学、用哲学。这些，都使我有可能近距离地观察农村、农民和农村基层干部，使我的思想感情、思想作风发生了很大变化，老百姓在我心中的分量更加重了，想问题、办事情、发议论也比从前更加务实了。地委领导和同志们对于我的这些变化和进步都给予了充分肯定和鼓励。大家推荐我在地直机关大会上谈心得体会，选举我参加地区党代会和自治区党代会，令我深受感动。

在河池的这些年，由于处于"文化大革命"的大环境中，我所从事的宣传、理论工作不可能不打上时代的烙印。当时广西的大规模武斗已经结束，主要是参加批判"刘邓路线""批林批孔"、反击"右倾翻案风""抓革命、促生产"等。从根本上说，这一时期是难以从事什么真正科学的思想理论工作的。如果说，在力所能及的范围内，还做了一些有某种积极意义的事情，大概主要是两件。

一是团结下放基层的大学生和研究生开展马列和毛泽东著作的学习、研究和宣传。当时有不少来自全国各地的大学毕业生被分配到大队、公社、厂矿等基层单位劳动锻炼。有的已经下去了两三年、三四年。我觉得应当做适当安排，以充分发挥他们的聪明才智和专业特长。我向地委领导和组织部门做了反映，建议抽调一些人充实地区理论、宣传工作部门。尽管当时阻力不小,有各种非议,但是,地委最终还是采纳了我的建议,光是地委宣传部理论教育科就先后借调或调进六七位,其中包括北大、清华、中山大学、武汉大学毕业的本科生和研究生。我们组织在一起,编写和出版了不少学习马列和毛泽东著作的小册子,如《学习革命导师的伟大实践和学说——〈论马克思〉、〈论马克思和恩格斯〉、〈论列宁〉学习札记》《〈哥达纲领批判〉基本观点介绍》《〈唯物主义和经验批判主义〉基本观点介绍》《学习〈矛盾论〉》《学习〈论十大关系〉》等。这些小册子都由广西人民出版社先后出版。这在广西十几个地市中,是从来没有过的(当然,都是以单位的名义署名的,作者的名字从来没有出现过)。参与此项工作的大学生、研究生的积极性被调动起来,在思想上、业务上得到很大锻炼和提高,后来在改革开放和现代化建设中都发挥了很好的作用,有的成了教授、博导,如张祥生(湖北省委党校教授)、陈金全(西南政法大学教授)、祁汉斋

1969年底,杨春贵全家下放广西,在河池县河池公社卫生院内安家落户。杨春贵被安排到距家50多华里的河池地区革委会报道组工作。1972年,夫人被调到位于地委所在地金城江镇的广西新华印刷厂医务室工作。这样,就把家搬到了地直机关宿舍。这张照片是2003年杨春贵及夫人刘玉琪重访金城江镇时在自己的旧居所拍。此楼外号"联合国大楼",因为各单位人都有,取杂多之意

(广东东莞市委党校常务副校长、教授)、杨振贤(汕头大学教授);有的成了地市级领导干部,如李衍平(广东揭阳市委常委、宣传部长、副市长)、林建初(华夏出版社总编辑)、唐茂清(广西壮族自治区副检察长)等。

二是组织基层干部和农民群众学哲学、用哲学。我曾担任地委中心组的学习秘书,跟地委领导同志一起学习理论,用哲学指导山区工作。我在做学习辅导的同时负责整理学习体会,或者以地委名义发表文章,或者撰写新闻报道,宣传干部、群众学哲学、用哲学的情况,有许多在自治区和地区的报刊上发表,如《立大跃进雄心 破山区落后论——谈用一分二的观点对待山区工作》(《广西日报》1970年3月31日)、《用毛主席

1971年6月21日,杨春贵参加广西河池地区首次党代会,随大会全体代表到东兰县烈士陵园缅怀革命先烈。前排右七为地委书记丁乐玉,右八为地委副书记李均,第四排左一为杨春贵

的哲学思想武装群众　掀起农业生产新高潮》(新华社稿1970年6月1日)、《立足于自力更生——写给战斗在山区的革命干部》(《广西日报》1971年10月23日)、《一堂重新认识山区的路线教育课——中共河池地委工作会议侧记》(《河池通讯》1971年第18期)、《运用两点论搞好调查研究》(《广西日报》1971年7月30日)、《河池地区少数民族理论队伍成长壮大》(《广西日报》1976年2月2日),等等。根据地委安排,我还曾同地委、县委几位同志到凤山县长洲公社长洲大队蹲点半年,组织农民和基层干部结合实际学习马克思主义哲学,特别是毛泽东的哲学著作。我给大家编了一本《毛主席哲学语录》,辅导大家学习《实践论》《矛盾论》,指导农民联系生活、生产、工作的实际谈学习心得,交流学习经验,在当地产生了较大影响,涌现出一大批学习积极分子。"一分为二""实践出真知""具体问题具体分析""群众是真正的英雄"等,成了许多人的口头禅。当然,当时也学了另外一些语录,如"共产党的哲学就是斗争哲学""阶级斗争一抓就灵""抓革命、促生产"等。地委在这里召开了现场会,各县县委书记、宣传部长参加会议,长洲大队党支部和学习积极分子在会上谈了学习体会,我也在会上做了经验介绍,《广西日报》做了长篇、连续报道。由此,我便得了一个绰号,叫"杨哲学"。我在辅导农民和基层干部学哲学的过程中,也学到了很多东西,原来在脑海里比较抽象的哲学原理在生活中变得生动起来、鲜活起来。书本给我以理论知识,农民给我以生活智慧。正是因为有了这段向农民普及哲学的基础和经验,后来我才有可能应广西专供农民阅读的小刊物《政治文化夜校》的要求,写出《哲学常识讲话十六讲》,每期刊登一讲,每讲大约两千字,每篇文章有哲学基本观点,有谚语、成语、故事，有生产斗争、阶级斗争和科学实验中的生动事例，连载了一年多，许多读者来信反映，说看得懂，有意思，用得上。这种经历，对于我尔后几十年注重深入浅出地给干部讲哲学是有很大帮助的。

在广西河池的这七年，我和当地的干部、群众结下了深厚的情谊。我视它为我的第二故乡，至今仍然同那里的许多同志保持密切的交往。在那里当过地委领导的丁乐玉、马庭栋、李纪恒、奉恒高（瑶族）、梁胜利（壮族）等后来虽然都离开了河池，但共同的河池工作经历这个"家乡情结"使我们保持了持久的友谊。我曾多次重访这块哺育了我七年之久的热土，每天看河池朋友圈传来的微信，每周坚持阅读编辑部同志寄来的《河池日报》，为那里改革开放以来发生的巨大变化而欢欣鼓

1976年4月26日，河池地委宣传部召开第一次理论问题讨论会。发言人为工人理论学习骨干，其对面戴眼镜者为杨春贵

舞，也愿意为那里的改革、发展尽自己的绵薄之力。当我听说初创的广西现代职业技术学院因为藏书不"达标"而迟迟得不到批准时，立即将我的部分藏书和从校内有关部门征集到的图书共一万六千余册分六批运送到学院图书馆，解了他们的燃眉之急。现在他们在图书馆内专门设了一个"春贵书库"，主要收藏我的捐书，供师生阅览。

我的女儿杨光从美国回来后，曾经专门率领她的三个女儿

2003年1月9日，杨春贵到"文化大革命"时下放的广西河池地区访问，来到新建的广西现代职业技术学院考察。发现该院图书馆藏书匮乏，回京后将自己的一部分藏书及从教务部、出版社、图书馆、科研部等校内有关单位征集到的图书，分批寄给该院图书馆，计一万六千余册。该院专辟一间"春贵书库"供师生阅览

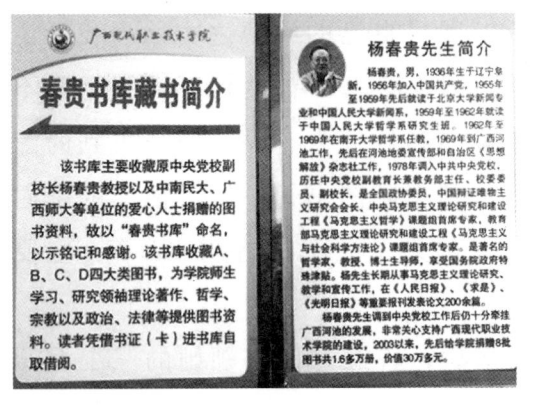

春贵书库及个人简介　　　　2017年3月,杨春贵女儿杨光及外孙女第五次赴广西捐书纪念

拜访她儿时的旧居和学校,向学校捐了一架自己的钢琴和募集到的一架古琴,还同三位家庭困难的小学生建立起长期友好关系,向他们赠送图书、文具等学习用品。

1976年10月,粉碎"四人帮",改变了党和国家的命运,也改变了我个人的命运。天津下放人员只能落户基层的政策开始有所松动。1977年10月,我被调到中共广西壮族自治区党委宣传部,参与创办区党委理论刊物《思想解放》,担任编辑工作。

在该刊1978年第四期上,我以笔名"秋实",发表一篇读书札记——《坚持理论与实践的统一——从考茨基脑袋里的木箱谈起》,批判林彪、"四人帮"对马克思主义断章取义、用引证骗人的恶劣行径及其在现实生活中的流毒。这是"文化大革命"结束后我发表的第一篇理论文章。

1977年3月,中共中央党校复校,胡耀邦任副校长主持党校全面工作。为了加强党校工作,推进全国的拨乱反正、全面改革,开创中国社会主义建设新局面,中央决定,从全国各部

1978年8月11日，广西壮族自治区党委《思想解放》杂志社同志合影欢送杨春贵调入中共中央党校工作。前排左起：方益珍，冰俏，陈运祐，罗奕华，陆日海。后排左起：郑展，苏君正，傅耿，杨春贵，何邦泰

杨春贵在此刊1978年第4期上以"秋实"笔名发表《坚持理论与实践的统一——从考茨基脑袋里的木箱谈起》一文，这是"文化大革命"后杨春贵发表的第一篇论文

门、各地区抽调一批理论人才充实党校教师队伍。像赵曜、万井容、马迅、吕英寰、沈冲、蔡长水、张绪文、臧志凤、鲁从明、刘鹏、陈雪薇、陈登才、王贵秀、陈瑞生、向熙阳、宋惠昌等同志都是这个时候调入中共中央党校的。正是在这个大背景下，我被抽调到中共中央党校工作，全家四口人一起进京。1978年6月10日报到，从此开始了我人生理论生涯的新阶段，迄今已近40个年头。

1978年8月15日，杨春贵全家调回北京后的合影

五 在中共中央党校哲学教研部（室）工作时期（1978—1993）

我到中共中央党校后，被分配到哲学教研室从事教学工作。先后担任过辩证法组副组长、马哲史教研室主任、理论部哲学教研室副主任兼毛泽东哲学教研组组长。1990年5月7日，担任新组建的哲学教研部（司局级）第一任主任。1978年定职讲师，1983年晋升副教授，1987年破格晋升教授。1992年获国务院颁发的政府特殊津贴。1993年经国务院学位委员会批准为博士生导师。

我在中共中央党校哲学教研部（室）工作了15年（1978—1993），这期间主要做了以下这样一些工作：

一是参加思想理论战线的拨乱反正。我初到中央党校时，

1991年5月，哲学部参加中央党校运动会，全体队员与时任国家体委主任袁伟民（中央党校学员）合影

恰逢"实践是检验真理的唯一标准"问题大讨论刚刚开始，我立即投入到这场关系党和国家前途命运的大讨论中。我作为辅导教师，下班参加学员的教学辅导活动，也讲一点学员在晚上自由选听的课程，如"关于唯物辩证法的基本规律和范畴"等。学员都是来自领导工作第一线，有丰富的实践经验，许多人还有较高的理论水平，我从他们那里学习到许多在书本上学习不到的东西，对于我提高政治素质和理论水平，有很大帮助。1978年11月，中央人民广播电台为了配合真理标准问题大讨论，举办"理论与实践问题"讲座，共十三讲，我担任了其中的两讲。一讲是《坚持理论与实践的统一，才能真正高举毛泽东思想伟大旗帜》，一讲是《坚持实事求是，大胆解放思想，为实现新时期的总任务而奋斗》。为了写好这两篇讲稿，我比较系统地重新阅读了马列和毛泽东的有关论述、中央领导同志

的最新讲话，以及报刊上的有关文章。这是一次党的思想路线的"再学习"的过程。这套讲座播出后，影响颇大，随即由湖南、山西等人民出版社分别结集出版。鉴于认识论问题在当时的特殊重要性和广大干部、群众学习的迫切需要，我结合教学工作突击赶写了一本题为《认识与实践》的通俗小册子，由中南四省（区）人民出版社在1980年5月联合出版。这本小册子以马克思主义认识论的基本观点为线索，讲了"实践是认识的基础""从实践到认识""从认识到实践""反复实践、反复认识""实践无止境、认识无尽头""群众路线与认识论"共六个问题，同时结合历史经验和现实生活实际，用大量古今中外、天文地理的生动事例和深入浅出的语言，解疑释惑，批评了"文化大革命"以来盛行的主观主义、官僚主义、形式主义、思想僵化、蒙昧主义等各种错误思想和倾向，帮助读者加深对党的实事求是思想路线的理解，增强解放思想、拨乱反正的自觉性，收到了较好的社会效果。同时我还发表了一些拨乱反正、正本清源的理论文章。如在《对立面不可分割地联系着》（《光明日报》1979年9月27日）一文中提出，"对立面不可分割地联系着"，是一个辩证法命题，并不是什么"主张事物的不可分性"，并不是什么"否认对立面的转化"，过去对它的批判是不对的。在《谈谈"条件"》（《人民日报》1979年12月18日）一文中指出，"条件论"是辩证唯物论，不是什么"机械论"和"右倾保守思想"，过去讲"没有条件创造条件也要上"，实际上创造条件也需要一定的条件。在《对人民内部矛盾要作具体分析》（《人民日报》1980年5月23日）一文中认为，"团结—批评—团结"的方法，是解决人民内部是非矛盾的方法，并不是解决一切人民内部矛盾的方法，对人民内部的利益矛盾主要应当用经济的手段去调节，对复杂的人民内部矛盾则应当用综合方法去解决。此文在思想理论界乃至政界引起较大反响，《人民日报》发表了内参，《光明日报》出版的《文摘报》发表了摘要，《百科知识》杂志发表了经我充实、修改后的论文。后来中央在一些重要文件中也大体采用了此文的观点。我还写过题为《凡有人群的地方都有左中右吗？》的一文，认为左中右是一个阶级分析的政治概念，不能泛化，不能不加分析地运用于一切人群，比如不能说每一个家庭、每一个党小组、每一个领导班子内部都有左中右，尽管这些都是人群，否则便会犯阶级斗争扩大化的错误。因此，我认为这个提法是不正确的。这个稿子在一家杂志已经排出清样，后来由于某种原因被退稿，而未

2001年6月，《人民日报》记者在杨春贵的办公室所拍，刊于《人民日报》2001年6月5日第7版

能公开发表。可是我至今仍然认为我的观点是正确的。凡有人群的地方都有先进、中间、落后（比较而言），但不能说凡有人群的地方都有左中右。

二是对中华人民共和国成立以来我国的历史进行"再认识"。"再认识"这个词语是毛泽东在《实践论》一文中提出的，他指出："实践、认识、再实践、再认识，这种形式，循环往复以至无穷，而实践和认识之每一循环的内容，都比较地

进到了高一级的程度。"① 20世纪80年代初，胡耀邦曾以《再认识》为题写过一篇对社会主义进行"再认识"的文章。我很赞成这个观点。实际上党的十一届六中全会《关于建国以来党的若干历史问题的决议》就是对中华人民共和国成立以来重大事件、重大理论、重要政策和重要人物是非曲直进行"再认识"的一个重大成果。没有"再认识"，就没有理论的新发展和社会的新进步。在拨乱反正中，我写了一系列对社会主义进行再认识的文章和讲稿，如《自觉地科学地对社会主义进行再认识》《中国社会主义初级阶段理论是我党对社会主义和我国国情进行再认识的重大理论成果》《五十年代后期和六十年代初期我党对社会主义社会矛盾理论的探索》《五十年代后期和六十年代初期我国经济建设中的主观主义错误及其教训》等，从哲学高度回顾和总结了我国社会主义的历史经验。1989年我主编出版了《中国哲学四十年（1949—1989）》一书，对1949年中华人民共和国成立以来各个历史时期我国的重要哲学思潮、哲学论争、哲学论著和哲学家做出新的评价，总结出必要的经验和教训，实际上也是对中华人民共和国成立以来哲学研究成果和哲学研究工作的一种"再认识"。"再认识"，是马克思主义哲学认识论中的一个十分重要的概念，我们不应该弃之不用。现在理论界和政界很少有人使用"再认识"这个概念了，有时甚至刻意回避使用这一概念，我认为这不是正常的现象。"再认识"是永远需要的。

三是对毛泽东哲学思想进行"再学习"和"再研究"。《关于建国以来党的若干历史问题的决议》为这种研究和宣传指明

---

① 《实践论》，《毛泽东选集》第1卷，人民出版社1991年版，第296—297页。

了方向。我们既不能因为毛泽东晚年犯了错误而否定毛泽东的历史地位和毛泽东思想的科学价值，也不能因为强调坚持毛泽东思想而讳言毛泽东晚年的错误，甚至自觉不自觉地坚持毛泽东晚年的错误。实事求是地科学地研究和宣传毛泽东思想，坚持和发展毛泽东思想，是中国共产党人在思想理论战线上一项带有根本性的重大任务。在哲学教研部（室）这十几年间，我坚持为中央党校进修部、培训部和哲学专业研究生系统讲授毛泽东哲学思想这一课程。强调毛泽东哲学思想的基本特点，是对中国革命和建设经验的哲学总结，是对马列主义普遍真理同中国具体实际相结合的必要性的哲学论证，是对否认这种结合的主观主义特别是教条主义的哲学批判，是对如何实现这种结合的科学方法论的哲学总结。毛泽东哲学思想发展了马克思主义的认识论，全面系统地阐明了实践在认识中的基础地位；具体阐明了认识的辩证过程；提出了真理同谬误相比较而存在、相斗争而发展的真理发展规律；提出了"从群众中来到群众中去"的领导工作认识论；创立了完整的调查研究的理论与方法。毛泽东哲学思想发展了马克思主义辩证法，第一次提出矛盾普遍性和特殊性的关系是矛盾问题的精髓；对矛盾特殊性做了详尽发挥；系统阐明了矛盾不平衡性理论；提出总的量变过程中有部分质变的重要思想。毛泽东哲学思想提供了在实践中创造性运用马克思主义哲学的范例，特别是他的军事辩证法、政策和策略的辩证法、社会主义社会矛盾理论、社会主义建设的辩证法以及关于领导方法、工作方法的理论，都极大地丰富了马克思主义哲学宝库。结合哲学教学，我编写和出版了《毛泽东哲学思想新论》（主编）、《哲学家毛泽东》（二人合著，第一作者）、《毛泽东哲学思想史》（主编）、《谈谈新时期人民内部矛盾》（二人合著，第一作者）、《毛泽东政策策略思想研究》（二人合著，第一作者）等。同时，对毛泽东晚年的哲学失误，也做了实事求是的分析，如指出：毛泽东晚年有时夸大主观意志和主观努力的作用；有时片面强调矛盾的斗争性，而忽视矛盾的统一性；有时片面强调上层建筑和生产关系的反作用，而忽视生产力的最终决定作用；有时过分夸大个人作用，甚至不恰当地提出有"两种个人崇拜"，所谓正确的不崇拜不得了，等等。我还同孙克信（中国社会科学院哲学所）、宋一秀（北大哲学系）、苏厚重（北京市委党校）同志一起，主持全国毛泽东哲学思想研究会的工作，共同撰写了《中国大百科全书》哲学卷中一万多字的长条目"毛泽东哲学思想"。

四是比较系统地研究和讲授马克思主义哲学基本原理。这是党校的一门主课。在我担任哲学教研部主任期间，每个学期哲学课开始时，我都给全体学员做"哲学引言"，讲什么是马克思主义哲学，当前学习马克思主义哲学有什么重要意义，以及如何学习马克思主义哲学。课程结束时做"哲学串讲"，主要讲：学习唯物主义，正确发挥主体能动性；学习辩证法，提高辩证思维能力；学习认识论，在实践中不断开辟认识真理的道路；学习唯物史观，正确认识和处理社会主义社会矛盾，等等。为了适应教学需要，我同张绪文、侯才教授主编出版了《马克思主义哲学简明教程》一书，力求简洁明了、深入浅出地阐明马克思主义哲学基本原理，从哲学高度总结社会主义的历史经验，对改革开放和现代化建设中的实际问题做哲学分析。这本教材1993年出版，一直延续至今，几经修订再版，成为全国党校系统比较稳定的一本哲学教材。为了使哲学教学与研究更好体现邓小平理论，我和许全兴教授、阮青教授共同主编出版了《邓小平哲学思想》（摘编）。为了使哲学教学和研究更充分反映学科前沿问题，我组织哲学教研部15位教授编写出版了《马克思主义哲学论稿》一书，分16个专题论述有关主体性、系统论、人学、价值论等学术界最新研究成果。为了提高哲学专业研究生的教学水平，我主编出版了《马克思主义哲学发展史教程》，被教育部研究生工作办公室推荐为全国马克思主义哲学史课程的教学用书。该书较为充分地反映了我国学术界马克思主义哲学史研究的最新成果，突出了对社会主义历史经验和教训的哲学思考，特别是突出了对中国特色社会主义理论体系哲学基础的论述，在充分阐述马克思、恩格斯、列宁等经典作家思想的同时，该书对各个历史时期做出哲学贡献的其他政治家、理论家的著述也做了适当评介。

五是参与编著《通俗哲学》一书。这本书是响应邓小平同志的号召编写的。1978年3月10日，邓小平在党的理论工作务虚会上说："思想理论战线的同志们一定要赶快组织力量，定好计划，在尽可能短的时间里陆续写出并印出一批有新内容、新思想、新语言的有分量的论文、书籍、读本、教科书来。"① 为响应这个号召，全国有四个单位承担了各自编写一本面向青年读者的简明通俗哲学读本的任务。中央党校哲学教研室是四个单位之一，由时任哲学教研室主任、资深哲学家韩树英教授主编。哲学教研室沈冲、李公天、卢俊忠、张永谦、宋惠昌等二十几位同志参加。我作为主要执笔人之一参与其事。为了使全书风格一致，大家推荐我写出一篇样稿，这就是《没有两片完全一样的树叶——个别和一般》那一章，通过集体讨论，修

---

① 《邓小平文选》第2卷，人民出版社1994年版，第180页。

改定稿，确定全书各章大体靠近这一章的理论风格，即原理简明准确、内容富有时代精神，论述深入浅出，行文生动活泼。特别强调要重视总结社会主义的历史经验，回答青年读者关心的现实问题。我们还注意到思想资料要丰富、有趣，文字要讲究、流畅。我们的文字得到语文专家的肯定，我执笔撰写的《黑海风暴和天气预报的产生——必然性和偶然性》这一章，被收入中等专业学校的语文教材。我们还特请我国著名漫画家方成创作了24幅漫画插图，这是哲学著作的一个创举。这本书从1982年出版以来，到2012年累计印刷250万册，被译成维吾尔族、朝鲜族、蒙古族、藏族四种少数民族文字，1983年荣获全国通俗政治理论读物一等奖，我代表课题组去领奖并发表获奖感言。

六是结合实际撰写和发表了一些有关思想方法、工作方法问题的论文。如《科学的认识方法和领导方法》《谈谈"条件"》《谈谈"摸着石头过河"》《谈谈"多谋善断"》《重视从哲学高度总结历史经验》《重视对社会主义的哲学研究》，等等。《在不断解决矛盾中开拓前进——正确认识和对待改革中出现的新矛盾》一文，回答了怎样看待改革措施的完善与不够完善的矛盾，合理与不尽合理的矛盾，利与弊的矛盾，强调"矛盾不断出现，又不断解决，就是事物发展的辩证规律"。此文被北京《学习与研究》杂志评为年度优秀论文，并获得全国省级理论刊物优秀文章奖。《社会主义发展的前进性与曲折性》一文，针对苏东剧变后社会主义处于低潮的情况，论述了社会主义在发展中为什么会出现曲折以及应当怎样对待这些曲折，谈了我的一些认识，被《北京日报》评为优秀征文。这一时期，我还经常参加北京市讲师团的宣讲活动，三次获得北京市委宣传部颁发的优秀报告、党课"灵山杯"奖。结合干部、群众的思想实际和工作实际，撰写通俗理论文章和做学习辅导报告，是我这一时期经常做的理论工作。

六 在中共中央党校从事教学行政管理工作时期（1993—2001）

1993年夏天到1994年春天，我的工作岗位发生了较大变动。1993年7月21日，中央党校校委任命我担任副教育长，8月14日，任命我兼任教务部主任。1994年2月25日，经中央组织部批准，我担任校委委员。1994年4月12日，中央决定我担任中央党校副校长。校委分工我主管教学工作。在担任副校长期间，我还曾先后兼任中央党校进修部主任、科学社会主义教研部主任。从哲学教学工作岗位转到教学行政工作岗位，这是一个很大的变化，我完全没有思想准备，我是带着依依不舍的心情离开哲学教研部的。好在我在从事教学行政工作的同时，并没有离开我所钟爱的教学工作。2001年7月15日，在我65周岁已经过了半年的时候，时任中共中央政治局常委、中央党校校长胡锦涛同志找我谈话，说明由于年龄原因，中央决定我不再担任副校长，保留校职称委员会主任和校学术委员会委员职务，继续负责全校职称评审工作。我对胡锦涛同志表示，完全拥护中央决定，同时说明职称评审工作是一项非常重要的实质性领导工作，应由新任相关校领导担任。最后他表示同意我的意见。这样，我就仅仅保留了一个学术委员会委员的职务。

从1993年7月到2001年7月，这八年间，我所做的工作主要有以下几个方面。

一是抓党校教育方针的贯彻落实。核心是坚持理论联系实际的办学方针。在 20 世纪 90 年代初，主要是贯彻落实中央关于"一个中心、四个结合"的教学体系，即以学习邓小平理论为中心，把学习邓小平理论同学习马列主义、毛泽东思想结合起来，把学习理论同学习党的路线方针政策结合起来，把学习理论同学习社会主义现代化建设需要的知识结合起来，把学习理论同学习党的基本知识、增强党性结合起来。在世纪之交，主要是贯彻落实中央关于面向 21 世纪的教学新布局，即"紧紧围绕学习邓小平理论这个中心，建设好既坚持马克思主义又充分适应世界大转折和中国新发展要求的、主要包含理论基础、世界眼光、战略思维、党性修养这几方面的教育课程"，概括地说，就是"三基本""五当代"、战略思维、党性修养。"三基本"，即学习马克思列宁主义基本问题、毛泽东思想基本问题、邓小平理论基本问题；"五当代"，即运用"三基本"的立场观点方法研究当代世界经济、科技、法律、军事、思潮等；战略思维，即运用"三基本"的立场观点方法研究国际国内重大现实问题，把马克思主义理论同改造客观世界、推进我国改革开放和现代化建设的实际结合起来；党性修养，即运用"三基本"，研究党的建设问题，把学习马克思主义理论同改造主观世界的实际结合起来，坚定理想信念，保持党的先进性、纯洁性。在学习方法上，坚持"两为主，一加强"的方针，即"自学为主、读原著为主和加强研讨"；坚持"教学相长、学学相长"的方针，即坚持教学的群众路线，充分调动教师和学员两个方面的积极性、主动性。为了更好地落实中央关于办好党校的大政方针，我于 1994 年 8 月 5 日至 14 日到山东省调查研究，走访了省、地（市）、县 11 所党校，向时任中央政治局常委、中央党校校长胡锦涛同志和中央党校校委写了题为《党委办党校，部门大合唱，自身有作为》的调研报告，胡锦涛同志9月3日对"报告"做出重要批示，充分肯定了山东省党校工作的经验，指出："山东省委重视党校工作，党校本身也努力开拓，积极进取，建议总结和介绍他们的经验"。这篇报告在全国党校系统产生了较大影响。

1998年5月4日，中共北京市委副书记张福森（右二）同中央党校副校长刘胜玉（右一）、王伟光（左一）到杨春贵（左二）办公室谈整顿党校周边环境问题

二是推进党校的教材建设。教材建设是党校的一项基本建设，是衡量党校教学质量的一个重要标志，也是党校科研成果的一个重要体现。培养面向21世纪的高素质领导干部和理论工作骨干人才，必须形成一整套具有严格科学性、时代精神和中国特色，多层次、高水平、系列化的党校教材体系。在校委领

导下，我具体抓了教材建设的规划和落实工作，特别是重点抓了以学习邓小平理论为中心的"三基本""五当代"教材的编写工作。1993年11月，我主持编写了《〈邓小平文选〉第三卷辅导教材》；1995年2月，我和苏星副校长主持编写了《〈建设有中国特色社会主义理论〉教学大纲》；1996年3月，我和苏星、龚育之两位副校长主编了《建设有中国特色社会主义理论教程》。这几本教材是当时我国出版较早、影响较大的当代中国马克思主义教材，形成了一个比较准确、系统的理论框架，在用中国特色社会主义理论武装干部和群众、推进党的思想理论建设中发挥了较大作用。1998年年初，中央党校校委根据中央关于党校面向21世纪教学工作的新布局，决定编写"三基本"（马克思列宁主义基本问题、毛泽东思想基本问题、邓小平理论基本问题）、"五当代"（当代世界经济、当代世界科技、当代世界法制、当代世界军事和我国国防、当代世界思潮）教材。时任中共中央政治局常委、中央党校校长胡锦涛对这套教材十分重视，他在对中央党校1998年工作要点的批示中说："关于三基本、五当代教材的编写，是一件大事，是一项重要的基本建设，务必加强领导，组织精兵强将，包括吸收校外专家参加，加强协作，一定要拿出高水平的成果。"在校委领导下，在郑必坚常务副校长的主持下，我负责此项工程的具体组织实施，全校数百名教师参加，龚育之、邢贲思、王伟光、石泰峰、李君如等同志都参加了编写工作。中央和有关部门许多领导同志和专家学者也担任了有关著作的主编、副主编和撰稿人，其中包括张万年、周光召、肖扬、曹建明、刘继贤、李德洙、叶小文等领导同志。经过三年多的努力，这些教材陆续出版。"三基本"先是作为中央党校教材，2001年12月由中央党

1999年7月15日，杨春贵在全国党校党史师资班上做《怎样讲好党史》的报告，会后与大家合影。前排右七为杨春贵

校出版社出版；后来作为全国干部学习读本，2002年2月由人民出版社出版，时任中共中央总书记江泽民同志作序。这是改革开放以来我国编写出版的一套比较系统的马克思主义理论教材，在党的思想理论建设上发挥了很好的作用，一直沿用至今，成为党校的"看家教材"。在"五当代"的基础上，我提议加一个"当代世界民族宗教"，最后实际上成了"六当代"。

三是加强党校教学管理和师资队伍建设。这同样是党校的一项基本建设。我在《努力建设一支高素质的党校师资队伍》《全面加强师资队伍建设》《打好全面基础，提高教师综合素质》和有关提高课堂教学水平的讲话中提出，教育者必先接受教育，武装别人必先武装自己，给别人讲理想信念必先自己有理想信念，给别人讲增强党性必先自己有坚强党性，给别人讲实事求是必先自己实事求是。以己昏昏欲使人昭昭是不可想象的。因此,当一名党校教师,要求是很高的,必须全面提高自身的素质。首先是政治素质,即坚定的共产主义理想和中国特色社会主义信念,全心全意为人民服务的政治立场和精神境界,勇于担当的负责精神和工作态度。在基本理论、基本路线、大政方针上,必须自觉地同党中央保持高度一致;在教学工作上必须有高度的政治责任感、使命感,强烈的爱岗敬业精神,全身心投入工作,做一个德才兼备、足以为人师表的党校教育工作者。其次是理论素质,即对马克思主义、中国特色社会主义理论真学、真懂、真信、真用,真正掌握这个中国共产党人的看家本领。在全党的理论学习中,党校教师应当走在前面,学得更加自觉、更加系统、更加深入,努力做到内化于心、外化于行。对于马克思主义的基本著作、基本理论,对于党和国家

2000年9月5日,中国人民银行行长戴相龙(右)来校做有关金融问题的报告,杨春贵(左)主持报告会

的重要文献，一定要认真学习，许多东西应当烂熟于心，使之成为一种信念，成为自己的话语系统，成为自己观察和处理问题的方法论。最后是理论联系实际的能力素质。理论联系实际是马克思主义的一个最基本的原则，也是党校教育的基本方针。党校教学一定要以实际问题为中心，以正在做的事情为中心，学习马克思主义。作为党校教师，既要读"有字之书"，又要读"无字之书"，在向书本学习的同时，向实践学习，向群众学习，提高理论联系实际的能力。这种能力强不强，直接关系党校的教学水平。我曾对经济学部的一位负责同志说，你们讲国有企业改革，不能从文件到文件、从理论到理论、从概念到概念，如果课前你们到十个国有企业做些调查研究，那个教学效果肯定会上一个新台阶。

四是加强和改善党校教学管理。管理出生产力，管理出效益，高水平的管理才能产生高质量的教学。根据中央从严治党的要求，中央党校校委提出，以从严治校为中心，加强教学管理，深化教学管理体制改革，逐步形成规范化、制度化、科学化的教学管理体系，包括学员管理、师资管理、教学过程管理。根据校委分工，我着力抓了教学管理制度的完善和落实工作。在总结历年经验的基础上，针对当时存在的突出问题，对原有的管理制度进行了大规模的修订、完善和补充，形成了一整套比较系统、比较管用的管理制度，如择优上岗制度、集体备课制度、教学评估制度、教学反馈制度、教学分析制度、教学激励制度、职称评审制度，以及典型示范制度等。其中基础性的制度是考评制度，没有考评就没有是非，就谈不到激励，谈不到择优，谈不到正确分析和总结经验。我们在这方面采取一系列措施，如对每堂课进行学员考评的项目进一步细化，就讲课的基本观点是否正确、理论联系实际如何、表达能力怎样等，分别打分。除了学员评估外，还不定期地组织专家评估，对一个教研部的教学全过程进行评估，给每个教师打分，并给予优、良、中、差的定性评价，最后提出指导性的改进意见。在职称评定制度方面，实行比较大幅度的破格晋升政策，使一大批政治强、有才华的年轻教师脱颖而出，起到了很大的激励作用。在教务工作队伍和组织员队伍建设上，我强调加强业务工作的思想性、原则性，把思想性、原则性融于服务性之中，使每一个工作人员成为讲政治、懂业务、服务好的管理人员。

　　五是坚持一线教学工作。我始终把自己看作一名教师，并且以此感到自豪和幸福。我时刻要求自己，行政工作再忙，教学、科研工作不能马虎、不能应付、不能放松，只能更加认真、更加负责、更加严格到位。我常说，中央党校的学员都是党的高中级领导干部，身负重任，工作繁忙，组织上把他们从工作的第一线抽出来几个月甚至一年、两年，到党校学习，很不容易，我们应当使他们在这里的学习确有收获，使他们每一次学习都成为前进道路上的加油站。否则，我们对不起这些同志，更对不起党和国家。作为主管教学工作的副校长，如果自己的教学态度不好、教学水平不高，就没有资格要求教师，各种要求就没有说服力，领导水平也就必然大打折扣。所以，要求教师做到的，我自己一定要做到。我的讲稿都是在科研基础上反复修改写成的。每次课前总是对讲课内容字斟句酌，反复推敲，从观点到材料，力求烂熟于心。实际上我每堂课都不只有一个讲稿，而是至少有三个讲稿，一是全文，二是纲要，三是提纲，上课之前在脑子里反复"过电影"，这样讲起课来就可以完全甩掉讲稿，而又不离开讲稿。举的例子也不是信手拈来，而是经过仔细挑选。例子不仅要能够说明原理，而且它本身就有一定的信息量，给人以多方面的启发。在我看来，讲课就应当是演说。这样，既生动自如，富有激情，利于现场发挥；又不离大纲细目，比较严谨，富有条理，容易记录和记忆。我很愿意走访学员，参加学员的交流讨论，从他们那里吸收新鲜知识、新鲜思想，了解实践中的新问题、新动向，以增加教学的思想性和针对性。在我担任副校长期间，我的教学任务不但没有减少，反而更多更重了。教学和科研的内容已不限于哲学学科，而是扩大到整个马克思主义理论，重点是建设有中国特色社会主义理论。开学时为全校学员做"引言"报告，先后讲过《建设有中国特色社会主义理论的科学体系、精髓和主题》《学习邓小平对待马克思主义的科学态度》《学习邓小平的马克思主义立场观点方法》《把邓小平理论的学习提高到新水平》《邓小平理论与社会主义历史命运》《关于邓小平理论的几个问题》等。在全校分专题教学阶段，我主要讲哲学方面的专题，如《关于建设社会主义的思想路线》《学习毛泽东哲学思想》《努力掌握社会主义现代化建设的辩证法》《提高战略思维能力》等。我的"提高战略思维能力"一课是落实党校"理论基础、世界眼光、战略思维、党性修养"四句话教学布局而于1999年春季学期首次开设，在全国这也是首次开设这方面的专题课，学员普遍感到新鲜和颇有收获。至今已讲了16年，一直不断，从校内讲到校外，讲到全国，甚至讲到老挝，成为党校课堂的"保留节目"。在全校教学进入研讨阶段时，由我做"怎样搞好研讨"的动员报告，讲搞好研讨的意义，讲怎样选题，怎样解放思想，怎样进行小组研讨和支部大会交流，以及怎样写好论文。所以，在我任副校长期间，我的教学任务，可以说贯穿于党校教学的全过程。在这个过程中，我比较注意把教学和科研结合起来。写讲稿拿出搞科研的精神，力求有自己的心得体会；讲稿形成后，再反复修改，一些部分经过改写后变成论文在报刊上发表；有些内容做进一步充实完善，形成专著出版。我的五本《文集》和《哲学家毛泽东》《邓小平理论纲要》《邓小平理论与社会主义历史命运》《重读邓小平》等著作都是这样形成的。这样的科研成果因为经过长期教学过程的推敲和学员评说、议论，一般能够保证质量。除了担负校内领导干部主体班教学任务外，我还担负了研究生院的大讲堂教学任务，培养硕士研究生、博士研究生、访问学者和博士后工作站的教学任务，以及地厅级、省部级干部在职研究生的培养任务。30多年

1991年6月15日，杨春贵指导的硕士研究生李火林（左一）正在进行毕业论文答辩。左二为杨春贵。答辩委员为张绪文教授（中央党校，左三），夏甄陶教授（中国人民大学，左四），马清健教授（中央党校，左五）

来总共培养各类研究生40余名。我每个学期坚持为中直分校、中央国家机关分校、国资委分校、部队分部讲课。也经常应邀到中央各部委、大企业，各省市委及高等院校讲课，被中国社会科学院研究生院、国家行政学院、井冈山干部学院、国家检察官学院、中央社会主义学院等数十个单位聘为兼职教授。

六是从事理论研究和理论宣传工作。这一时期，我的理论研究和宣传工作，重点是以下四个方面。（一）关于邓小平理论。除了发表有关论文外，出版了《〈邓小平文选〉（第三卷）辅导教材》（1994，主持编写）、《建设有中国特色社会主义理论教程》（1996，苏星、龚育之、杨春贵主编）、《邓小平理论纲要》（1998，主编）、《邓小平理论与社会主义历史命运》（1998，主编）、《邓小平理论教程》（2001，杨春贵、吴振坤

1998年6月10日，中央党校博士生罗归国（后排左二）论文答辩后与导师杨春贵合影

我与马克思主义哲学

2001年4月，参加中央党校培训部学员座谈会，正面左一为杨春贵，正面左二为郑必坚

2001年4月25日，教务部报告选出版发行200期座谈会，从左到右依次为李援朝、石泰峰、李忠杰、杨春贵、郑必坚、陈清泰、王伟光、郝时晋等

2001年6月11日，杨春贵指导的省部级在职研究生、中共四川省委副书记陶武先（中）做论文答辩。左一为杨春贵

等编著）、《邓小平理论基本问题》（2001，郑必坚、龚育之、杨春贵、李君如主编）、《重读邓小平》（龚育之、杨春贵、石仲泉、周小文著）。其中《邓小平理论与社会主义历史命运》一书荣获第十二届中国图书奖。这几本书集中论述了邓小平理论的首要基本问题、精髓、科学体系和党的基本路线。其中关于"精髓"做了较为深入的解读，强调所谓精髓，就是贯穿一切的东西，"解放思想、实事求是"贯穿于邓小平理论的各方面，又贯穿于邓小平理论发展的全过程。它集中体现为五个"破除"和五个"坚持"，即破除"两个凡是"的思想禁锢，坚持实践是检验真理的唯一标准；破除苏联那种僵化的社会主义模式观念，坚持走自己的路、建设中国特色社会主义；破除超阶段的"左"的思想，坚持一切从中国社

2007年7月30日,杨春贵(左)与其指导的省部级在职研究生、国防大学副教育长夏兴有少将在论文答辩后合影

会主义初级阶段的国情出发;破除离开发展生产力和改善人民生活抽象谈论姓"社"姓"资"的思维定式,坚持"三个有利于"的判断标准;破除对马克思主义的教条化理解,坚持根据现在的情况认识、继承和发展马克思主义。对于邓小平关于坚持党的"一个中心、两个基本点"的基本路线要一百年不动摇的思想,做了系统的梳理,对于坚持党的基本路线的三条经验做了深入阐述,特别是对于"警惕右,主要是防止'左'"的论断,从历史和现实两个方面做了比较深入的解读。(二)关于正确处理人民内部矛盾问题。自1980年在《人民日报》上发表《对人民内部矛盾要作具体分析》一文以后,不断进行跟踪研究,陆续发表《对人民内部矛盾的再认识》(《哲学研究》1987年第1期)、《刘少奇对人民内

部矛盾学说的贡献》（《党史研究》1987年第3期）、《谈谈新时期人民内部矛盾》（1994年与王伟光合著）、《保持稳定与正确处理人民内部矛盾》（《学习与研究》1994年第15期）、《正确处理新形势下的人民内部矛盾》（《人民日报》1997年5月6日）等论著。对用民主的方法正确处理人民内部矛盾应当注意的几个问题、对当前人民内部矛盾的新特点以及如何处理这些新的矛盾、对刘少奇对人民内部矛盾学说的贡献（较早地提出这个概念、较早地指出人民内部矛盾突出表现在分配上、较早地提出用法制处理人民内部矛盾等）做了比较深入并有一定独立见解的论述。（三）关于战略思维。这是贯彻党校"四句话"教学布局（理论基础、世界眼光、战略思维、党性修养）、提高领导干部战略思维能力的需要。现在研究战略问题的著作很多，但是，应当怎样研究战略问题，即研究战略思维方法的著作很少，讲得好的尤其少，甚至什么是"战略思维"，许多人也不甚明了，更不用说有一个完整的理论框架了。为此，我系统地研究了这一课题，根据马恩列斯的有关论述，特别是根据毛泽东关于"战略问题是研究战争全局的规律的东西"的论述，结合领导工作实际，联系党和国家工作大局和重大战略部署，我对什么是战略思维、战略思维的本质要求和应当遵循的基本原则，进行理论思考，写出一系列的论文，如《学习和运用毛泽东的战略思想——读〈中国革命战争的战略问题〉》（1991，杨春贵、赵理文）、《运筹好总体格局中的关键棋》（山东《发展论坛》1995年第12期）、《重视研究带全局性的重大关系》（《求是》1996年第12期）、《学习建设辩证法　研究全局大关系》（上海，《组织人事报》1996年6月6日）、《坚持唯物辩证法，正确认识和处理社会主义现代化建设中的若干重大关系》（广西《桂海论丛》1996年第4期）、《提高总揽和驾驭全局的战略思维能力》（《中央党校讲稿选》2002年5月）、《协调推进　持续发展——全面建设小康社会需要正确处理的若干重大关系》（《人民日报》2003年3月3日），等等。在这些论文中，强调指出，战略思维就是关于实践活动的全局性思维；它的本质要求，就是通过研究如何正确处理实践活动中各方面、各阶段之间的关系，达到整体和长远的最佳效果，也就是全局的最佳效果。战略思维的本质要求，一是对工作要有全局的谋划，不可以做事务主义者；二是要把全局利益作为最高价值追求，不可做因小失大的事情；三是在事关全局利益的原则问题上必须立场坚定、旗帜鲜明，不可模棱两可、随波逐流。战略思维应当遵循的主要原则有：把握重点、统筹兼顾、开阔视野、照应阶段、抓住机遇。为了扩大战略思维课题的研究队伍，我指导了将近十几位博士研究生和领导干部在职研究生，重点研究毛泽东的战略思维、邓小平的战略思维、江泽民的战略思维、哲学智慧与战略思维、中国现代化建设的战略思维，以及各个重大领域中重大战略思维等，培养了一批战略思维研究的骨干力量。我主持编写的《中国共产党人的战略思维》一书，目前正在抓紧时间修改，争取在2018年初正式出版。（四）关于思想方法。这是我重点研究的领域之一，主要论文收集到《论思想方法》这本文集当中。我认为，思想方法包括人们认识事物的方法、评价事物的方法、改变事物的方法。思想方法不同，对理论的理解和建构就不同，对形势的判断和分析就不同，解决问题的思路和办法就不同，思想作风和工作作风就不同，从而实践的结果就不同。因此,思想方法是否正确,对于人们事业的兴衰成败具有决定性的意义。在该本文集中,第一部分主要论述思想方法的重要性;第二部分主要论述以科学的思想方法对待马克思主义;第三部分主要论述解放思想的重要性及其历史经验;第四部分主要论述要学哲学,真正搞通思想方法。我在《理论视野》2001年第1期发表的《理论创新:中国共产党人八十年的不懈追求》一文,获当年中国马克思主义基金会颁发的优秀论文一等奖。

七是担负一些国际学术交流的任务。除在校内接待一些来访的外宾,向他们介绍中央党校情况和我们党的理论、我国改革开放和现代化建设情况外,还曾多次出访美国、德国、奥地

1989年10月14日,随中共中央党校代表团访问罗马尼亚。图为在罗马尼亚社会政治学院(即中央党校)同该校四年制学院院长座谈。左排左二为代表团团长、中央党校副校长邢贲思。左排左一为中央党校办公厅主任傅宪斌,左排左三为杨春贵,左排左四为科社部张海燕

1995年3月7日,中央党校副校长杨春贵(右二)在日本东京野村证券公司调研

利、罗马尼亚、日本、老挝等国家,同时参加一些在国内召开的国际研讨会。

1989年10月下旬,邢贲思副校长率中央党校代表团访问罗马尼亚。校办公厅主任傅宪宾、科学社会主义教研部张海燕我们几个为团员。这是我第一次出国。当时正值罗马尼亚党的第十四次代表大会召开前夕,只见电视上天天山呼海啸般的红海洋,齐奥塞斯库总书记和夫人到处演讲,到处是鲜花和掌声,一片"太平盛世"的景象。可是,当我们回国一个月后,却发生了天翻地覆的剧变,齐奥塞斯库夫妇被枪毙!那种心灵上的震撼,简直无可言说!这种情况促进了我对社会主义历史经验的进一步思考。

1995年3月初,应日本外务省的邀请,我作为中央党校副校长访问日本。与日本日中经济学会进行了学术交流,访问了

1998年6月1日，中央党校副校长杨春贵（左）率中央党校代表团访问老挝，向老挝国家政治行政学院赠送图书仪器。左二为该院常务副校长吉乔

日本野村证券公司等企业。在奈良参观考察，映入眼中的到处是中国古代长安城的影子。中日文化交流，确实源远流长。日本的接待工作，有一个细节给我留下了深刻印象：日本外务省没有常备的公务接待用车，我坐的轿车是从出租公司（专门为政府服务的）租的，陪同兼翻译是从翻译公司临时聘来的。我访问结束后，外务省结账，车和翻译各回各的公司。日本人真是精明、会算计呢。看来，市场经济条件下公共服务社会化的管理经验，确实值得借鉴。

1998年5月底6月初，我应老挝国家政治行政学院邀请到老挝访问、讲学。校外办主任李小兵、秘书尤元文陪同。老挝人民革命党中央政治局委员、中宣部长奥沙甘等接见了我们一行。我为他们学院讲学的题目是"中国特色社会主义理论"。在讲课后，我代表中央党校向学院赠送了一批图书和教学仪器等设备。中、老友谊源远流长，老挝党和人民对中国党和人民的深情厚谊，给我留下了难忘的印象。

根据中老、中越两党的有关协议，多年来老挝、越南分批分期派高中级干部来华培训，并在课程结束后到外地参观考察。我多次为这种班次讲课，讲题主要有："中国特色社会主义理论""科学对待马克思主义""提

1998年6月1日，杨春贵（右）在老挝为老挝国家政治行政学院讲中国特色社会主义理论

高战略思维能力"等。多次陪同这两个国家的学员到中国的上海、天津、云南、广西、贵州等地考察，其中有老挝时任第一副总理、现任党的总书记、国家主席本扬，副总理兼外长宋沙瓦，越南时任常务副总理阮晋勇等，同他们交流学习马克思主义理论的心得体会，向他们介绍当代中国改革发展的情况和经验，回答他们提出的理论和政策方面的问题。这两个国家的干部给我的印象是都很好学，作风都比较朴实。从交谈中发现，我们在实践中遇到的问题也很相似，因此，共同语言比较多。

1988年8月22日至25日，由北京大学哲学系和日本大阪经济法科大学哲学研究室联合召开的"唯物辩证法研讨会"在

历史大变动中的人生足迹和哲学生涯

2000年5月12日,美国哈佛大学奥林战略研究所举办"中国21世纪发展问题国际研讨会",中央党校副校长杨春贵(中)率中央党校代表团参加会议。此照为奥林战略研究所所长罗奇等会见杨春贵(左二为罗奇)

北京召开,我作为中方代表团的一员参加会议并做了《中国十年来关于社会主义社会矛盾问题研究的历史特点》的大会发言。2005年8月23日至24日,由中国辩证唯物主义研究会、中央党校哲学教研部与日本东京唯物论研究会召开的"马克思主义哲学的当代形态"理论研讨会在北京召开,我主持大会并做了《关于邓小平理论的哲学基础》的主题报告。这两次中日理论研讨会都出版了中日两国文字的论文集。

2000年5月12日,我应邀率团参加由美国哈佛大学奥林战略研究所举办的"中国21世纪发展问题国际研讨会",庞元正、王成志随访。我在会上做了《面向二十一世纪的中国发展战略》的主题演讲,着重谈了面向21世纪的中国七大发展战略——扩大国内需求问题、产业结构调整优化问题、国有企业

·61·

2000年5月12日，中央党校副校长杨春贵（左）在美国哈佛大学奥林战略研究所举办的"中国21世纪发展问题国际研讨会"上发表主题演讲

改革发展问题、西部大开发问题、科教兴国问题、可持续发展问题、扩大对外开放问题。在会上与奥林战略研究所前所长亨廷顿教授、现所长罗森教授等四十几位学者进行了比较广泛的学术交流。在会议期间，双方达成进一步加强学术交流合作的意向，我被聘为该研究所客座研究员，接受了他们的聘书。2006年1月，应美国乔治城大学邀请，赴该校进行学术访问，做了题为《关于当代中国科学发展观》的学术报告，阐述了当代中国科学发展观的形成和基本理论观点。

七 退出领导工作岗位之后（2001— ）

2001年7月12日，在我65岁的时候，我从副校长岗位上退下来，迄今已有16年；2009年7月16日，在我73岁的时候，正式办理退休手续，迄今也有8年了。在这十几年间，我不敢说"老骥伏枥，志在千里"，但愿"有一分热，发一分光"，在党的思想理论战线上，力所能及地做了一些有意义的事情。

一是继续从事教学工作。

根据学校的安排，我为校内的各种班次和中直分校、中央国家机关分校、国资委分校、部队分部讲授若干专题课。内容除原有的《学习毛泽东哲学思想》《关于邓小平理论的几个问题》《提高战略思维能力》等以外，适应形势发展的需要，开设了一些新的讲题，如《科学对待马克思主义》《努力掌握马克思主义的思想方法》《中国特色社会主义理论理论体系原著

1995年7月21日，杨春贵（左）为《中国水利报》工作人员做学习邓小平理论报告

我与马克思主义哲学

1998年6月5日,杨春贵(左)在中国驻泰国大使馆为使馆人员讲中国特色社会主义理论课

1998年11月10日,杨春贵应湖北省教育厅邀请,为全省高校教师讲授邓小平理论,这是讲课前会见省厅同志(中为杨春贵)

2000年9月29日，杨春贵在黑龙江省委党校为省直机关干部做理论辅导报告

2001年4月17日，杨春贵在上海市卢湾区给干部做理论学习辅导报告

2002年8月31日，杨春贵在北京一次理论研讨会上发言

2003年4月17日，杨春贵在河北省石家庄市为中国人民解放军军械学院全体学员、工作人员做《全面建设小康社会十大关系》报告

2005年12月12日，杨春贵为复旦大学哲学系部分研究生、教师谈学习贯彻落实科学发展观问题（中为杨春贵，右三为吴晓明教授，右五为余源培教授）

选讲》《不断接受马克思主义哲学智慧的滋养——学习习近平关于学哲学用哲学的重要论述》《掌握科学的思想方法和工作方法》等。应邀为国家行政学院、国防大学、国家检察官学院、国家教育行政学院、井冈山干部学院、北京大学以及各省、部（委）、企业讲授马克思主义理论课。在指导博士生、省部级干部在职研究生、访问学者、博士后学者的同时，为研究生院"求是"大讲堂开设政治理论专题课。受聘于中国社会科学院为该院马克思主义理论骨干人才工程担任指导教师。在理论课教学中，我认为，重视读原著是我们党的理论武装工作的一条重要经验。学马列、毛泽东思想要重视读原著，学习中国特色社会主义理论体系也应当重视读原著，即党的十一届三中全会以来党和国家主要领导人的重要著作、党和国家的重要文献，

2008年9月26日,杨春贵(左)应黑龙江省社科联之约,到省社科联年会讲学,题目"邓小平理论与社会主义历史命运"。讲学后在省社科联副主席韩伟陪同下在哈尔滨城区参观考察

它们是马列主义普遍真理同当代中国实际和时代特征相结合的产物,是对毛泽东思想的继承和发展,是我国社会主义历史经验和改革开放以来新鲜经验的科学总结,是党和人民集体智慧的结晶,是我们最可宝贵的政治和精神财富。对于这份宝贵财富,我们应当倍加珍惜,认认真真、原原本本地学习,努力掌握其立场、观点和方法,掌握其基本原理、基本原则,使之内化于心,外化于行,变成我们改造客观世界和主观世界的强大思想武器。这是现阶段我们党的理论武装工作的重中之重。一些好的辅导材料有助于人们领会文件的精神,但不能以此代替对文件本身的学习。因为任何一种解读,都不可避免地带有解读者主体的烙印,解读者的长处和短处,在解读的过程中都会体现出来。如果不读原著,你就很难判断各种解读是否正确。正是基于这种考虑,我在中央党校各分校首次开设了"中国特色社会主义理论体系原著选讲"一课。为此,我主持选编了《中国特色社会主义理论体系原著选编》和主编了《中国特色社会主义理论体系原著十讲》,由中央党校出版社正式出版。后者被中

历史大变动中的人生足迹和哲学生涯

2012年5月23日，中共中央党校原副校长杨春贵在广东省梅州市委、市政府主办的客家论坛启动仪式上做了题为《提高战略思维能力》的报告

2014年秋，杨春贵为国家电网公司党校中青年干部班讲课

央组织部评为优秀党建教材。在课前我又印发了将近5万字的一篇超长的讲稿。实践证明,效果是好的,凡是比较系统地通读了原著的学员,都感到有很大收获,对中国特色社会主义理论体系的丰富内容,以及形成和发展的来龙去脉有了一个比较系统的理解。

二是参加中央马克思主义理论研究和建设工程。

受聘担任《马克思主义哲学》课题组首席专家。这本书已于2009年9月正式出版发行。该书作为高等学校哲学专业教材,在时任教育部长袁贵仁同志主持下,吸收十几位大学、社会科学院、党校和国防大学等系统的教授参加编写。首席专家

2004年10月20日,中央"马工程"专家到深圳学习考察,在仙湖植物园邓小平手植榕树前合影。前排右六为杨春贵,右五为中央政策研究室原副主任郑科扬

历史大变动中的人生足迹和哲学生涯

2004年11月25日，中央"马工程"马克思主义哲学课题组同中国辩证唯物主义研究会联合在苏州市召开全国马克思主义哲学理论创新研讨会。杨春贵做主题报告（右五）。肖前教授（左四）、汝信教授（右四）、侯树栋教授（左三）、胡福明教授（右三）、赵凤岐教授（右二）、李景源教授等在主席台就座

为袁贵仁、我、李景源（中国社科院）、丰子仪（北大），主要成员有：侯树栋（国防大学）、陈先达（人大）、孙正聿（吉林大学）、杨耕（北师大）、张一兵（南京大学）、吴晓明（复旦大学）、王南湜（南开大学）、汝信（中国社科院）、陶德麟（武汉大学）、张晓林（《求是》杂志社）、汪信砚（武汉大学）、卢冀宁（国防大学）、任平（苏州大学）、吴向东（北师大）、王霁（高教出版社）等，历时五年，反复修改，又征求了各大学师生的意见，最后定稿。该书比较充分地反映了我国哲学界对马克思主义哲学体系的新认识，突出了科学实践观在马克思主义哲学体系中的核心地位；比较充分地反映了中国革命、建设和改革的基本经验，突出了毛泽东思想和中国特色社

· 71 ·

2005年12月10日，中央"马工程"马克思主义哲学课题组到复旦大学调研并参加胡曲园教授诞辰100周年纪念会，杨春贵在会上发言谈胡曲园的学术贡献。左三为杨春贵，左四为袁贵仁（教育部副部长），左二为李景源（社科院），右一为俞吾金（复旦），右二为陶德麟（武大）

会主义理论体系对马克思主义哲学的新贡献；比较充分地反映了我国哲学界各分支学科学术研究的新成果，以一系列新的学术观点丰富和发展了马克思主义哲学原理，例如，关于世界的物质性，强调物质存在既包括自然存在，又包括社会存在；对实践的本质、类型、结构、过程、作用等做了系统论述；对"系统""文化""价值"等作为哲学范畴做了深入阐述；对党的思想路线，结合历史经验，特别是20世纪70年代真理标准问题大讨论的成果，做了充分论述；对唯物史观的生产力标准、人民利益标准和改革在社会发展中的地位等，做了富有时代精神的论述。总之，这是一本富有中国特色和时代精神的马克思主义哲学教材。

历史大变动中的人生足迹和哲学生涯

2005年12月11日,中央"马工程"马克思主义哲学课题组参观党的"一大"会址。从左至右:北大丰子义,北师大杨耕,杨春贵,复旦吴晓明,南开王南湜,社科院李景源,国防大学卢冀宁。右一为北京联合大学郑广永

受聘担任《马克思主义哲学十讲》一书的主要编写人员。该书作为干部哲学教材,突出马克思主义哲学对坚持和发展科学社会主义的世界观和方法论意义,突出对社会主义历史经验的哲学分析,突出马克思主义哲学原理的方法论作用,同《马克思主义哲学》一书比较起来,更加简明扼要,更加重视联系当前实际。该书由中宣部理论局组织编写,首席专家袁贵仁主持,参加写作的主要有陈先达、我、李景源、杨耕、孙正聿、丰子义、吴晓明、庞元正(中央党校)、欧阳康(华中科技大学)、汪信砚、吴向东、陈曙光(武汉大学)等同志。中央宣传部、中央组织部专门发出通知,要求党员干部认真学习这

2006年3月17日,中央"马工程"哲学教材课题组在南京大学召开编写会议。前排左三为教育部部长袁贵仁,前左二为中国社科院原副院长汝信,前右三为国防大学原副校长侯树栋,前右四为南京大学党委书记洪银兴,前右一为复旦大学教授刘放桐,前左一为中央党校教授许全兴,前右二为杨春贵。二排左起为:北大丰子仪教授、苏州大学任平教授、吉大孙正聿教授、北师大杨耕教授、国防大学卢冀宁教授。二排右一为中国社科院李景源教授。三排左起为:北师大吴向东教授、南京大学张异宾教授、复旦大学吴晓明教授。后排右二为中国人民大学刘大椿教授,右三为南开王南湜教授

本书。

我还受聘担任教育部马克思主义理论研究和建设工程重点教材审议委员会委员,到目前为止已参加审议高等学校重点社会科学教材60余本,占应审议教材的一半多。同时我还担任教育部马克思主义理论研究和建设工程研究生政治理论课教学大纲《马克思主义与社会科学方法论》课题组首席专家并主编出版了《马克思主义与社会科学方法论》教材。参加这两本书编

历史大变动中的人生足迹和哲学生涯

2006年11月19日,中央"马工程"马克思主义哲学课题组专家在北京友谊宾馆召开学术研讨会。前左一为中国人民大学庄福龄教授,前左二为武汉大学陶德麟教授,前左三为北京大学黄枬森教授,前右一为国防大学侯树栋教授。后左起为:北京大学赵敦华教授、北京大学陈志尚教授、复旦大学余源培教授、教育部副部长袁贵仁教授、杨春贵、中国人民大学李淮春教授、郭湛教授。袁、杨为课题组首席专家,侯为课题组成员。其他同志为组外专家,今天是来听取组外专家意见的

写工作的主要成员有:中央党校庞元正、边立新、杨信礼、焦佩锋,中国人民大学的马俊峰,北京大学的孙熙国,北师大的张曙光,华中科技大学的欧阳康,西安交通大学的王宏波,武汉大学的陈曙光等同志。在这本《大纲》和教材中,提出了一个以马克思主义为指导研究社会科学的方法论基本框架,即"以实践为基础的研究方法""社会系统研究方法""社会矛盾研究方法""社会过程研究方法""社会主体研究方法""社会

2007年8月28日，中央"马工程"办公室组织专家赴山西、内蒙古考察。图为在包钢调研。右二为杨春贵，左二为中央编译局局长韦建桦，中为中国人民大学教授卫兴华

认知与评价方法"以及"社会科学研究的世界视野"。概括起来就是：实践基础，辩证思维，主体活动，世界眼光。这样系统论述马克思主义的社会科学研究方法论，在国内外都还是一种创见。

　　三是结合当前实际研究和宣传马克思主义，特别是当代中国马克思主义。在我从领导工作岗位退下来这16年间，我发表论文一百多篇。2001年8月，中央第一次就重大理论问题组织宣讲团，内容是宣讲江泽民"七一"重要讲话，宣讲团成员有孙英、王梦奎、邵华泽、郑科扬、桂世镛、雒树刚、冷溶、虞云耀、陈佳贵、邢贲思、侯树栋、许志功、王庭大等十余人。我作为宣讲团成员之一，到山东、河南等地进行宣讲。大家集体备课、分头写自己的宣讲稿，主要论述党的指导思想的与时

2000年7月13日，杨春贵陪同在中央党校学习的老挝高级干部理论研讨班学员参观贵州省龙里县农村建设与改革。正面右一为杨春贵，右二为老挝学员、副总理宋沙瓦

俱进、"三个代表"重要思想的科学内涵和指导意义、增强党的阶级基础和扩大党的群众基础等问题。2005年11月21日，在中央宣传部召开的关于科学发展观理论研讨会上我做了一个发言，提出科学发展观是个完整的理论体系，包括发展目的论、发展中心论、发展整体论、发展协调论、发展持续论、发展动力论、和平发展论等丰富的思想内容，该发言稿刊于2005年11月28日《学习时报》，在理论界产生了一定的影响。2003年主编出版了《马克思主义与时俱进一百例》《中国共产党实事求是一百例》《中国共产党艰苦奋斗一百例》《中国共产党执政为民一百例》。党的十八大以后，在《人民日报》《求是》《哲学研究》《理论视野》等报刊发表学习习近平总书记系列重

2000年8月8日,杨春贵陪同老挝高级干部研讨班学员到天津考察。图为在摩托罗拉公司。中为时任老挝第一副总理本扬(现为老挝人民革命党总书记)。前排右一为杨春贵。杨与本扬之间为天津市委副书记房风友

要讲话精神心得体会十几篇,如《科学运用马克思主义世界观方法论》《自觉接受马克思主义哲学智慧的滋养》《照辩证法办事》《全面深化改革必须坚持正确的方法论》《阅读原著把握体系解决问题》《把握理论创新的规律》《习近平治国理政的战略思维》《坚定不移高举中国特色社会主义伟大旗帜》,等等。为了落实习近平总书记关于"领导干部要爱读书读好书善读书"和"领导干部要重视学习马克思主义经典著作"的号召和要求,我建议中央党校出版社选编三套、各一百余万字的名著及其讲解,一是《马克思主义经典导读》(三册),一是《中国传统文化经典导读》(四册),一是《西方文化经典导读》(三册)。此事得到中央党校校委的批准,并由常务副校长何毅亭

2001年12月10日,杨春贵率中央党校代表团访问奥地利伦纳尔学院,考察该国社会保障问题。这是在该院弗罗舍尔教授家里座谈,其夫人向代表团介绍情况。右一为吴忠民,右二为赵理文,右三为侯少文,右四为杨春贵。左一为毛卫平,左二为谢武军,左三为王桂英

同志任总主编。我担任《马克思主义经典著作导读》一书的主编,严书翰教授担任副主编。中国社会科学院原副院长汝信研究员担任《西方文化经典导读》一书主编,中央党校副校长徐伟新教授担任《中国传统文化经典导读》一书主编。这三套书均于2017年1月由中央党校出版社出版。总之,以正在做的事为中心研究和宣传马克思主义,是我治学的根本指导思想和主要理论风格,在我退休以后,这一点始终没有改变。

四是整理过去发表过的文稿。我曾在1997年出版第一本文集《党的思想路线研究》。在我从领导岗位退下来以后,应中央党校教务部同志之邀,我把担任副校长以来关于教学工作的

2001年12月14日，杨春贵在巴黎"巴黎公社"墙献花

讲话、文章，经过筛选，汇编成《党校教学论》一书，由中央党校出版社在2003年出版，其中包括"教学工作总论""教学内容改革""贯彻理论联系实际方针""提高讲课质量""搞好教学相长、学学相长""加强教学管理和教学队伍建设""教材建设""分校工作""地方党校工作"共9个部分、56篇文稿，大体涵盖了党校教学工作的基本方面。中央宣传部学习出版社编辑出版《理论文库》，为我国一些学者出版自选集，我被纳入其中，于2005年出版了《杨春贵自选集》，收入改革开放以来我公开发表的理论文章31篇，计36万余字，其中包括"关于毛泽东思想""关于邓小平理论""关于三个代表重要思想""关于坚持和发展马克思主义""关于哲学理论""关于思想方法""关于人民内部矛盾"，共七个部分，大体涵盖了我从事马克思主义理论教学和研究的主要领域。2011年，中央党校出版

2006年1月26日,杨春贵应美国哈佛大学教授亨廷顿之邀,到他家里访问

社将我有关思想方法问题的论述加以选编,出版了《论思想方法》一书,这是继《党的思想路线研究》《党校教学论》和《杨春贵自选集》之后,我的又一本文章集结,共分四个部分,第一部分十篇,主要论述思想方法的重要性及马克思主义思想方法的若干问题;第二部分十一篇,主要论述以科学的思想方法对待马克思主义;第三部分七篇,主要论述解放思想的重大意义和历史经验;第四部分十三篇,主要论述学习、坚持和发展马克思主义哲学。2013年,中央党校出版社出版《中央党校大讲堂》丛书,为十位教授出版讲稿选,我被列入其中。这本《杨春贵讲稿》是我的第五本文集,大体上包括三个部分。第一部分一篇,《科学对待马克思主义》,在全书中带有总论的性质;第二部分六篇,主要讲马克思主义哲学;第三部分十四篇,主要讲中国特色社会主义理论。这些讲稿大体涵盖了我在中央

1983年11月12日，中央党校哲学教研室在中央党校召开国外研究毛泽东哲学思想学术情报交流会。前排右六为韩树英，前排左四为万井容，最后一排左一为杨春贵，左二为卢国英

党校课堂讲授的主要内容。

五是社会兼职工作。自1986年中国辩证唯物主义研究会第二届理事会我任常务理事兼副秘书长以来，我始终参加这个研究会的学术活动。1994年我同肖前、赵凤岐同志一起担任第三届执行会长，1999年至2009年年底我任第四届、第五届会长。在担任三届、十五年会长期间，根据学会章程，我团结广大哲学工作者，积极开展学术理论研究和交流活动，在坚持和发展马克思主义哲学、服务党和国家工作大局中发挥了一定作用。学会每年都召开几次重大学术讨论会，如邓小平哲学思想研讨会（1994年）、第三次全国真理标准问题研讨会（1995年）、邓小平改革思想研讨会（1996年）、当代中国马克思主义与中国跨世纪发展战略研讨会（1996年）、社会主义辩证法研讨会

上图：右一为杨春贵，代表获奖者讲话。右二为王首道同志

左图：获奖作者林丕（左）、杨春贵（中）、唐宗焜（右）

杨春贵在北京《学习与研究》杂志1986年第4期发表的《在不断解决矛盾中开拓前进——正确对待改革中出现的新矛盾》一文，被该刊评为年度优秀文章并荣获全国省级理论刊物优秀文章。这是杂志社在1987年9月14日召开的颁奖会剪影

（1996年）、21世纪中国哲学走向问题研讨会（1997年）、纪念《实践论》《矛盾论》发表60周年研讨会（1997年）、纪念真理标准问题讨论20周年理论研讨会（1998年）、马克思主义哲学与社会主义历史命运理论研讨会（1999年）、文化哲学与民族文化建设研讨会（2000年）、发展与创新理论研讨会（2001年）、纪念邓小平"南方谈话"十周年理论座谈会（2002年）、"三个代表"重要思想与改革开放研讨会（2003年）、纪念邓小平诞辰100周年理论研讨会（2004年）、构建社会主义和谐社会理论研讨会（2005年）、中日马克思主义哲学当代形态学术研讨会（2005年）、科学发展观与马克思主义哲

1988年5月26日,参加中国人民解放军军事科学院召开的纪念毛泽东《论持久战》发表60周年座谈会。二排左四为杨春贵

学研讨会(2006年)、纪念毛泽东《关于正确处理人民内部矛盾问题》发表五十周年研讨会(2007年)、纪念《实践论》《矛盾论》发表七十周年理论研讨会(2007年)、纪念真理标准问题讨论三十周年研讨会(2008年)、新中国哲学六十周年理论研讨会(2009年),等等。这些会议绝大多数出版了论文集。2009年12月24日,学会召开第六届代表大会,我卸任会长,被推举为名誉会长,由中国社会科学院院长王伟光同志接任会长。在结束学会会长职务之前,我主持编写了《马克思主义哲学的新探索》一书,将我国哲学界改革开放以来的研究成果做了一个回顾和总结。我为这本书写了一个长篇"代序言",对改革开放以来我国哲学界的新探索做了一个比较系统的梳理,其中包括:党的思想路线的研究取得了丰硕成果;马克思主义

哲学体系的研究实现了重大突破；马克思主义哲学基本原理有了一系列新进展（如主体性问题、"系统"问题、社会形态问题、科学技术成为第一生产力问题、认识过程问题、价值问题，等等）；社会主义社会矛盾问题的研究提高到一个新的科学水平。在这本书中，还将学会成立以来的会长、常务理事、理事成员的情况以及历年学术活动大事记做了一个汇总，为学会创立以来30年的历史做了一个小结，为后人留下了一份宝贵的历史资料。经有关部门推荐，我还曾担任全国政协第九届委员会委员，中国关心下一代工作委员会副主任，中国马克思主义哲学史学会常务理事暨毛泽东哲学思想研究会会长、邓小平理论研究会会长，中国统一战线理论研究会副会长，中国毛泽东军事思想研究会副会长，为相关领域理论和事业的发展做了一些力所能及的工作。

2008年6月30日，中央组织部、中央党校、北京市委的有关负责同志向中央领导同志汇报有关干部教育工作情况，我在会上做了一个题为《正确处理党校教育中的几个重大关系》的汇报发言。主要讲了六大关系：一是正确处理学习马克思主义与学习其他各种知识的关系，坚持以学习马克思主义为主课；二是正确处理马克思主义一脉相承和与时俱进的关系，坚持以学习当代中国马克思主义为重点；三是正确处理认真读书与研究问题的关系，坚持理论同实际相结合的教学方针；四是正确处理改造客观世界与改造主观世界的关系，坚持提高能力与增强党性相统一；五是正确处理教与学、学与学的关系，坚持教学相长、学学相长的教学方法；六是正确处理为学员服务与加强管理的关系，坚持高标准从严治校的原则。这六条，也是我从事党校教学工作38年的主要心得体会。这个汇报发言稿发表

1995年6月20日,在山东省东营市召开"全国邓小平理论研讨会"。前排左六为杨春贵,左五为北京大学黄枬森教授,左七为市委李书记,左八为中国人民大学庄福龄教授,右一为广东省委党校李恒瑞教授,右二为《求是》杂志社闫长贵同志,右三为中央文献研究室石仲泉同志。左三为中央党校教务部王伟光同志,左一为北京大学宋一秀教授

在 2009 年 3 月 16 日出版的《学习时报》上。

2017 年 6 月 30 日,中央党校举办中青年教师党性修养培训班,让我讲讲从事理论工作的体会。我以"学好用好讲好马克思主义"为题,讲了四点体会。第一,原原本本地学习马克思主义经典著作,搭好精神世界的四梁八柱,这是理论工作者的立身之本。第二,完整准确地理解马克思主义,防止理论武装工作的碎片化,这是理论工作者起码应有的科学态度。第三,自觉应用马克思主义,使之内化于心、外化于行,讲话有马克思主义味道,办事符合马克思主义精神,这是理论工作者应有的境界。第四,努力讲好马克思主义,精益求精,有的放矢,

1996年5月,为北京大学万汇源杯邓小平理论征文大赛获奖者颁奖(右二为杨春贵)

生动活泼,使人乐于接受,甚至感到是一种享受,争取做一个高水平的理论工作者。以上四条,是我始终不渝的追求。做得不够,但一直心向往之,与大家共勉。这也是我将近60年作为理论工作者的主要心得体会。

在本书付印前,我又写了一篇《面向实际的哲学:几个理论问题的探索和体会》,主要是梳理了一下我重点研究的几个领域,如关于党的思想路线问题,关于正确处理人民内部矛盾问题,关于战略思维问题,关于社会科学方法论问题,关于反对形式主义问题,等等。这是我从事马克思主义理论研究体会最深的几个理论问题。

80年,在历史的长河中不过是一个瞬间;而对于我个人来说,却是一个漫长的过程,其间充满了矛盾、艰辛、幸福、快乐、顺境、逆境与曲折。往事并不如烟,它在历史上留下了自

1997年7月24日,在国防大学参加纪念建军70周年暨毛泽东军事思想与新时期军队建设学术研讨会。前排右六为杨春贵

己的足迹,任由后人评说。我为自己的成长、进步和付出感到欣慰,更为自己享受到的党和国家的恩泽,亲人、同事、朋友等的人间之爱,感到无比幸福,我感恩祖国,感恩人民,感恩党,感恩一切曾经帮助过我的亲朋好友和同志。这就是我人生80年的感言,再一次向大家表示衷心的谢意!

八 永远的追求:学好用好讲好马克思主义[①]

我来中央党校工作39年,此前在南开大学任教7年,"文化大革命"中下放广西基层做宣传工作8年,前后加在一起,从事理论工作54年,半个多世纪了。其间风风雨雨、坎坎坷

---

① 本部分系笔者2017年6月30日在中央党校中青年教师党性修养培训班上的讲话稿。这可以说是笔者半个多世纪从事理论工作心得体会的一个小结。

1997年7月25日，中国辩证唯物主义研究会在济南召开纪念《实践论》《矛盾记》发表六十周年研讨会。杨春贵主持会议并做主题演讲。中间穿黑上衣者为杨春贵。前排左五为山东省委副书记赵志浩同志。前排右起为许金兴（中央党校）、陈中立（中国社科院）、张江明（广东社联）、赵凤岐（中国社科院）。前排左二为山东省委常委、宣传部部长陈光林，左三为庞元正（中央党校）

坷，道路并不平坦。但是，"学好用好讲好马克思主义"这一条，是我始终不渝的追求，它几乎成了我生存方式不可分割的一部分。下面围绕这个主题，从四个方面谈谈我的一些粗浅认识和体会。

原原本本地学习马克思主义

重视读原著，这是我们党的理论武装工作的一条重要经验。马克思主义经典作家和毛泽东对此多有论述。早在1890年，恩格斯对一位青年人说："我请您根据第一手的材料来研究这个

1998年11月9日,中国辩证唯物主义研究会与武汉市委党校联合举办"邓小平改革开放与现代化建设辩证法研讨会",杨春贵(前排左五)在会上做主题报告

理论,而不要根据第二手的材料来进行研究。"1913年,列宁在《马克思主义的三个来源和三个组成部分》一文中,把《共产党宣言》《反杜林论》《路德维希·费尔巴哈和德国古典哲学的终结》三本著作称作"每个觉悟工人必读的书籍"。毛泽东有关论述就更多了。1945年在党的七大结论报告中,他要求大家读五本书,说,可以把这五本书"放在干粮袋里,打完仗后,就读它一遍或者看它一两句,没有味道就放起来,有味道就多看它几句,七看八看就看出味道来了。"习近平同志也反复强调这一点。2011年5月13日,他在中央党校以"领导干部要重视学习马克思主义经典著作"为题,给学员做报告,强调对马克思主义经典著作"必须专心致志地读、原原本本地

历史大变动中的人生足迹和哲学生涯

1999年10月27日，杨春贵（前排左十）在上海主持召开"中国辩证唯物主义年会暨'马克思主义哲学与社会主义历史命运'理论研讨会"，在会上做《邓小平理论与社会主义历史命运》的主题报告。上海市委副书记孟建柱（前排左九）参加。前排左八为韩树英（中央党校原副校长），左十一为赵凤岐（中国社科院哲学所研究员），左六为陶德麟（武汉大学原校长），右五为赵光武（北大哲学系教授），右六为庞元正（中央党校哲学部主任），右八为张江明（广东社科联原主席）

读、反反复复地读，通过细嚼慢咽去感悟马克思主义经典著作历久弥新的思想价值"。

回顾我自己将近60年从事理论工作的经历，感到我的理论根底，主要还是1959年到1962年在中国人民大学哲学系读研究生那三年打下的。那时，我们真是原原本本、扎扎实实地读了一些马列和毛泽东著作。不仅听课、自学、讨论，还参加了一些解读原著的科研工作。我参加了《〈自然辩证法〉简释》

2001年8月22日，杨春贵（右四）在河南省郑州市参加由中国辩证唯物主义研究会、中央党校哲学教研部、《求是》杂志社理论部等单位联合举办的发展与创新理论研讨会，并在会上做主题报告

一书的编写。结合俄文课的学习，我们四位同学合译了俄文版《〈反杜林论〉辅导》一书。通过这种比较集中、比较系统的深层次阅读，使我初步了解了马克思主义哲学的基本原理，特别是以实践为基础的认识论、以矛盾为核心的辩证法、以经济为基础的唯物史观、以人民为中心的价值论，以及这些基本原理中所包含的一系列基本观点如唯物的观点、实践的观点、联系的观点、发展的观点、矛盾的观点、生产的观点、群众的观点、阶级的观点等，从而搭起了我精神世界的"四梁八柱"。它不仅为我尔后从事理论工作打下了专业基础，而且使我的世界观、人生观、思维方式乃至话语系统都发生了深刻变化，坚定了我一生对马克思主义的信念。由于年轻，记忆力好，许多东西刻骨铭心，至今不忘。通过这种深层次阅读，使我深切地感受到，

2004年11月27日,中国辩证唯物主义研究会第五次代表大会于江苏省苏州市召开,研究会会长杨春贵(右)代表第四届理事会向大会做工作报告,主持人是陈中立副会长(左)。在这次代表大会上,杨春贵继续当选为会长

马克思主义经典著作是人类文明的结晶,历史文化中的珍品,知识海洋中的灯塔,是无产阶级和劳动人民争取自身解放的伟大认识工具和行动指南。它的魅力和智慧永存,学好经典,终身受益。

在后来的岁月中,这种阅读,伴随了我一生每一阶段的成长和进步。1962年研究生毕业后,我被分配到南开大学哲学系任教,主讲恩格斯的《路德维希·费尔巴哈和德国古典哲学的终结》、列宁的《哲学笔记》。这时的阅读,相对于读研期间的阅读,是一种更深入的阅读。这两本书都有大量内容涉及黑格尔,我结合备课重读了黑格尔的《小逻辑》,它的辩证思维和丰富的思想资料,使我大受启发。1969年年底,我和我的家人

2007年12月27日,中国辩证唯物主义研究会、广东省社会科学院、广东省社科联联合召开党的十七大精神与中国特色社会主义理论与实践研讨会。会议期间,杨春贵（左二）与广东省社科联张江明教授（右二）、中国社科院陈中立研究员（右一）、湖南省社科联陆魁宏研究员（中）、中央党校哲学部杨信礼教授（左一）合影

下放广西农村安家落户,在河池地委做宣传理论工作。"文化大革命"的大环境决定我所从事的工作不可能不打上时代的烙印,从根本上说不可能有什么作为,但我还是挤时间读了一些马列著作。特别是做了一件至今难以忘怀的事情,那就是我把当时下放农村和厂矿的一些大学生、研究生组织起来,学习马列和毛泽东著作。在认真读书的基础上,我们编写出版了十来本学习辅导读物。在这个特殊时期,大家潜心读书,使得原来所学的专业没有中断和荒废。后来这些同志在改革开放和现代化建设中都发挥了很好的作用,有的成了教授、博导,有的成了地市级领导干部。

2008年8月23日，中国辩证唯物主义研究会、中央党校哲学教研部、上海市委党校联合召开马克思主义哲学与中国改革开放三十周年研讨会。前排右九为杨春贵

"文化大革命"的结束，改变了党和国家的命运，也改变了我个人的命运。1978年我调来中央党校从事教学工作。这时学习马克思主义经典著作就更集中、更系统、更深入，也更富有成效了。我和一些同志合作编写出版了《学习毛泽东哲学思想——介绍毛泽东同志的八篇著作》，和陈柏灵教授主编了《马克思主义哲学著作选讲》。认真阅读了新出版的《毛泽东哲学批注集》《毛泽东文集》等毛泽东著作。在这个基础上，我主编或与其他同志合作出版了《毛泽东哲学思想新论》《哲学家毛泽东》《毛泽东哲学思想史》《毛泽东政策策略思想研究》以及《马克思主义哲学教程》《马克思主义哲学发展史教程》等著作。

我特别深刻地感受到，学习中国特色社会主义理论体系，也要重视读原著。这就是党的十一届三中全会以来党和国家主要领导人的重要讲话、重要论著以及党和国家的重要文献。这些讲话、著作、文献，是马克思主义普遍真理同当代中国实际和时代特征相结合的产物，是我国社会主义历史经验与改革开放以来新鲜经验的科学总结，是党和人民集体智慧的结晶，是当代中国马克思主义的集中体现。就其科学性、指导性、权威性来说，是一般个人著作难以相比的，从这个意义上说，它们均堪称经典。中央党校对此是非常重视的。1993年8月，《邓小平文选》第三卷尚未出版，校委就从中宣部借来内部使用的大字本，组织教师集体备课，十位教授日夜攻读，连续十来天自学、讨论、写讲稿，很快使《邓小平文选》第三卷进入课堂，并于1993年11月印出内部教材，1994年8月由人民出版社公开出版。随后又于1994年11月和12月分别出版了《学习〈邓小平文选〉（1—3卷）辅导教材》、《〈邓小平文选〉（第二卷）辅导教材》。党的十八大以来，习近平总书记的系列重要讲话，深刻回答了全面建成小康社会决定性阶段党和国家面临的一系列重大理论与实践问题，提出了许多新理念新思想新战略，形成了习近平新时代中国特色社会主义思想，这是当代中国马克思主义的最新成果，为我们在新的历史条件下坚持和发展中国特色社会主义，实现"两个一百年"奋斗目标，实现中华民族伟大复兴的中国梦，提供了根本遵循；用这些讲话精神武装全党，教育干部群众，是当前理论武装工作的重中之重。正是基于以上考虑，我在2013年1月，主编出版了《中国特色社会主义理论体系原著选编》和《中国特色社会主义理论体系原著十讲》两本书，并在中央党校各分校开设了中国特色社会主义理论体系原著选讲课。学员学过后，普遍反映，很有必要，很有收获，对中国特色社会主义理论体系的来龙去脉，有了更加清晰的认识；对中国特色社会主义理论体系的丰富内容，有了更加完整的了解；对克服理论武装工作碎片化，很有帮助，进一步增强了道路自信、理论自信、制度自信和文化自信。

前不久，由我校常务副校长何毅亭同志担任总主编的《领导干部必读经典导读丛书》出版。其中包括三个系列：《马克思主义经典导读系列》《中国传统文化经典导读系列》《西方文化经典导读系列》，即"一体两翼"。我担任第一系列（三册）的主编，选编了54篇马克思主义经典著作（从马克思的《关于费尔巴哈的提纲》到习近平总书记的《在庆祝中国共产党成立95周年大会上的讲话》），并对每一篇著作做了简要介绍。这套书的选编过程，对我个人来说，是一次系统的"再学习"的过程，在许多方面有了新的体会。譬如：今天我们应该怎样读《共产党宣言》？怎样认识毛泽东《论十大关系》的当代价值？怎样理解邓小平两个"解放思想、实事求是"的宣言书的重大历史意义？为什么说习近平总书记在庆祝建党95周年大会上的重要讲话"是全党在新的历史条件下进行具有许多新的历史特点的伟大斗争的政治宣言""是指引我们党奋力推进中国特色社会主义伟大事业和全面推进党的建设新的伟大工程的纲领性文献"？如此等等，结合历史经验和当前实际，进行"再学习"，在认识上有了进一步深化和升华。

根据我的体会，强调原原本本地读原著，并不是说其他的东西可以弃之不读。而是说，应当用主要的时间和精力去读原著。一些好的辅导材料，一些好的体会文章，一些好的理论报告，或深入浅出，或视角独特，或资料丰富，都有一定的参考价值，适当读一些、听一些，有助于开阔视野、拓展思路、增长知识，有助于加深对原著的理解。但是，这种学习不能代替对原著本身的阅读。因为显而易见，任何解读都不可避免地带有解读者主体的烙印，解读者的长处和短处在解读的过程中都会自觉不自觉地表现出来。如果你不读原著，就无法鉴别哪些解读是正确的、全面的、深刻的，哪些解读是不正确、不全面、不深刻的，甚至可能被一些明显错误的解读所误导。在意识形态多元化、各种思潮相互激荡、思想领域矛盾错综复杂的今天，人们对同一文献做不同的解读，甚至大相径庭的解读，并不是什么罕见的现象。仅仅由于水平所限出现种种肤浅的解读，也是所在多有。所以，我们要以读原著为主、辅之以第二手的东西，而不能颠倒主次。

完整准确地理解马克思主义

原著是真经，非常重要。但真经也得会念。念不好，也会离开马克思主义十万八千里。毛泽东曾经说，"我们历史上的马克思主义有很多种，有香的马克思主义，有臭的马克思主义，有活的马克思主义，有死的马克思主义"，"我们要的是香的马克思主义，不是臭的马克思主义；是活的马克思主义，不是死的马克思主义。"[①] 这里的关键是要完整准确地理解马克思主义。

首先，什么是马克思主义？有人说，马克思主义是"蒸汽机"时代的理论，现在是"计算机"时代，早已过时了，它像一件旧衣服，应该把它脱掉了。这就是一种曲解，至少是一种误解。其实，马克思主义有狭义和广义两种含义。1914年列宁为俄国《格拉纳特百科辞典》写了一个条目《卡尔·马克思》，

[①] 毛泽东：《在中国共产党第七次全国代表大会上的口头政治报告》，《毛泽东文集》第3卷，人民出版社1996年版，第311—312页。

副标题是"传略与马克思主义概述"。其中说道:"马克思主义是马克思的观点和学说的体系。"① 显然,这里讲的是狭义的马克思主义,即作为马克思主义主要创始人的马克思的学说体系。其主要内容是相互联系的三个组成部分:马克思主义哲学、政治经济学和科学社会主义。其中的唯物主义历史观"是科学思想中的最大成果",剩余价值学说"是马克思经济理论的基石",在这两大成果的基础上,创立了科学社会主义。所以,"马克思的观点极其彻底而严整"②。实践证明,这三大学说的基本理论并没有过时。而作为中国共产党指导思想理论基础的马克思主义,是广义的马克思主义。它既包括马克思、恩格斯所创立的马克思主义的基本理论和基本方法,又包括帝国主义和无产阶级革命时代的马克思主义——列宁主义,还包括中国化的马克思主义——毛泽东思想和中国特色社会主义理论体系。马克思主义是一脉相承而又与时俱进的科学。那种认为马克思主义已经过时的看法是完全错误的。

其次,坚持马克思主义坚持什么?当然不是它的词句、不是它的个别结论,而是它的思想体系、立场观点方法、基本原理和基本原则。其中最主要的是三个东西:一是马克思主义的政治立场,即无产阶级和人民大众的立场。这是马克思主义的阶级本质。如《共产党宣言》所说:"过去的一切运动都是少数人的或者为少数人谋利益的运动。无产阶级的运动是绝大多数人的、为绝大多数人谋利益的独立的运动。"③ 马克思主义理

---

① 列宁:《卡尔·马克思》,《列宁选集》第2卷,人民出版社1995年版,第418页。
② 同上。
③ 马克思、恩格斯:《共产党宣言》,《马克思恩格斯选集》第1卷,人民出版社1995年版,第283页。

论的主题就是研究和回答无产阶级和全人类如何实现自身的解放。这是马克思主义自诞生以来160多年一脉相承的政治立场之脉。离开了这一条，就是从根本上离开了马克思主义。这是检验真假马克思主义的试金石。我们党反复强调立党为公、执政为民、以人为本、以人民为中心，强调自己既是中国工人阶级的先锋队，同时也是中国人民和中华民族的先锋队，就是这一立场的具体表现。二是马克思主义的世界观和方法论，即以科学实践观为基础的辩证唯物主义和历史唯物主义。这是整个马克思主义理论的哲学基础。一切大的全局性的错误，没有不是离开辩证唯物主义和历史唯物主义的。马克思主义的具体观点会随着条件的改变而改变，而它的世界观和方法论是普遍管用、长期管用、根本管用的东西，它是贯穿于整个马克思主义的活的灵魂，其基本观点和基本方法，如唯物论和一切从实际出发的原则，实践论和实践标准，生产力最终决定论和生产力标准，人民主体论和人民利益标准，矛盾论和矛盾分析方法，在阶级社会和有阶级存在的社会之阶级观点和阶级分析方法等，所有这些在任何时候都是不能违背的。这是自马克思主义诞生160多年以来一脉相承的世界观、方法论之脉。我们党历来重视从哲学高度总结经验、研究问题和解决问题，原因就在这里。三是马克思主义的崇高社会理想，即社会主义、共产主义理想。马克思和恩格斯运用唯物史观研究资本主义生产方式，揭示了其基本矛盾——生产资料的资本主义私有制同社会化大生产的矛盾，以及这一矛盾的阶级表现——无产阶级同资产阶级的矛盾，得出"资产阶级的灭亡和无产阶级的胜利是同样不可避免的"历史结论，论证了社会主义、共产主义是人类历史发展的必由之路，论证了无产阶级的历史地位和历史使命以及实现这一历史使命的条件、手段和途径，论证了未来社会主义、共产主义的一般原则。《共产党宣言》对马克思主义的最高纲领做了这样的概括："代替那存在着阶级和阶级对立的资产阶级旧社会的，将是这样一个联合体，在那里，每个人的自由发展是一切人的自由发展的条件。"[1] 这是自马克思主义诞生160多年以来一脉相承的社会理想之脉。习近平总书记说："对马克思主义的信仰，对社会主义和共产主义的信念，是共产党人的政治灵魂，是共产党人经受住任何考验的精神支柱。"[2] 我们必须用科学理论武装头脑，不断培植我们的精神家园。

第三，怎样把握马克思主义科学体系？马克思主义作为一门科学，是由一系列相互联系的基本原理所构成的科学体系。列宁说："马克思主义的全部精神，它的整个体系，要求我们对每一个原理都要（α）历史地，（β）都要同其他原理联系起来，（γ）都要同具体的历史经验联系起来加以考察。"[3] 列宁提出的这三条原则，对于我们科学把握马克思主义思想体系，具有重要指导意义。所谓"历史地"加以考察，就是要把每一原理放到一定社会历史条件下加以考察，坚持真理的具体性。真理都是一定时间、地点、条件下的真理，没有抽象真理。时间、地点、条件变了，人们的认识也必须随着改变。世界上没有一成不变的公式。俄国十月革命以城市为中心夺取全国政权，实践证明是正确的；在中国，这条路就行不通，必须走农村包围

---

[1] 马克思、恩格斯：《共产党宣言》，《马克思恩格斯选集》第1卷，人民出版社1995年版，第294页。

[2] 习近平：《紧紧围绕坚持和发展中国特色社会主义学习宣传贯彻党的十八大精神》，《习近平谈治国理政》，外文出版社2014年版，第15页。

[3] 列宁：《致伊·费·阿尔曼德（节选）》，《列宁选集》第2卷，人民出版社1995年版，第785页。

城市、最后夺取全国政权的道路。在土地革命战争时期，我们党的农村政策是消灭地主阶级、平分土地给农民，到了抗日战争时期则是减租减息，因为社会主要矛盾变了，政策必须调整。在夺取全国政权以前，党的工作重心在农村；在夺取全国政权以后，党的工作重心转移到城市，这都是正确的。毛泽东说："真正的马克思主义是：当需要在乡村时，就在乡村；当需要转到城市时，就转到城市。"① 具体问题具体分析是马克思主义活的灵魂。所谓"同其他原理联系起来"考察，就是要坚持真理的全面性，不能只知其一、不知其二；更不能为了主观的需要，只讲其一、不讲其二。马克思主义这一原理是正确的，同它相联系的另一原理也是正确的，我们应当在统一中加以把握，既不能孤立地、片面地强调某一原理，也不能主观地、随意地抛弃某一原理。针对一些人对唯物史观的曲解，恩格斯说："根据唯物史观，历史过程中的决定性因素归根结底是现实生活的生产和再生产。无论马克思或我都从来没有肯定过比这更多的东西。如果有人在这里加以歪曲，说经济因素是唯一的决定性因素，那么他就是把这个命题变成毫无内容的、抽象的、荒诞无稽的空话。经济状况是基础，但是对历史斗争的进程发生影响并且在许多情况下，主要是决定着这一斗争的形式的，还有上层建筑的各种因素。"② 就是说，既要讲经济的最终决定作用，又要讲上层建筑的反作用，缺了哪一句都不是唯物主义历史观。同样地，在今天，既要讲坚持马克思主义，又要讲发

---

① 毛泽东：《在中国共产党第七次全国代表大会上的口头政治报告》，《毛泽东文集》第3卷，人民出版社1996年版，第332页。
② 恩格斯：《致约·布洛赫》，《马克思恩格斯选集》第4卷，人民出版社1995年版，第695—696页。

展马克思主义,缺了哪一句都不是马克思主义;既要讲反对平均主义,又要讲反对两极分化,缺了哪一句都不是社会主义;既要讲金山银山,又要讲绿水青山,缺了哪一句都不是科学发展观;既要讲立足中国国情,又要讲放眼世界,缺了哪一句都不是战略思维。所谓"同具体的历史经验联系起来加以考察",就是说,要在实践中检验真理和发展真理。正是联系于各个历史时期的实践经验,使我们确信,马克思主义是科学,是颠扑不破的真理;也正是联系于各个历史时期的实践经验,使我们不断丰富和发展马克思主义。中国为什么必须坚持马克思主义?这不是个理论的问题,而是个实践的问题。中国近代以来的历史证明,只有马克思主义而没有别的什么主义能够救中国;当代国际共产主义运动遭受挫折的教训特别是苏东剧变的教训证明,马克思主义是丢不得的,丢了马克思主义共产党就丢了魂、社会主义就会丧了命;改革开放以来中国社会主义现代化建设持续快速发展的巨大成就证明,马克思主义不仅能够救中国,而且能够发展中国。马克思为什么提出"工人阶级不能简单地掌握现成的国家机器,并运用它来达到自己的目的"?这是考察1848年欧洲革命经验特别是考察1871年巴黎公社革命经验的结果。列宁为什么提出新经济政策?这是考察1918年到1920年实行战时共产主义政策遭受挫折教训的结果。毛泽东为什么提出"农村包围城市、最后夺取全国政权"的道路?这是考察大革命失败后进攻大城市遭受失败教训的结果。邓小平为什么能够提出中国特色社会主义理论?这是总结我国社会主义历史经验和改革开放以来新鲜经验的结果。所以,联系具体的实践经验研究马克思主义,这是研究马克思主义的一个根本方法。

自觉应用马克思主义

学习马克思主义，重在应用。你学得好不好，坚持得好不好，主要不是看你记住了多少马克思主义词句，而是看你肯不肯、会不会应用马克思主义理论解决实际问题。你解决的实际问题越多，说明你学习的成绩越大。这里的关键是个学风问题，即对待马克思主义的态度问题。我们应当发扬理论联系实际的马克思主义学风，防止和克服理论脱离实际的主观主义，特别是教条主义学风。

我们应当做言行一致的理论工作者。对马克思主义要真学、真信并且真用。首先用来武装自己的头脑，使之内化于心、外化于行，说出来的话要有马克思主义味道，做出的事要符合马克思主义精神。作为一名党校教师，这一点特别重要。教育者必先接受教育。要求别人学好理论，必先自己学好理论；要求别人坚定理想信念，必先自己坚定理想信念；要求别人增强党性，必先自己增强党性。否则，当教师就没有底气，讲课就缺少说服力。自己昏昏，怎么能使人昭昭呢？我们应当懂得，马克思主义不是我们身上的标签，而是我们心中的信念，我们的灵魂和精神支柱；我们所从事的工作也不是小商小贩那种为了谋生而进行的倒买倒卖，而是追求真理、传播真理、资政育人、助推社会进步的崇高事业。这样的事业，需要忠诚和担当，需要勇气和奉献，为了主义，不为名利所惑，不为风险所惧，甚至不惜流血牺牲。如习近平总书记在全国党校工作会议上的讲话中所要求的，"党校要旗帜鲜明、大张旗鼓讲马克思主义、讲中国特色社会主义、讲共产主义，旗帜鲜明、大张旗鼓讲党的性质、讲党的宗旨、讲党的传统、讲党的作风。"我曾经对一位年轻教师说，你研究毛泽东思想，施拉姆也研究毛泽东思想，但是有一个很大的不同，他是作为纯粹的"学问""学术"来研究，自己并不准备践行的；你是作为党的指导思想来研究，必须是言行一致的。我们应用马克思主义研究和解决实际问题，首先要在改造自己的主观世界上下功夫，通过学习，使我们的马克思主义的立场更鲜明，理想信念更坚定，道德情操更高尚，思想方法更科学。说到这里，我想起我校科学社会主义教研部已逝的张式谷教授。苏东剧变发生后，他在自己的日记中写道："在坚定社会主义、共产主义信念上，经过认真思考，可以用三句话勉励和要求自己：不改初衷（1978年入党誓词）；义无反顾（在任何情况下中途决不变节）；奋斗到底（尽所能为党工作）。"为了反击"马克思主义过时论"，他以深沉的理性思考和饱满的政治激情，发表一系列文章，其中《关于共产主义理想的断想》一文，在开头就说："在《共产党宣言》发表150周年之际，抚今追昔，可谓心潮澎湃，思绪万千，要说的话实在太多了。"寥寥数语，一个共产党员面临历史的跌宕起伏、沧桑巨变，那种忧党忧国忧民之态跃然纸上，而他要讲的"许多话"中最重要的一句话是："共产主义理想，对于共产党人实在是太重要了，它是我们的精神支柱，是我们安身立命的依托。"这个理想所以引得无数先烈为之"九死而不悔"，他说，是因为"过去一切运动都是少数人的或者为少数人谋利益的运动。无产阶级的运动是绝大多数人的、为绝大多数人谋利益的独立的运动。"接着他说："为人民的利益而奋斗——这就是共产主义理想的精髓；用这样的理想教育和团结人民——这就是共产党人最重要的历史使命。学习和掌握邓小平理论，绝不能忽视这一点。"最后他深有感触地说："树立共产主义理想、马克思主义信念，虽属不易，但更为难得的是：终其一生，义无反顾，不为物移，不为己忧，始终如一地坚持这种理想和信念。"这些话，同他在日记中的话完全一致。这篇文章以其旗帜鲜明、有理有据、言简意赅、声情并茂而获得《求是》杂志优秀论文奖，实在是实至名归。

党的理论工作是党的事业的一个重要组成部分，它担负着不断推进马克思主义中国化、时代化、大众化的历史重任，任务艰巨，使命光荣，需要一茬又一茬的理论工作者付出毕生的心血和智慧。我们不但应当做一个自觉的坚定的马克思主义理论工作者，而且应当做一个清醒的、求真务实的、有大作为的马克思主义理论工作者，在应用马克思主义解决中国改革和发展的实际问题中，做出应有的贡献。

要重视研究问题。问题是时代的声音，理论研究归根结底是对问题的研究。理论离开了问题，就是自拉自唱，无人问津。一部马克思主义发展史，就是以"问题"的更替为轴心，牵动核心概念、范畴新陈代谢的历史。马克思主义经典作家，在他们的理论建构中始终坚守的是以问题为中心的原则，而非逻辑本位原则。没有马克思、恩格斯对资本主义合理性的追问，对人类社会发展规律的追问，对无产阶级和人类前途命运的追问，就没有马克思主义；没有列宁对帝国主义本质的追问，对一国、数国社会主义革命能否首先胜利的追问，对落后国家怎样建设社会主义的追问，就没有列宁主义；没有毛泽东对什么是中国革命、中国应当怎样进行革命的追问，对中国怎样建党建军建国的追问，对什么是社会主义改造、中国应当怎样进行社会主义改造的追问，就没有毛泽东思想。胡锦涛在纪念党的十一届三中全会召开30周年大会上的讲话中说："三十年来，我们党的全部理论和全部实践，归结起来就是创造性地探索和回答了什么是马克思主义、怎样对待马克思主义，什么是社会主义、怎样建设社会主义，建设什么样的党、怎样建设党，实现什么样的发展、怎样发展等重大理论和实际问题。"① 直面中国问题，坚持和发展中国特色社会主义理论，是当代中国理论工作者的根本任务。习近平总书记2015年12月31日在全国党校工作会议上的讲话中指出，党校的理论教育要"坚持问题导向"，"注重回答普遍关注的问题，注重解答学员思想上的疙瘩"，"防止空对空，两张皮"，他一连提出13个重大问题，要求我们要予以回答。我们应当下大功夫进行研究，拿出令人满意的研究成果，使之进入课堂，进入社会，进入报刊，进入媒体，充分发挥党校在理论创新和理论武装工作中的作用。

要重视调查研究。不但要读有字之书，还要读"无字之书"，努力向实际学习，向群众学习。调查研究是"谋事之基，成事之道"。它不但是做好领导工作的基本功，而且是做好理论工作的基本功。恩格斯说："即使只是在一个单独的历史事例上发展唯物主义观点，也是一项要求多年冷静钻研的科学工作，因为很明显，在这里只说空话是无济于事的，只有靠大量的、批判地审查过的、充分地掌握了的历史资料，才能解决这样的任务。"② 毛泽东曾以自己亲身的体会讲述调查研究对于推进马克思主义中国化的重要性。他说，他在1920年第一次看了考茨基的《阶级斗争》、陈望道翻译的《共产党宣言》，和一个

---

① 胡锦涛：《在纪念党的十一届三中全会召开三十周年大会上的讲话》，《胡锦涛文选》第3卷，人民出版社2016年版，第170页。

② 恩格斯：《卡尔·马克思〈政治经济学批判〉》第一分册，《马克思恩格斯选集》第2卷，人民出版社1995年版，第39页。

英国人写的《社会主义史》，才知道阶级斗争是社会发展的原动力，初步地得到认识问题的方法论。"可是，这些书上，并没有中国的湖南、湖北，也没有中国的蒋介石和陈独秀。我只取了它四个字'阶级斗争'，老老实实地来开始研究实际的阶级斗争。"[①] 通过1930年5月的《寻乌调查》，"弄清了富农和地主的问题"；通过1930年10月的《兴国调查》，弄清了"贫农与雇农的问题"；经过了六七年的农村调查，大体上弄清了农村的阶级关系。我在"文化大革命"期间下放广西河池地区7年，经常下乡，还曾经有半年多时间到村里同农民一起学哲学、用哲学，我从农民身上学到了很多东西，原来头脑中比较抽象的哲学原理，在生活中变得生动起来，鲜活起来。书本给我以理论知识，农民给我以生活智慧。那是一段难忘的经历。生活固然艰苦，但收获也很多，使我对中国国情有了更深刻的认识，对中国的农民有了更多的了解，思想感情、思想作风都发生了很大变化，老百姓在我心中的位置更重了，想问题、办事情、发议论也比以前更务实了。正是因为有了这样一段经历，后来我才可能写出专给农民看的《哲学讲话》十六讲，专给基层干部看的小册子《认识与实践》，来到中央党校以后又比较顺利地完成了《通俗哲学》一书部分章节的编写任务。我深深地体会到，理论工作者向生活学习，向群众学习，重视做好调查研究，是克服书生气、学生腔的一剂良药。

要重视总结经验。毛泽东说："我是靠总结经验吃饭的。"[②]

[①] 毛泽东：《关于农村调查》，《毛泽东农村调查文集》，人民出版社1982年版，第21—22页。

[②] 参见程思远《难忘的一天》，载《我眼中的毛泽东》，河北人民出版社1990年版，第225页。

邓小平说："新的科学理论的提出，都是总结、概括实践经验的结果。"[①]不论正面经验还是反面经验，都是宝贵财富，都值得我们认真去总结，"不吃糊涂亏，不占糊涂便宜。"正确了为什么正确了，错误了为什么错误了，知其然还要知其所以然。全面总结才能全面认识。正面经验告诉我们应当怎么做，反面经验告诉我们不应当怎么做，一正一反，人们的认识就更深刻了。反面经验因为经历了痛苦，甚至刻骨铭心的痛苦，总结的必要性显得更加迫切，留下的印象也往往更加深刻。恩格斯说："伟大的阶级，正如伟大的民族一样，无论从哪方面学习都不如从自己所犯错误的后果中学习来得快。"[②]"要获取明确的理论认识，最好的道路就是从本身的错误中学习，'吃一堑，长一智'。"[③]关于如何总结党的历史经验，毛泽东在延安有许多论述，这些论述具有普遍的方法论意义。他强调，第一，总结经验应着重于内因的分析，不应过分强调外因的作用，因为外因通过内因而起作用，关键是党的路线是否正确、组织是否巩固；第二，总结教训应着重于所犯错误内容和原因的分析，不应过分强调个人的责任，这是一个是否坚持历史唯物主义的问题，如果只限于某个人、某几个人的责任，那不是把历史看成是少数人创造的吗？我们不应把一切胜利都归功于个人，也不应把一切错误都归罪于个人；第三，总结经验应采取分析的态度，不要肯定一切、否定一切，讲成绩、讲问题，都要实事求是、恰如其分，坚持讲两句话。[④]

[①]《邓小平文选》第2卷，人民出版社1994年版，第57—58页。
[②]《马克思恩格斯文集》第1卷，人民出版社2009年版，第379页。
[③]《马克思恩格斯文集》第10卷，人民出版社2009年版，第560页。
[④]参见拙作《邓小平理论与社会主义历史命运》一文，载《杨春贵自选集》，学习出版社2005年版，第169—173页。

要重视理论创新。理论的生命力在于创新。习近平总书记说："创新是哲学社会科学发展的永恒主题，也是社会发展、实践深化、历史前进对哲学社会科学的必然要求。"① 当代中国正在经历着我国历史上最为广泛而深刻的社会变革，也正在进行着人类历史上最为宏大而独特的实践创新，要求我们继续推进马克思主义中国化、时代化、大众化，继续发展21世纪马克思主义、当代中国马克思主义。我们要坚持解放思想、实事求是、与时俱进的科学态度，坚持实践是检验真理的唯一标准，坚持逢山开路、遇河架桥的开拓进取精神，在实践中不断开辟认识真理的道路。当然，正如习近平总书记所说，创新有大有小。揭示一条规律是创新，提出一个科学观点是创新，找到解决问题的一条新思路是创新，有时发现一个新史料、提供一个研究问题的新视角、做出一个有意义的新概括等，也都有创新性意义。对于我们大多数普通理论工作者来说，从自己的实际水平出发，每年研究几个问题，争取有一些新体会、新理解、新概括，就应当受到鼓励，积以时日，就会逐步做出更大的成绩和更多的贡献。在创新这个问题上，急于求成、要求过高，一味追求"高大全"，动不动就想弄个新体系，这种大而无当的做法，也是不可取的。

努力讲好马克思主义

中央党校的课堂非常重要。学员都是党的高中级干部，实践经验丰富，综合素质高，对我们教师的授课要求也高。我们又是党的最高学府，学员的期望值高，讲好讲差在社会上都有

---

① 习近平：《加快构建中国特色哲学社会科学》（2016年5月17日），《习近平谈治国理政》第二卷，外文出版社2017年版，第342页。

很大影响。加上现在的课也确实不好讲，理论上更新快，实践中问题多，人们的思想又呈多元化趋势，真正讲得让大家点头，是很不容易的一件事情。所以，我们当教师的要特别认真、特别努力，下大功夫、苦功夫，争取讲好每一堂课。我今天这个发言的前三个问题，即熟读原著、弄通原理、端正学风，都是讲好马克思主义的前提和基础。下面，我再从教学态度和教学方法的角度谈几点体会，供同志们参考。

一是爱岗敬业、精益求精。对教学工作要极端负责，对学员要极端热情。演艺界有一句老话，叫"戏比天大"，在我们这里，就是"课比天大"。一切为了教学，一切服从教学，一切围绕教学转。备课要十分认真，八分九分都不行。讲稿要精心撰写，拿出写科研论文的精神，字斟句酌，反复推敲，反复修改。就是举个例子，也要精心挑选，最好选那些既能说明理论同时它本身又有一定信息量的例子，使教学内容更丰富，给人以多方面的启发。讲稿要经常修改，或完善结构，或充实内容，或调换例子，必要时要重新撰写，总之要常讲常新、与时俱进。讲稿要烂熟于心，课前在脑子里反复"过电影"，熟能生巧，时间久了，就可以逐步离开讲稿，采取演说式教学，使课堂生动起来。课堂是"传经布道"的严肃殿堂，少说那些与课程无关的闲言碎语，更不能哗众取宠，讲那些"马路新闻""内部消息"，以及网上的各种灰色、黄色、黑色的段子。那不仅是不负责任，实际上也把自己的品位都降低了。也不要在课堂上自我吹嘘，自己最近参加了什么重要会议，发表了什么大块文章之类，这些都不会给你加分，只能使你掉价，给人感觉你不大像一个严谨的学者。我们中央党校的老师有非常好的传统，治学严谨，工作认真，为人谦虚，有的学员反映，这些都是无声的党性教育。1978年我刚到中央党校哲学教研室工作，时任教研室主任韩树英同志说的一句话，我至今铭刻在心，他说："水平不够态度补。"水平的提高不是一天两天的事，但态度一定要好，对工作认真负责，对学员谦虚谨慎，这样，即使水平差一点，学员也会表示理解。就怕水平不高，态度又不好。这是老同志的经验之谈。许多同志在这方面做得很好，像张绪文老师，臧志风老师以及去世了的陈雪薇老师等，他们的工作精神在学员中可以说有口皆碑，就是学员毕业之后多年，谈起这些老师都是念念不忘。我们有些同志工作的责任心非常强。有一次开教学工作会议，布置"三基本""五当代"第一次进课堂，由于不按教研室组织下班组，我担心工作中协调不好会出现漏洞，再三强调大家要主动协作。这时，时任下班组长的赵长茂同志，站起来大声说，校长放心，凡是没人管的事，我们都管。这种态度使我深受感动。所以，教态好是我们党校的一个好传统。我希望这种作风在今天能得到更好的发扬。

二是解疑释惑，有的放矢。就是要加强教学的思想性、针对性。比如：学员在这个理论问题上有什么困惑？理论界在这个理论问题上有什么不同看法？实际工作中有什么同这个理论相关的倾向性问题，等等，在备课的时候要梳理一下，尽可能在讲课的相关部分有所涉及，以达到解疑释惑的目的。我们在哲学教学中，常常有学员反映：实事求是为什么那么难呢？我们研究后，感到应当对此予以回答，便在教材中专门写了一节"提高主体认识能力"，这是其他哲学教材中所没有的。该节从两个方面做了分析：从个体来说，每个人的认识能力都同四个要素有关，一是政治立场，只有站在工人阶级和人民大众的立场上，才能客观地看问题，私心杂念太重，升官发财的思想太重，必定不能说老实话、办老实事，必定热衷于搞形式主义架子，甚至弄虚作假，欺上瞒下。所以，提高政治素质，增强党性修养，是坚持实事求是思想路线的政治前提和保证。二是哲学素质。只有从哲学上弄清主观与客观、理论与实践、个别与一般、形式与内容、领导与群众、生产力与生产关系、经济基础与上层建筑等之间的关系，才能自觉坚持实事求是的思想路线。三是文化素养。我们过去所犯的主观主义错误固然同哲学上的失误有关，也同缺少必要的知识有关，甘当外行而又实施领导，没有不犯错误的。四是经验储备。经验越多，认识的参照系越多，认识和处理问题越是全面和深刻，反之，经验不足常常是犯错误的一个重要原因。以上四点是从个体来说的。从群体来说，人的认识能力还受到社会体制、机制的制约，在缺少民主、法制的情况下，坚持实事求是是很困难的。没有政治上的民主化，很难有思想上的科学化。这样讲，学员听了反映很好，对推进人的认识能力的提高、更好地坚持实事求是的思想路线，就会有较大的帮助。对于理论界的是非之争，都涉及不可能，也没必要，但重大问题、原则性问题的是非之争是不能回避的。例如：有人说，邓小平理论是"经济中心论"，科学发展观是"全面发展论"，这是两种不同的发展战略，现在要从"经济中心论"转到"全面发展论"。又说，邓小平理论是"先富论"，科学发展观是"共富论"，现在要从"先富论"转到"共富论"。还说，邓小平理论在区域发展问题上是"非平衡发展论"，科学发展观是"平衡发展论"，如此等等。

这种说法是对邓小平理论与科学发展观的双重误解或曲解，在以经济建设为中心和全面发展的关系上，在先富后富与共同富裕的关系上，在平衡发展与非平衡发展的关系上，表现出似是而非的极大混乱，而发表这种高论的又是一位有一定影响的学者，同时也反映了社会上一部分群体对邓小平理论的误解和偏见，不给予澄清是不行的。所以，在中国特色社会主义理论的课堂上我专门加了一个题目：《完整准确地理解邓小平理论》，受到许多学员的欢迎，认为讲得很及时，社会效果比较好，一家报纸转发了我在讲稿中的有关论点，一家报纸发表了这一部分的全文。

三是资料丰富，生动活泼。讲课不要从理论到理论，从概念到概念，弄得过于抽象；也不要像写文件似的连续一大串的"必须""一定要"。要注重以理服人，并且生动活泼，使人乐于接受。这就要努力做到观点与材料的统一。讲道理的时候，有事实的支撑；讲材料的时候，有理论的贯穿。在《提高战略思维能力》这篇讲稿中，我引用了毛泽东、邓小平、陈云等老一辈领导人的有关论述和资料，也引用了中国古代荀子、吴起的有关论述和资料，引用了西方拿破仑、福特汽车公司老总裁艾柯卡的有关论述和资料，还引用了李瑞环、吴仁宝的有关论述和资料，涉及古今中外，军事、政治、经济、文化以及领导艺术等各个方面。学员反映，信息量大，并且把抽象道理讲得生动有趣，听了以后容易记住。毛泽东曾经说："要举丰富的例子，搞几十个、百儿八十个例子，来说明对立的统一和相互转化的概念，才能搞通思想，提高认识。"根据他的指示，20世纪中叶《哲学研究》编辑部出版过《对立统一规律100例》专刊，影响很大。受此启发，2003年我主编出版了四个"100

例",即《马克思主义与时俱进 100 例》《中国共产党实事求是 100 例》《中国共产党艰苦奋斗 100 例》《中国共产党执政为民 100 例》,至今这几本书还是我经常翻阅的工具书。我在写《科学对待马克思主义》这份讲稿的时候,第四部分"与时俱进地发展马克思主义",直接从《马克思主义与时俱进 100 例》一书中选了 17 个实例加以论述,而无须从头看书寻找,省去了很多工夫。我在平时读报、看书时,也养成了随手做卡片的习惯,每月清理一次,按哲学原理归类,以备日后写作之需,比如在写作《通俗哲学》一书的第 15 讲"必然性和偶然性"时,我翻阅了自己的卡片盒"必然性和偶然性"时,发现了我在 1962 年 3 月 20 日读《人民日报》时所做的一张卡片,上边摘录了《天气预报的现状及发展》一文中提供的一条史料:1854 年 11 月 14 日,在黑海上突然出现了风暴,使停泊在左巴拉克拉瓦港口的英法舰队遭受严重破坏。巴黎天文台台长列维叶受命调查此事,发现在一天前这个风暴曾经出现在地中海上。因此,他认为只要建立一定数量的气象台站,用电报迅速传递情报,风暴是可以预报的。于是天气预报由此诞生。对于天气预报的诞生来说,黑海风暴是一个偶然事件,值得注意的是这个偶然事件背后有其必然性,即当时经济社会发展的客观要求,气象科学的进步、电报的发明等提供的可能性,没有这些条件,发生一千次黑海风暴也产生不了天气预报。可见必然性是通过偶然性为自己开辟道路的。这样我就为这一讲拟了一个标题:"黑海风暴和天气预报的诞生——必然性和偶然性"。这一讲后来被收入我国中专语文教材。所以,资料是需要日常积累的,"养兵千日,用兵一时"啊!

九 面向实际的哲学：若干理论问题的探索和体会

以党和国家正在做的事情为中心，研究和宣传马克思主义，是我在治学中努力追求的指导思想和主要的理论风格。我的研究领域涉及马克思主义哲学、毛泽东哲学思想和中国特色社会主义理论体系。我比较重视对中国革命经验的哲学思考，对改革开放和现代化建设问题的哲学研究，比较重视结合全党全国工作大局和干部、群众的思想实际、工作实际，阐述科学的思想路线、思想方法、工作方法，重视马克思主义哲学的大众化、通俗化，重视探索和总结党的理论工作的经验和规律。下面几个方面，是我重点思考的问题。

（一）关于党的思想路线问题

我的这方面研究集中体现在我的两本文集《党的思想路线研究》和《论思想方法》之中。其中主要有：《善于从哲学高度提出和解决问题——毛泽东理论与实践活动的一个显著特点》《中国革命经验的哲学思考——〈毛泽东哲学批注集〉的特色》《邓小平中国特色社会主义理论的精髓》《关于建设社会主义的思想路线》《新中国60年解放思想的若干历史经验》《解放思想是发展中国特色社会主义的一大法定》，等等。

我们党的思想路线，是马克思主义认识论在领导工作中的集中体现，其基本点就是：一切从实际出发，理论联系实际，实事求是，在实践中检验真理和发展真理。只有坚持这条科学的思想路线，才能制定和贯彻正确的政治路线、组织路线和各

1996年3月10日，在北京市丰台区大王乡参加首都每年例行的省部级干部植树活动，右一为北京市委常委、秘书长段柄仁，右二为中共中央办公厅副主任陈福今，右三为杨春贵，右四为北京市副市长段强

方面的工作路线，才能提出和执行正确的战略与策略、方针与政策，才能形成和发扬党的优良的思想作风和工作作风，才能引导中国革命、建设和改革走上胜利的途径。

我们党的科学的思想路线，是在毛泽东的领导下确立起来的。他的《反对本本主义》《实践论》《矛盾论》《改造我们的学习》《整顿党的作风》等，集中阐述了我们党的实事求是的科学思想路线，深刻批判了给中国革命造成严重危害的主观主义特别是教条主义，极大推进了马克思列宁主义普遍真理同中国革命具体实践相结合，形成了中国化的马克思主义——毛泽东思想，从而引导中国革命走上胜利的途径，进而在中国建立起社会主义制度，开始了大规模的社会主义建设。但是在20世纪50年代中期以后，在探索建设社会主义道路的过程中，我们在相当大的程度上偏离了实事求是的思想路线，犯了一系列"左"的错误，特别是犯了"文化大革命"那样长时间、全局性的"左"的错误，给党和国家造成了严重损失。

党的实事求是思想路线的失而复得，始于1978年党的十一届三中全会。这大体经过了三个小的阶段。一是1977年2月到1978年5月，广大干部、群众对"两个凡是"的抵制和反对，拉开了当代中国解放思想的序幕。代表作主要是邓小平的《"两个凡是"不符合马克思主义》和《完整地准确地理解毛泽东思想》这两次谈话。二是1978年5月至1978年年底，关于实践是检验真理的唯一标准问题的大讨论，吹响了当代中国解放思想的号角。代表作是胡耀邦主持写作的《实践是检验真理的唯一标准》一文的公开发表。这场大讨论得到以邓小平为代表的老一辈革命家的大力支持，其中邓小平1978年6月2日《在全军政治工作会议上的讲话》和9月16日《高举毛泽东思想伟大旗帜，坚持实事求是的原则》等讲话，在推动这场大讨论中发挥了重大作用。三是邓小平1978年12月13日在中央工作会议上的讲话《解放思想，实事求是，团结一致向前看》，实际上成为随后召开

1997年6月10日，杨春贵（中）在大港油田讲学后，考察油田生产

2002年8月8日，杨春贵参观北海舰队，舰队政治部胥主任（右一）、青岛市副市长杨军（左一）陪同

的党的十一届三中全会的主题报告，标志着党的实事求是思想路线的重新确立，成为开创中国社会主义建设新道路和新理论的解放思想、实事求是的宣言书。

1992年党的十四大报告指出："解放思想，实事求是，是建设有中国特色社会主义理论的精髓。"所谓精髓，我的理解，就是贯穿一切的东西，它既贯穿于建设中国特色社会主义的各方面，又贯穿于建设中国特色社会主义的全过程。其集中的表现，是五个"破除"和五个"坚持"，即破除"两个凡是"的思想禁锢，坚持实践是检验真理的唯一标准；破除苏联模式的束缚，坚持走自己的道路，建设有中国特色的社会主义；破除"超阶段"的"左"的思想影响，坚持一切从中国社会主义初级阶段的实际出发；破除离开发展生产力、改善人民生活这个

2003年8月29日,杨春贵在浙江嘉兴西塘镇参观

根本任务,抽象谈论姓"社"姓"资"的思维定式,坚持"三个有利于"的判断标准(有利于发展社会主义社会的生产力,有利于增强社会主义国家的综合国力,有利于提高人民生活水平);破除对马克思主义的教条化的理解,根据现在的情况认识、继承和发展马克思主义。其中每一个"破除",都叫解放思想;每一个"坚持",都叫实事求是。一破一立,不破不立,二者具有内在的统一性,推动我们在实践中不断开辟认识真理的道路,使中国特色社会主义充满生机和活力。

实践证明,坚持科学的思想路线,并不是一件容易的事情,也不具有一劳永逸的性质。总结90多年党的历史经验,坚持科学的思想路线,是党的思想建设的长期任务,必须从多方面做出艰苦努力。

一是认真学习马克思主义哲学。这是治本之策。以反对主观主义特别是教条主义为主要目标的延安整风运动之所以收到巨大成效,根本原因在于它不是就事论事,而是从哲学高度总结经验,"是一个普遍的马克思主义教育运动",真正搞通以实

2007年4月30日，杨春贵在云南省文山州姑娘寨村考察社会主义新农村建设。州委常委、组织部长陶晴（前排右三）陪同

践为基础的认识论和以矛盾为核心的辩证法，牢固树立理论同实际相结合的马克思主义学风。改革开放以来，我们之所以能够披荆斩棘，开创出一条适合中国国情的建设社会主义新路，根本原因就在于我们自觉坚持认识论的实践标准、历史观的生产力标准、价值观的人民利益标准，用"三个有利于"的思想武器扫除了前进道路上的种种思想阻力。习近平总书记说："学哲学、用哲学，是我们党的一个好传统""现在，我们依然要推动全党学习马克思主义哲学""不断接受马克思主义哲学智慧的滋养"，努力掌握马克思主义哲学这个"看家本领"。

二是全面提高主体素质。哲学素质非常重要，它是根本管用的东西。但是，人的认识能力受到多方面素质的制约，是人的综合素质所决定的。除了提高哲学素质外，还应当多方面提

2010年4月23日，杨春贵应中共上海市委之邀，前往上海参观上海世博会。左起：杨春贵、郭允中（中央党校机关党委原书记）、刘海藩（中央党校原副校长）、张志新（中央党校原副校长）

高素质。首先是政治素质。立场决定观点和方法。只有站在工人阶级和人民大众的立场上，才能客观地看问题，如实地反映事物的本来面貌。私心杂念太多，升官发财思想太重，注定不能说老实话、办老实事，必定热衷于搞形式主义花架子，甚至欺上瞒下、弄虚作假。提高政治素质，忠于人民、忠于党，是坚持实事求是思想路线的政治基础。其次是文化素质。我们过去所犯的错误，固然同哲学素质不高有关，也同缺乏科学知识有关。甘当外行而又喜欢指手画脚，情况不明决心大，心中无数点子多，犯了许多瞎指挥的错误。在科学技术成为第一生产力的今天，在市场经济的大海中游泳，努力改善主体自身的文化素质，对于提高主体认识能力具有特别重要的意义。最后就是经验储备。经验越多，认识的参照系越多，对事物的认识就越容易全面和深刻；反之，经验不足，常常是犯错误的一个重要原因。所以，我们不但应当重视读"有字之书"，还应当重视读"无字之书"，多到实践中去学习和磨炼，这是防止和克服主观主义的一个重要途径。

三是营造有利于"解放思想、实事求是"的社会环境。能否坚持科学的思想路线，不但决定于主体的个体素质，而且受制于社会环境。首先是民主法治环境。邓小平说："民主是解放思想的一个重要条件。"这是对我国社会主义历史经验的一个科学总结。没有政治上的民主化，不可能有思想上的科学化，而民主必须制度化、法治化。其次是体制机制环境。权力过分集中的领导体制、制度，不利于发扬民主，从而不利于人们解放思想，容易导致思想僵化。我们过去发生的许多错误，固然同某些领导人的作风有关，更重要的在于体制、制度，好的体制、制度有利于形成生动活泼的社会氛围，而不好的体制、制度，压抑人的思想，不利于贯彻"解放思想、实事求是"的思想路线。还有就是思想文化环境。我国是一个有2000多年封建传统的国家，封建专制思想源远流长，"两个凡是"的思维方式根深蒂固，具体表现为唯上、唯书、不唯实。这是封建社会占统治地位的思维方式，不是短时间内能够肃清的。在思想文化领域，我们要牢固树立"两个尊重"（尊重实践、尊重群众）的思想，不断同"两个凡是"（唯上、唯书）的思想做斗争。

（二）关于正确处理人民内部矛盾问题

在我国生产资料私有制社会主义改造基本完成以后，毛泽东及时提出正确处理人民内部矛盾问题，认为这已成为党和国家政治生活的主题，这是非常正确的。但是，在实际生活中我们处理得并不好，犯了一系列阶级斗争扩大化的错误。总结经验教训，从理论和实践的结合上深入研究这个问题，仍然是我们理论工作的一个现实课题。我对这个问题的研究始于20世纪80年代初，持续到现在，陆续发表了《对人民内部矛盾要作具体分析》《人民内部矛盾的再认识》《刘少奇对人民内部矛盾学说的贡献》《正确处理新形势下的人民内部矛盾》《正确处理不同类型的人民内部矛盾》《社会和谐与社会矛盾——纪念毛泽东〈关于正确处理人民内部矛盾的问题〉发展50周年》《正确认识和处理现阶段我国社会矛盾》等论文，以及同王伟光教授合作撰写的《谈谈新时期人民内部矛盾》一书。

我认为，"团结—批评—团结"的方法，是处理人民内部矛盾的一种重要方法，但不是唯一的方法，解决人民内部矛盾应当具体问题具体分析，不应固守某一种模式。因为在人民内部矛盾中，既有思想上的是非矛盾，又有物质利益上的得失矛盾，还有科学上的不同学派、艺术上的不同流派的矛盾，以及错综复杂的党群、干群关系之间的矛盾，等等。毛泽东强调的"团结—批评—团结"的方法讲的是处理党内和人民内部是非矛盾的方法，不应把它绝对化，认为它是解决人民内部矛盾的唯一方法。对于人民内部物质利益的矛盾，主要应当运用经济的方法去解决，同时配合以必要的思想政治工作。在以经济建设为中心的历史条件下，学会用经济的方法处理人民内部矛盾，具有特别重大的意义。有些矛盾由于产生的原因比较复杂，解决的方法应当是综合的，而不是单一的。毛泽东说："艺术和科学中的是非问题应当通过艺术界科学界的自由讨论去解决，通过艺术和科学的实践去解决。"这里讲的就是讨论和实践两种方法，而不是一种方法。官僚主义者同人民群众的矛盾，固然需要通过"团结—批评—团结"的方法去解决，同时也需要通过政治、经济方面的体制改革，从制度上加以解决；严重的还需要通过纪律和法律去解决。我的这些看法主要反映在《对人民内部矛盾要具体分析》一文中。1980年5月23日《人民日报》发表此文时，在他们的《思想理论内参》上同时予以刊登，引起高层领导和理论界的注意，此后党的文献，包括《关于建国以来党的若干历史问题的决议》，大体上都采取了此文的观点。《百科知识》《文摘报》对此观点都进行了宣传。

《哲学研究》1987年第一期头条发表了我的另一篇文章《人民内部矛盾的再认识》。进一步阐述了上述观点，同时对用"团结—批评—团结"的方法处理人民内部是非矛盾问题，做了进一步发挥，强调了三点：第一，用民主的方法处理人民内部的是非矛盾，毫无疑问包括政治上的是非矛盾。邓小平曾明确指出："在党内和人民内部的政治生活中，只能采取民主的手段，不能采取压制、打击的手段。"第二，用民主的方法解决人民内部的是非矛盾，要坚持"在真理面前人人平等的原则"，把这一原则说成是资产阶级口号而大加批判，是完全错误的。第三，用民主的方法处理人民内部的是非矛盾，不但应当区别敌我矛盾和人民内部矛盾，而且应当区别阶级矛盾和非阶级矛盾，不能认为处处连着纲和线，要具体问题具体分析，正确处理大量不属于阶级斗争性质的人民内部矛盾。

《党史研究》1987年第1期发表我的《刘少奇对人民内部矛盾学说的贡献》一文，对我党人民内部矛盾学说的形成和发展做了初步梳理。我认为，毛泽东是人民内部矛盾学说的主要创立者和奠基者，代表作是他在1957年2月27日所做的《关于正确处理人民内部矛盾的问题》的报告。同时，许多老一辈革命家对这一学说的形成和发展也做出了贡献，特别是刘少奇做出了突出重大贡献。在这篇文章中，我从三个方面论述了刘少奇的贡献。一是他比较早地提出了"人民内部矛盾"这一概念。这主要体现在1951年他所写的《国营工厂内部的矛盾和工会工作的基本任务》这篇笔记中。二是丰富了毛泽东《关于正确处理人民内部矛盾的问题》一文中的思想。这主要体现在1957年4月27日他的《如何正确处理人民内部矛盾》的讲话中。他明确提出"现在人民内部的矛盾已成为主要矛盾"，并对几种突出的人民内部矛盾做了科学阐述，指出："现在人民内部矛盾大量地表现在人民群众同领导者之间的矛盾问题上。更确切地讲，是表现在领导上的官僚主义与人民群众的矛盾这个问题上。""人民内部矛盾还特别表现在分配问题上面"，强调在分配问题上要克服和防止一部分领导干部的特殊化作风和特权思想。这些论述，同毛泽东的论述比较起来，显然有其独到之处。三是对混淆两类不同性质矛盾的错误进行了批评和纠正。这主要体现在1962年5月23日他的《政法工作和正确处理人民内部矛盾》的讲话中。他指出："这几年的错误，主要是用处理敌我问题的办法去处理人民内部矛盾。"他强调，必须加强社会主义法制建设，"不要提政法机关绝对服从各级党委领导。"综合上述，刘少奇提出的"人民内部矛盾"概念比较早；他关于人民内部矛盾突出表现在领导同群众的关系上和人民内部的分配问题上，很有针对性；他关于处理人民内部矛盾要加强法制建设等，这些思想都是对我党关于人民内部矛盾学说的重要贡献。

1997年5月6日我在《人民日报》发表《正确处理新形势

下的人民内部矛盾》一文，提出应认真研究改革开放以来人民内部矛盾的新变化，如在物质利益方面，过去主要表现为以平均主义为主要特征的社会分配不公以及由此而来的社会缺少活力，现在则主要表现为少数人非法致富与多数人合法致富的矛盾以及由此而来的社会不稳定；在思想领域，过去主要问题是思想僵化，伴随改革开放的推进，人的自主意识、竞争意识、效率意识、民主意识不断增强，同时也在一些人中诱发拜金主义、享乐主义和极端个人主义，使社会主义核心价值观同非社会主义价值观的矛盾变得突出起来；如此等等。因此，要努力探索新形势下解决人民内部矛盾的新途径、新办法，例如通过全面深化改革，把先富后富和共同富裕更好地统一起来，通过社会主义核心价值观的教育，提高全社会的思想道德水平；通过加强法治建设，为发展和改革提供制度保障。

2007年6月19日，我在中央文献研究室、全国党史学会召开的"纪念毛泽东《关于正确处理人民内部矛盾的问题》发表50周年座谈会"上发言，题目是"正确处理不同类型的人民内部矛盾"，提出四种类型人民内部矛盾及其不同处理方法的观点。一是关于思想是非型人民内部矛盾。这种矛盾只能用民主的办法，即说服教育的方法去解决，既要讲是非，又要讲团结；既要讲原则，又要讲宽容；既要讲统一思想，又要讲解放思想，努力形成又有集中又有民主，又有纪律又有自由、又有统一意志又有个人心情舒畅那样一种局面。二是关于利益得失型人民内部矛盾。这种矛盾要用经济手段去解决，在发展生产力的基础上统筹兼顾各方面利益，允许先富后富，最终达到共同富裕。三是差异互补型人民内部矛盾。例如艺术上的不同风格、科学上的不同学派，医学上的中医和西医，我国政治生活中的执政党和参政党，这个民族和那个民族，这种宗教和那种宗教等之间的关系，大体上都属于这种情形，应当分别采取"百花齐放、百家争鸣""相互学习""长期共存、互相监督""团结和睦、互相帮助、共同进步"等方法去解决。

（三）关于战略思维方法问题

国内外研究战略问题的著作很多，但是，关于战略思维理论与方法的著作很少，系统的研究更少。从 1999 年春季学期起，我在中央党校的课堂上首次开设了"提高战略思维能力"这个专题课，一直持续到现在。由于国内没人讲过这个题目，校外许多单位请我讲授此课，至今我在全国各地和中央国家机关、企事业单位讲了一百多场，颇受欢迎。结合教学，我撰写了《学习和运用毛泽东的战略思想——读〈中国革命战争的战略问题〉》《努力掌握社会主义现代化建设的辩证法——学习江泽民〈正确处理社会主义现代化建设中的若干重大关系〉》《关于战略思维》《运筹好总体格局中的关键棋》《加强对全局性问题的研究》《提高总揽和驾驭全局的能力》《要重视研究和正确处理精神文明建设八个关系》《提高战略思维能力》《协调推进，持续发展——全面建设小康社会需要正确处理的若干重大关系》《目无全局，满盘皆输》《习近平治国理政的战略思维》等论文，主编出版了《竞争与安全：世界大变动中的中国发展战略》一书，同郑必坚一起主编出版了《中国面向二十一世纪的若干战略问题》一书。我指导博士生罗归国、杨信礼、尤元文、刘向军、张东、黄保红、屠春友、路云辉、姜智红等分别撰写了《中国社会主义现代化建设的战略问题》《发展哲学引论》《领导决策方法论》《论人权》《毛泽东战略思维研究》

《邓小平战略思维研究》《江泽民战略思维研究》《论文明的多样性》等有关战略问题的博士学位论文。我还指导省部级在职研究生许志功、李殿仁、任海泉、夏兴有等撰写了《哲学素养与战略思维》《中国特色军事变革问题研究》《联合作战指挥人才培养研究》《论科学发展观的人民性》等论文。形成了一个战略思维研究的学术群体。

关于什么是战略思维，国内外至今没有一个统一和成熟的定义。我认为，战略思维就是关于实践活动的全局性思维，它的本质就是研究如何正确处理实践活动中各个方面、各个阶段之间的关系，以求达到实践整体和长远的最佳效果，即全局的最佳效果。它是一切实践活动特别是复杂的实践活动必须遵循的思维方法，从而是领导干部必备的一种素质和能力。

战略思维的本质要求是一切着眼全局，即把全局作为考虑问题和处理问题的出发点、落脚点，以全局利益作为最高价值追求。为此，在实践活动中，对工作一定要做全局的谋划，不可陷入事务主义；必须以全局利益作为衡量是非得失的根本标准，不可因小失大；在事关全局的重大原则问题上必须保持战略定力，立场坚定，旗帜鲜明，不可模棱两可、随波逐流。

战略思维必须坚持的几个重要原则。一是把握重点，即把注意力的重心放在那些对全局有决定意义的问题上，包括主要矛盾所决定的中心任务，重大矛盾所决定的战略布局，关键环节所决定的工作着力点等。二是统筹兼顾，即协调各方面工作、各方面利益，优化系统的比例结构、顺序结构、层次结构等。三是开阔视野，即在系统与环境的联系中研究系统、认识系统、激活系统，调动系统内外的一切积极因素为我所用，化消极因素为积极因素。四是照应阶段，即注意阶段之间的区别、联系和转化，立足当前，不要超越阶段；放眼长远，不要鼠目寸光；审时度势，与时俱进，及时实现战略转变。五是抓住机遇，即多谋善断，乘势而上，去夺取胜利，既反对主观武断，也防止优柔寡断，在多谋的基础上要当机立断。

中国共产党人历来重视战略思维。习近平总书记说："战略思维是一个政党、一个国家的根本性问题。战略上判断得准确，战略上谋划得科学，战略上赢得主动，党和人民事业就大有希望。"我们党在90多年的奋斗中，坚持以马列主义为指导，深入研究中国国情和世界大局，从战略高度思考中华民族的前途命运，不断回答"什么是中国革命、中国怎样进行革命""什么是社会主义、怎样建设社会主义""建设一个什么样的党、怎样建设党""实现什么样的发展、怎样发展""什么是新时代中国特色社会主义、怎样坚持和发展中国特色社会主义"等一系列关系党和国家前途命运问题，制定出各个历史时期的战略、策略、政策等，引导中国革命、建设和改革走上胜利的途径，使中国人民踏上了站起来、富起来、强起来的历史征程。毛泽东的《中国革命战争的战略问题》《论持久战》《论十大关系》以及关于政策策略的辩证法、军事辩证法、唯物辩证的领导方法、工作方法等论述；邓小平两个"解放思想、实事求是"的宣言书以及关于国际国内一系列重大问题的战略决策；江泽民关于"三个代表"和"十二大关系"的论述；胡锦涛关于科学发展观和构建社会主义和谐社会的论述，等等，都是我们党进行战略思维的范例。在中国特色社会主义新时代，习近平总书记高举中国特色社会主义伟大旗帜，对当代中国发展进步的战略方向、战略目标、战略布局、国际战略等都做出了科学谋划，使党和国家的面貌发生了历史性重大变化，迎来了中华民族伟大复兴更加光明的前景。这是中国共产党人战略思维的又一个范例。为了从这些范例中学习战略思维的理论和方法，我组织了一些同志分工合作进行研究，编写《中国共产党人的战略思维》一书，目前正在进行修改，不久即将出版。这本书除绪论外，共分三编，即毛泽东的战略思维，邓小平、江泽民、胡锦涛的战略思维，习近平的战略思维。这样集中、系统地阐述中国共产党90多年的战略思维在此前还没有过。我们希望此书的出版能够为推动我国战略思维理论研究做出自己的贡献。

（四）关于社会科学方法论问题

中宣部、教育部在2010年8月6日颁发了《高等学校研究生思想政治理论课课程设置调整意见》，提出在硕士研究生中开设选修课"马克思主义与社会科学方法论"。这是一门新课，从前没有系统开过，讲什么、怎么讲，完全没有经验。当年年底，教育部成立"马克思主义与社会科学方法论"教学大纲编写组，我被聘请为课题组首席专家，课题组成员有中央党校庞元正、边立新、杨信礼教授和焦佩锋博士，北京大学孙熙国教授，中国人民大学马俊峰教授，北师大张曙光教授，西安交大王宏波教授，华中科技大学欧阳康教授，武汉大学陈曙光教授共11位。历时一年半，四易其稿，于2012年5月正式出版；2012年10月，我根据这个大纲，主编了《马克思主义与社会科学方法论》教材，由高等教育出版社出版。这个《大纲》和《教材》的出版，填补了我国高等学校教材建设的一项空白。

《大纲》和《教材》旗帜鲜明地坚持以唯物史观为指导。正如列宁所说，"马克思以前的'社会学'和历史学，至多是积累了零星收集来的未加分析的事实，描述了历史过程的个别方面",没有也不可能揭示社会发展的客观规律,因为它们"只是考察了人们历史活动的思想动机","没有研究产生这些思想动机的原因",没有"研究群众生活的社会条件以及这些条件的变更"在社会发展中的作用。① 因而在总体上不可能成为真正科学的研究。唯物史观的创立,在社会历史研究中实现了革命性的伟大变革,它指出,不是社会意识决定社会存在,而是社会存在决定社会意识,研究社会历史必须研究社会的物质生活条件,并从这些物质生活条件中找出相应的政治、法律、美学、哲学、宗教等观点。这样,唯心主义就从它最后的隐蔽所中即社会历史领域中被驱逐出去了,如同达尔文发现了有机界的规律一样,马克思发现了人类社会发展规律。历史观的这种深刻革命,为社会历史研究指明了方向,提供了唯一科学的说明历史的方法。因为只有把社会历史关系归结于生产关系,把生产关系归结于生产力的水平,才能有可靠的根据把社会形态的发展看作是自然历史过程。不言而喻,没有这种观点,也就不会有社会科学。这种关于社会历史的观点,是我们编写《大纲》和《教材》的根本指导思想。

《大纲》和《教材》提出了一个比较系统的社会科学研究的方法论的理论框架,即以实践为基础的研究方法、社会系统研究方法、社会矛盾研究方法、社会过程研究方法、社会主体研究方法,社会认知与评价方法,以及社会科学研究的世界视野。这七条方法又可以进一步概括为四个方面,即实践基础,辩证思维,主体活动,世界眼光,全面体现了马克思主义辩证唯物主义和历史唯物主义的基本观点和基本方法。

---

① 《列宁专题文集 论马克思主义》,人民出版社2009年版,第14页。

关于实践基础。马克思说:"全部社会生活在本质上是实践的。"① 实践是社会存在和发展的基础,是认识发生和发展的基础,也是社会科学研究的方法论基础。在实践中发现问题和解决问题,对实践经验进行理论概括和理论总结,在实践中检验真理和发展真理,是社会科学研究必须遵循的首要的基本原则和基本方法。那种为理论而理论、从理论到理论、视理论为千古不变的教条的研究方法,不是科学的研究方法,它只能把理论研究引入歧途。

关于辩证思维。辩证法也是认识论。恩格斯说:"蔑视辩证法是不能不受惩罚的。"② 社会作为系统而存在,作为矛盾而存在,作为过程而存在,因此,社会科学研究必须重视系统分析、矛盾分析、过程分析。孤立的、片面的、静止的研究方法是违反科学的研究方法。不可能达到对社会的本质和规律性的认识,至多只能积累一些关于社会的碎片化的认识。

关于主体活动。社会历史是社会主体——人的历史。人的物质生产活动是社会发展的物质基础,人的发展状态是社会发展状况的标志,人的本质是社会关系的总和。离开"现实的人",用神、绝对观念、不变的人性等,去解释历史,只能导致历史的神秘主义。在历史研究中,必须把人民群众在历史上的决定作用和杰出人物的重大作用结合起来,给历史以全面、科学的解释。从根本上说,必须坚持人民史观,反对英雄史观。而对于人的活动的评价标准,应包括认知标准和价值标准两个方面,前者主要是实践标准,即实事求是的原则,后者主要是生产力标准和人民利益标准。

---

① 《马克思恩格斯文集》第1卷,人民出版社2009年版,第501页。
② 《马克思恩格斯文集》第9卷,人民出版社2009年版,第452页。

关于世界眼光。近代以来,历史从民族历史发展到世界历史。在当代,经济全球化成为不可逆转的历史大趋势。社会科学研究必须以开阔的世界眼光观察社会及其历史发展,正确理解全球化与民族化的关系,历史过程统一性与多样性的关系,社会主义与资本主义的关系,等等。深刻揭示社会发展的客观规律,积极面对经济社会发展中的"全球性问题"和"全球性风险"。这是当代社会科学研究必须具备的世界眼光。

《大纲》和《教材》出版后,受到高校师生的充分肯定。教育部社科司原司长杨瑞森教授在教育部《思想理论教育导刊》2013年第4期,以"实现'步步高'要求的可喜成果"为题,对这一成果给予高度评价,说:基本内容和理论框架的设计,具有"创新性和整体风貌的时代性","四个方面"和七条基本方法的概括"是以往的学术研究和教材建设中不曾有过的",这样的概括"把马克思主义的社会历史观很好地转化为社会科学研究的方法论,并同时代特征和科技发展的最新成果结合起来,从而使教材具有鲜明的时代感";这样的概括,"对于帮助青年学生运用马克思主义的科学世界观和方法论认识世界和改造世界、推进我国社会主义现代化建设事业的发展、廓清一些思想理论是非,有着重要意义"。

(五) 关于反对形式主义问题

党风政风学风文风中的形式主义,在最近二三十年来有愈演愈烈之势。邓小平在1992年春天的"南方谈话"中指出:"现在有一个问题,就是形式主义多,""会议多,文章太长,讲话也太长,而且内容重复,新的语言不很多,""要腾出时间来多办实事,多做少说。"他郑重提出:"我建议抓一下这个问题。"可是，问题并未引起重视，情况也没有根本好转。

有鉴于此，在1999年3月初全国政协九届三次会议上，我写了一个题为"切实抓一下形式主义问题"的书面发言，在会上引起许多同志的共鸣，4月1日《人民日报》发表了我的这个发言。我在发言中认为，目前的形式主义主要表现在三个方面：一是理论学习中的形式主义，喊得多，学得少，"相逢尽道读书好，灯下可曾见几人？"有的说是学习了，但是没有什么效果，说一套做一套，学了理论仍然我行我素。有的领导干部发表学习体会文章，多是秀才"捉刀"，自己不但没有写过一句一字，连个思路也没有提供过。二是实际工作中的形式主义。指导工作满足于会议开过了、文件传达了，不重视抓落实，从一般到一般，结果还是一般。对上级汇报工作照本宣科，空空洞洞；对下级讲话没有针对性，都是一些不错也没用的套话。有的热衷于在媒体上抛头露面、忙于各种剪彩和送往迎来的应酬活动，缺乏扎实的调查研究和为百姓办实事的敬业精神。三是文风中的形式主义。文章太长又空洞无物，被戏称为"泡沫文章"。有的尽是文件的复述，去掉明引和暗引，没有几句自己的话。有的穿鞋戴帽、生吞活剥各种时髦的新名词，缺少真情实感和生动活泼的语言，等等。我在发言中说，形式主义泛滥，原因是多方面的。有的人搞形式主义是思想意识问题，为了升官热衷于搞那些图虚名、招实祸的花架子；有的人搞形式主义是因为精神状态不佳，因循守旧、不思进取，既不深入基层调查研究，又不重视学习新知识，只能讲那些不痛不痒的老话、套话；有的人搞形式主义是因为思想方法不对头，不善于把一般原理原则结合自己的实际把它们具体化，缺少具体问题具体分析的科学态度。因此，反对形式主义需要综合治理，全面提高干部的综合素质。我认为，在反对形式主义的斗争中，我们的报刊宣传担负重要责任，它们的面貌如何，提倡什么，不提倡什么，起着重要导向作用。希望他们带个好头。

2008年年底，中央党校常务副校长李景田同志在一个会议上发表《党校要带头改进文风》的讲话，在《学习时报》发表后引起校内外的关注。为了推动这个倡议，报社在2009年1月7日召开一个座谈会，我在会上以"在文风话风上来个思想解放"为题做了一个发言。我认为，景田同志提倡讲短话、讲明白话、讲自己的话，切中时弊，很有针对性，非常赞同。有的文章和讲话用引证代替论证，简直是"天下文章一大抄"，实在是面目可憎。有的文章和讲话不在琢磨事上下功夫，专在琢磨词上下功夫，闭门造车搞那些四六句、顺口溜，弄出一些什么几个"坚持"、几个"必须"、几个"深入"，都是些表面文章，"好听"但不管用。有的学术理论文章一味炒作那些自己也没弄清的名词术语，常常把简单问题复杂化，使人如入云里雾中，摸不着头脑，别说外行不明白，内行也看不懂。我提出，这些形式主义的东西，有百害而无一利，一束缚自己的思想，二浪费别人的时间，三贻误我们的事业，四污染社会风气，五有损论者形象，实在是一大社会公害。因此，我呼吁，我们应该在文风话风上来个思想解放，从泡沫文章的束缚中解放出来，从官样文章的束缚中解放出来，从表面文章的束缚中解放出来，从一切形式主义的束缚中解放出来；大兴实事求是、调查研究之风，大兴问政于民、问计于民之风，大兴独立思考、锐意创新之风，大兴讲真话、讲实话、讲短话、讲明白话、讲管用话、讲自己话之风！

2010年7月6日，在李瑞环《务实求理》一书出版座谈会上，我以"弘扬务实求理的良好文风"为题发言，认为李瑞环同志的文风有三个显著特点：一是"务实"，即"知实情、想实招、说实话、求实效"。二是"求理"，即重视理论思考，特别是哲学思考，因而有思想深度。三是"生动"，即善于讲理，深入浅出，通俗易懂，言简意赅，富有文采。我认为，文风问题不只是个语言文字表达问题，它首先是个思想路线、思想方法问题，是一个人的学习态度、工作态度问题，是个如何处理主观与客观、理论与实践的关系问题。李瑞环同志提倡"务实求理"，这不仅应当成为作文说话的座右铭，也应当成为我们为人做事做学问的座右铭。

2016年11月，我在《掌握科学的思想方法和工作方法》的讲稿中说，掌握科学的思想方法和工作方法，最主要的是掌握实事求是的思想路线和根本思想方法，掌握群众路线的根本工作路线和根本工作方法，掌握唯物辩证法的思想方法和工作方法。而形式主义同这三个方面的要求是根本对立的。不破不立，不破除形式主义，就立不起来实事求是、群众路线和辩证法，我们党的作风就会受到严重损害，我们的事业就不能顺利发展。这就是最近一二十年来我反复批评形式主义的原因。

十　论著目录

（一）著作

1.《〈自然辩证法〉简释》（参编），中国人民大学1962年内部印发。

2.《哲学讲话》（十六讲，通俗读物），广西《政治文化夜校》1979年1月至1980年4月连载。

3.《认识与实践》(通俗读物),湖南、湖北、广东、广西四省(区)人民出版社1980年5月联合出版。

4.《学习毛泽东哲学思想——介绍毛泽东同志的八篇著作》(韩树英、万井容、高光、杨春贵等著),北京人民出版社1982年4月出版。

5.《通俗哲学》(主要执笔人之一,韩树英主编),中国青年出版社1982年1月出版。

6.《马克思主义哲学纲要》(参编,韩树英主编),人民出版社1983年9月出版。

7.《毛泽东的哲学活动——回忆与述评》(资料汇编,杨春贵编),中共中央党校科研办公室1985年11月印发。

8.《辩证唯物主义》(马清健、杨春贵主编),中共中央党校出版社1989年7月出版。

9.《中国哲学四十年(1949—1989)》(主编),中共中央党校出版社1989年9月出版。

10.《毛泽东哲学思想新论》(杨春贵、万井容主编),中共中央党校出版社1989年12月出版。

11.《马克思主义哲学学习纲要》(参编,中宣部理论局组织编写),中共中央党校出版社1989年12月出版。

12.《〈马克思主义哲学纲要〉问题解答100题》(杨春贵、张绪文主编),上海交通大学出版社1999年7月出版。

13.《简明哲学十二论》(杨春贵、毛卫平、吴廷勇、贾高建、董德刚编著),中国工人出版社1990年9月出版。

14.《马克思主义哲学著作选讲》(杨春贵、陈柏灵主编),中共中央党校出版社1990年10月出版。

15.《马克思主义哲学》(杨春贵、张绪文主编),北京出版社 1991 年 8 月出版。

16.《马克思主义哲学教程》（主持编写），中共中央党校出版社 1993 年 2 月出版。

17.《毛泽东哲学思想史》（杨春贵、李恒瑞、卢志清主编），中共中央党校出版社 1993 年 11 月出版。

18.《谈谈新时期的人民内部矛盾问题》（杨春贵、王伟光著），中共中央党校出版社 1994 年 4 月出版。

19.《哲学家毛泽东》（杨春贵、李火林著），中共中央党校出版社 1994 年 10 月出版。

20.《马克思主义哲学发展史教程》（主编），中共中央党校出版社 1995 年 9 月出版。

21.《学习江泽民同志〈正确处理社会主义现代化建设中的若干重大关系〉十二讲》（主编），中共中央党校出版社 1996 年 4 月出版。

22.《建设有中国特色社会主义理论教程》（苏星、龚育之、杨春贵主编），中共中央党校出版社 1996 年 4 月出版。

23.《党的思想路线研究》（个人文集），中共中央党校出版社 1997 年 5 月出版。

24.《马克思主义哲学教程》（修订本）（杨春贵、张绪文、侯才主编），中共中央党校出版社 1997 年 8 月出版。

25.《邓小平理论研究文库》（刘海藩、杨春贵主编），中共中央党校出版社 1997 年 8 月出版。

26.《怎样深入学习邓小平理论》（杨春贵等著），中共中央党校出版社 1998 年 11 月出版。

27.《邓小平理论纲要》（主编），经济科学出版社 1998 年 12 月出版。

28.《邓小平理论与社会主义历史命运》（杨春贵、张峰主编），黑龙江人民出版社 1998 年 12 月出版。

29.《毛泽东政策策略思想研究》（杨春贵、赵理文著），中共中央党校出版社 1999 年 10 月出版。

30.《马克思主义哲学简明教程》（杨春贵、张绪文、侯才主编），中共中央党校出版社 2000 年 9 月出版。

31.《中国面向二十一世纪的若干战略问题》（郑必坚、杨春贵主编），中共中央党校出版社 2000 年 9 月出版。

32.《"四个如何认识"学习读本》（主编），中共中央党校出版社 2000 年 11 月出版。

33.《加强和改进党的作风建设——学习中共十五届六中全会〈决定〉辅导》（主编），中共中央文献出版社 2001 年 10 月出版。

34.《邓小平理论教程》（杨春贵、吴振坤等编著），白山出版社 2001 年 10 月出版。

35.《邓小平理论基本问题》（郑必坚、龚育之、杨春贵、李君如主编），中共中央党校出版社 2001 年 12 月出版，人民出版社 2002 年 2 月出版。

36.《2002 年版全国公开选拔党政领导干部考试指导与模拟题库》（主编），中共中央党校出版社 2002 年 1 月出版。

37.《马克思主义与时俱进 50 例》（主编），中共中央党校出版社 2002 年 3 月出版。

38.《马克思主义哲学教程（修订本，第二版）》（杨春贵、张绪文、侯才主编），中共中央党校出版社 2002 年 4 月出版。

39.《党校教学论》（个人文集），中共中央党校出版社 2002 年 9 月出版。

40.《马克思主义与时俱进100例》（主编），中共中央党校出版社2003年10月出版。

41.《中国共产党实事求是100例》（主编），中共中央党校出版社2003年10月出版。

42.《中国共产党艰苦奋斗100例》（主编），中共中央党校出版社2003年10月出版。

43.《中国共产党执政为民100例》（主编），中共中央党校出版社2003年10月出版。

44.《马克思主义哲学发展史教程》（第二版，主编），中共中央党校出版社2003年11月出版。

45.《竞争与安全：世界大变动中的中国发展战略》（主编），中共中央党校出版社2003年12月出版。

46.《新时期干部理论学习与业务知识考核读本》（主编），中共中央党校出版社2003年12月出版。

47.《领导干部知识新概念丛书》（主编），中共中央党校出版社2003年6月出版。

48.《重读邓小平》（龚育之、杨春贵、石仲泉、周小文著），中共中央党校出版社2004年7月出版。

49.《中国共产党历史经验的哲学反思》（杨春贵、郭德宏、杨信礼主编），中共中央党校出版社2004年11月出版。

50.《杨春贵自选集》（个人文集），学习出版社2005年1月出版。

51.《马克思主义哲学》（中共中央马克思主义理论研究和建设工程重点教材，编写组首席专家袁贵仁、杨春贵、李景源、丰子仪），高等教育出版社、人民出版社2009年出版。

52.《论思想方法》（个人文集），中共中央党校出版社

2011年10月出版。

53.《〈马克思主义与社会科学方法论〉教学大纲》（教育部马克思主义理论研究和建设工程重点教材，编写组首席专家杨春贵），高等教育出版社2012年5月出版。

54.《马克思主义与社会科学方法论》（教育部马克思主义理论研究和建设工程重点教材配套用书，杨春贵主编），高等教育出版社2012年10月出版。

55.《中国特色社会主义理论体系原著十讲》（主编），中共中央党校出版社2013年1月出版。

56.《杨春贵讲稿》（个人文集），中共中央党校出版社2013年10月出版。

57.《领导干部必知的马克思恩格斯列宁经典名言》（主编），中共中央党校出版社2013年12月出版。

58.《马克思主义哲学十讲》（中共中央马克思主义理论研究和建设工程重点教材，杨春贵为编写组的主要成员），学习出版社、党建读物出版社2013年12月出版。

59.《领导干部必知的毛泽东经典名言》（主编），中共中央党校出版社2014年3月出版。

60.《领导干部必知的邓小平经典名言》（主编），中共中央党校出版社2014年3月出版。

61.《纵览全局的领导艺术》（CD版，杨春贵讲），中国科学文化音像出版有限公司2014年4月出版。

62.《马克思主义经典导读》（三卷本）（主编），中共中央党校出版社2017年1月出版。

63.《领导干部必知的革命先烈经典名言》（主编），中共中央党校出版社2017年1月出版。

64.《中国共产党人的战略思维》(主编,即出)。

(二) 文章①

1958 年

1.《"北大"六十年的故事》(杨春贵、金梅),《新观察》1958 年第 9 期。

1962 年

2.《总的质变过程中也有部分质变吗?》,《光明日报》1962 年 10 月 26 日。

1978 年

3.《坚持理论与实践的统一——从考茨基脑袋里的木箱谈起》(笔名"秋实"),(广西)《思想解放》1978 年第 4 期。

4.《坚持理论与实践的统一,才能真正高举毛主席的伟大旗帜》,中共中央人民广播电台《学习》节目 1978 年 11 月播出,收入山西人民出版社 1979 年 2 月出版的《理论与实践》一书。

5.《坚持实事求是,大胆解放思想,为实现新时期的总任务而奋斗》,中共中央人民广播电台《学习》节目 1978 年 11 月播出,收入山西人民出版社 1979 年 2 月出版的《理论与实践》一书。

1979 年

6.《怎样理解"不能创造物质、但可以创造物质财富"》,《工人日报》1979 年 2 月 1 日。

7.《波浪式前进是规律》,《工人日报》1979 年 4 月 22 日。

---

① 含记者访谈录。

8.《对立面不可分割地联系着》,《光明日报》1979年9月27日。

9.《谈谈"条件"》,《人民日报》1979年12月18日。

1980年

10.《"三不主义"不是"三无主义"》,《工人日报》1980年1月29日。

11.《科学的认识方法和领导方法——从特殊到一般,从一般到特殊》,1980年3月5日出版的《理论动态》(杨春贵、陈瑞生),《人民日报》1980年3月24日（署名"本报特约评论员）。

12.《对人民内部矛盾要作具体分析》,《人民日报》1980年5月23日。

13.《"团结—批评—团结"及其他》,《百科知识》1980年第8期。

14.《没有两片完全一样的树叶——谈个别与一般》,（中共中央党校）《探讨》1980年10月出版试刊第1期。

1981年

15.《毛泽东思想是集体智慧的结晶》,《工人日报》1981年1月5日。

16.《正确认识和处理社会主义社会的阶级斗争》（杨春贵、傅云龙）,（北京）《学习与研究》1981年第2期。

17.《解放思想就是实事求是》,（江苏）《群众》1981年第4期。

18.《中国共产党是郑重的为人民信赖的党》（杨春贵、孙敬勋）,《工人日报》1981年9月5日,收入中国工人出版社1981年5月出版的《坚持四项基本原则讲话》一书。

1982 年

19.《黑海风暴和天气预报的产生——必然性和偶然性》,《通俗哲学》中的一章,收入学习出版社 2005 年 1 月出版的《杨春贵自选集》。

20.《坚持辩证法同实践和调查研究相结合——重读〈矛盾论〉》,收入中共中央党校出版社 1982 年 3 月出版的《学习毛泽东哲学思想》一书。

21.《唯物辩证法的基本规律》(张绪文、杨春贵),《中共中央党校校刊》1982 年第 8 期。

22.《最好的劳动工具和最锐利的武器——〈矛盾论〉简介》,(辽宁)《理论与实践》1982 年第 3、4 期。

23.《坚持矛盾客观性的观点——重读〈矛盾论〉的一点体会》,(辽宁)《理论与实践》1982 年第 5 期。

24.《反倾向中的科学性和全面性——学习胡耀邦同志十二大报告的一点体会》,(北京)《学习与研究》1982 年第 11 期。

25.《在一切工作中坚持实践标准》,广播出版社 1982 年 9 月出版《思想方法和工作方法漫谈》第 12 讲。

26.《要"胸中有数"》,广播出版社 1982 年 9 月出版《思想方法和工作方法漫谈》第 22 讲。

27.《皮之不存,毛将焉附——谈社会的经济基础和上层建筑》,《中国青年》杂志 1982 年第 10 期。

1983 年

28.《多谋与善断》,《光明日报》1983 年 2 月 31 日。

29.《历史经验的结晶——学习邓小平同志在中国共产党第十二次代表大会开幕词》,《中共中央党校通讯》1983 年 8 月 28 日。

30.《〈矛盾论〉的历史地位》，收入广西人民出版社1983年12月出版的《全国毛泽东哲学思想讨论会论文选》。

31.《毛泽东关于主次矛盾的理论丰富和发展了唯物辩证法》，《中共中央党校通讯》1983年12月24日。

1984年

32.《研究毛泽东哲学思想特点的方法论问题》，（四川）《毛泽东思想研究》1984年第4期。

33.《试论毛泽东哲学思想的特点》，（中共中央党校）《理论月刊》1984年第9期。

1985年

34.《论反对主观主义》，（四川）《毛泽东思想研究》1985年第3期。

35.《发扬根据和符合实际的自觉能动性》，（中共中央党校）《函授辅导》1985年第3期。

36.《掌握矛盾问题的精髓　建设有中国特色的社会主义》，（中共中央党校）《函授辅导》1985年第3期。

37.《自觉对社会主义进行再认识》，（中共中央党校）《理论动态》1985年10月20日出版，总第598期。

38.《在实践中运用和发展马克思主义认识论与辩证法的光辉范例——学习〈论持久战〉的哲学思想》，（辽宁）《刊授党校》1985年第8期。

1986年

39.《理论的活力在于同实践相结合》，（北京）《学习与研究》1986年第3期。

40.《谈"摸着石头过河"》（笔名"秋实"），（北京）《学习与研究》1986年第3期。

41.《在不断解决矛盾中开拓前进——正确认识和对待改革中出现的新矛盾》,(北京)《学习与研究》1986年第4期。

42.《学习马克思主义认识论 对社会主义进行再认识》,(中共中央党校)《函授辅导》1986年第5期。

43.《读〈学习马克思主义的认识论和辩证法〉》(韩树英、杨春贵),收入四川省社会科学院出版社1986年10月出版的《学习〈毛泽东著作选读〉》一书。

44.《毛泽东哲学思想的基本特点和历史地位》,收入(中共中央党校)求实出版社1986年10月出版的《辩证唯物主义研究》一书。

45.《现实奋斗目标是实现远大理想的必经阶段》,(中共中央党校)《理论月刊》1986年第10期。

46.《刘少奇对白区工作中主观主义的批判》,1980年10月,收入1997年出版的《党的思想路线研究》一书。

47.《在新的实践中坚持和发展毛泽东哲学思想——第三次全国毛泽东哲学思想讨论会若干问题讨论综述》(笔名春归),(中共中央党校)《理论月刊》1986年第12期。

1987年

48.《人民内部矛盾的再认识——纪念〈关于正确处理人民内部矛盾的问题〉发表三十周年》,《哲学研究》1987年第1期。

49.《刘少奇对人民内部矛盾学说的贡献》,(中共中央党校)《党史研究》1987年第3期。

50.《〈辩证唯物主义〉各章的学习重点和应当注意的问题》,(中共中央党校)《函授辅导》1987年第2、3期。

51.《坚持一切从实际出发,反对主观主义——〈辩证唯物主义讲义〉辅导之一》，（中共中央党校）《函授辅导》1987年第 2 期。

52.《结合实际灵活运用辩证法——〈辩证唯物主义讲义〉辅导之二》，（中共中央党校）《函授辅导》1987 年第 4 期。

53.《在实践中不断开辟认识真理的道路——〈辩证唯物主义讲义〉辅导之三》，（中共中央党校）《函授辅导》1987 年第 5 期。

54.《在改革中坚持生产力标准的观点》，《中共中央党校通讯》1987 年 10 月 17 日。

55.《在实践中不断开辟认识真理的道路》，1987 年 6 月 11 日在全国党校系统纪念《实践论》《矛盾论》发表 50 周年、《关于正确处理人民内部矛盾的问题》发表 30 周年学术讨论会上的发言，收入中共中央党校出版社 1988 年 7 月出版的《毛泽东哲学思想与建设中国特色社会主义》一书。

56.《人民内部矛盾学说的形成和发展》，1987 年 8 月在全国第四届毛泽东哲学思想讨论会上的发言，收入国防大学出版社 1988 年 6 月出版的《毛泽东哲学思想在当代》一书。

57.《中国大百科全书·哲学》撰写词条：《毛泽东哲学思想》（一万五千字长条，四人合作撰写），《陈独秀》《瞿秋白》《博古》《艾思奇》《延安新哲学会》《唯物辩证法的论战》《改造我们的学习》《理论联系实际》《整顿党的作风》《主观主义》。中国大百科全书出版社 1987 年 10 月第一版。

1988 年

58.《中国革命经验的哲学总结——〈毛泽东哲学批注集〉的特色》，（中共中央党校）《党校论坛》1988 年第 1 期。

59.《中国十年来关于社会主义社会矛盾研究的历史特

点》，1988 年 8 月 22 日在中日唯物辩证法研讨会上的发言，收入人民出版社 1989 年 3 月出版的《唯物辩证法的问题》一书。

60.《官僚主义是一种永恒的社会现象吗？——对〈官僚主义探源〉一文的商榷》，（中共中央党校）《理论动态》第 767 期，《中共中央党校通讯》1988 年 4 月 9 日。

1989 年

61.《五十年代后期至六十年代初期我党对社会主义社会矛盾理论的探索》，1989 年 9 月，收入 1997 年出版的《党的思想路线研究》一书。

62.《五十年代后期至六十年代初期我国经济建设中的主观主义错误及其教训》，1989 年 9 月，收入 1997 年出版的《党的思想路线研究》一书。

63.《社会主义初级阶段理论是我党对社会主义和我国国情进行再认识的重大理论成果》，收入中共中央党校出版社 1989 年 2 月出版的《马克思主义与建设有中国特色社会主义》一书。

64.《〈马克思主义哲学与中国社会主义实践〉序》，为湖北人民出版社 1989 年 5 月出版、张祥生主编《马克思主义哲学与中国社会主义实践》一书所写的序。

65.《中国共产党的群众路线》，中共中央党校出版社 1989 年 12 月出版的《毛泽东哲学思想新论》中的一章，修改后收入学习出版社 2005 年 1 月出版的《杨春贵自选集》一书。

1990 年

66.《主观与客观相统一的观点和实事求是的原则》，载中共中央党校出版社 1990 年 4 月出版的《〈马克思主义哲学学习纲要〉讲解》一书。

67.《唯物主义和主体能动性》，收入中共中央党校出版社1990年9月出版的《马克思主义哲学论稿》一书。

68.《把毛泽东哲学思想的学习摆在重要地位》，《人民日报》1990年12月16日。

1991年

69.《几个重大哲学理论问题辨析》，（中国人民大学）《教学与研究》1991年第1期，收入学习出版社2005年1月出版的《杨春贵自选集》中。

70.《善于从哲学高度提出和解决问题——毛泽东理论与实践活动的一个显著特点》（杨春贵、李火林），《哲学研究》1991年第1期。

71.《学习马克思主义哲学，坚持和发展科学社会主义》，《合肥工业大学学报》（社会科学版）1991年第1期，收入安徽人民出版社1991年5月出版的《毛泽东哲学思想与当代社会主义实践》一书。

72.《毛泽东关于反对主观主义的理论》，1991年8月19日在"中日唯物辩证法研讨会"上的发言，收入人民出版社1993年3月出版的《唯物辩证法问题的再探讨》一书。

73.《学习和运用毛泽东的战略思想——读〈中国革命战争的战略问题〉》（杨春贵、赵理文），收入中国经济出版社1991年11月出版的《毛泽东著作研究文集》一书。

1992年

74.《谈论主体性不能离开唯物主义前提》，收入中共中央党校出版社1992年1月出版的《当代哲学思潮研究》一书。

75.《中国要警惕右，主要是防止"左"》，1992年4月在首都理论界学习邓小平同志"南方谈话"座谈会上的发言，收入中共中央党校出版社1993年2月出版的《实现思想上再一次大解放》一书。

76.《进一步改造我们的学习方法和学习制度》,《学习与研究》1992年第7期。

77.《中国社会主义初级阶段的国情是制定现阶段一切方针政策的根本依据》,载中共中央党校出版社1992年10月出版的《十四大报告二十二讲》一书。

1993年

78.《马克思主义普遍真理同我国具体实际相结合的哲学基础》,载中共中央党校出版社1993年7月出版的《马克思主义科学世界观和党的思想路线专题讲座》一书。

79.《正确处理人民内部矛盾》,载中共中央党校出版社1993年7月出版的《马克思主义科学世界观和党的思想路线专题讲座》一书。

80.《〈邓小平哲学思想〉序》,载中国人民公安大学出版社1993年7月出版的《邓小平哲学思想》一书。

81.《邓小平在建设有中国特色社会主义实践中对毛泽东哲学思想的继承和发展》,1993年10月在第七届全国毛泽东哲学思想讨论会上的发言,收入(北京)《阵地》丛书《毛泽东哲学与当代中国的马克思主义》一书。

1994年

82.《"解放思想,实事求是"是建设有中国特色社会主义理论的精髓》,载国防大学出版社1994年7月出版的《当代中国马克思主义研究——中共中央党校讲稿选辑》。

83.《坚持党的基本路线一百年不动摇》,载人民出版社1994年8月出版的《〈邓小平文选〉第三卷辅导教材》。

84.《学习邓小平同志对待马克思主义的科学态度》,载(中共中央编译局)《马克思主义与现实》1994年第2期。

85.《建设有中国特色社会主义理论的体系、精髓和主题》,1994年8月8日在全国党校系统"邓小平哲学思想与当代中国社会主义实践"研讨会上的发言,收入中共中央党校出版社1995年出版的《邓小平哲学思想与社会主义实践》一书。

86.《党委办党校 部门大合唱 自身有作为——山东省部分党校情况调查》,1994年8月26日给中共中央党校校委的报告,收入中共中央党校出版社2002年出版的《党校教学论》一书。

87.《邓小平理论的科学体系》,1994年9月28日在中共中央党校省部级干部进修班的讲稿,收入学习出版社2005年1月出版的《杨春贵自选集》中。

88.《邓小平中国特色社会主义理论的精髓》,上海辞书出版社1994年12月出版的《邓小平思想理论大辞典》中的一个条目《邓小平哲学思想》,经修改后收入学习出版社2005年1月出版的《杨春贵自选集》中。

89.《应当重视从哲学高度研究社会主义》,《新视野》1994年第6期。

90.《保持稳定与正确处理人民内部矛盾》,《学习与研究》1994年第15期。

91.《谈谈学习马克思主义基本原理》,《刊授党校》1991年第2期。

92.《马克思主义的产生是人类思想史上的伟大变革》,《刊授党校》1994年第2期。

1995年

93.《把握体系 抓住精髓 突出主题——访中共中央党校

副校长杨春贵教授》，载中共中央编译局《马克思主义与现实》1995 年第 1 期。

94.《学习邓小平的马克思主义立场观点方法》，《前线》1995 年第 1 期。

95.《科学对待马克思主义的典范——学习邓小平建设有中国特色社会主义理论》，《党建》1995 年第 1 期。

96.《关于建设社会主义的思想路线问题》，（北京）《新视野》1995 年第 5 期。

97.《牢牢掌握邓小平同志理论科学体系的精髓——中共中央党校副校长杨春贵访谈录》，（北京）《支部生活》1995 年第 8 期。

98.《学习建设有中国特色社会主义理论的精髓》，《瞭望新闻周刊》1995 年第 17 期。

99.《学习建设有中国特色社会主义理论的科学体系》，《瞭望新闻周刊》1995 年第 19 期。

100.《努力掌握社会主义现代化建设的辩证法——学习江泽民同志〈正确处理社会主义现代化建设中的若干重大关系〉》，《人民日报》1995 年 11 月 6 日。

101.《运筹好总体格局中的关键棋》，（山东）《发展论坛》1995 年第 12 期。

1996 年

102.《〈学哲学用哲学——中共中央党校一年制中青班第十二期五支部学员论文集〉序》，中共中央党校出版社 1996 年 2 月出版。

103.《搞好精神文明建设的关键一环》，（广东）《现代哲学》1996 年第 4 期。

104.《〈中国革命的认识逻辑〉序》，中共中央党校出版社 1995 年版，李恒瑞主编《中国革命的认识逻辑》一书。

105.《重视研究带全局性的重大关系》，《求是》1996 年第 12 期。

106.《学习建设辩证法　研究全局大关系——中共中央党校副校长杨春贵访谈录》，（上海）《组织人事报》1996 年 6 月 6 日。

107.《把理论学习不断引向深入》，《党建研究》1996 年第 9 期。

108.《要重视研究和正确处理精神文明建设八个关系》，（中共中央党校）《理论前沿》1996 年第 6 期。

109.《〈思辨与谋断——中共中央党校培训部中青班学员优秀论文集〉序》，昆仑出版社 1996 年 8 月出版。

110.《精神文明建设贵在落实》，（江苏）《群众》1996 年第 12 期。

111.《坚持唯物辩证法，正确认识和处理社会主义现代化建设中的若干重大关系》，（广西）《桂海论丛》1996 年第 4 期。

112.《〈政党的危机——国外政党运行机制研究〉序》，为改革出版社 1996 年 9 月出版、王长江所著《政党的危机——国外政党运行机制研究》一书所写的序。

1997 年

113.《正确处理新形势下的人民内部矛盾》，《人民日报》1997 年 5 月 6 日。

114.《旗帜问题是关系党和国家前途命运的根本问题——

学习江泽民同志在中共中央党校重要讲话的体会》,《瞭望新闻周刊》1997 年第 30 期。

115.《〈贫困地区发展论〉序》,为中共中央党校出版社 1997 年 5 月出版的李纪恒所著《贫困地区发展论》一书所写的序。

116.《论邓小平的两大历史性贡献》,《求是》1997 年第 8 期。

117.《高举伟大旗帜不动摇》,《求是》1997 年第 15 期。

118.《深入学习邓小平同志建设有中国特色社会主义理论》,1997 年春季学期在中共中央党校省部级干部进修班的讲稿,收入民主与建设出版社 1997 年 9 月出版的《光荣的历史使命 重大的政治任务》一书。

119.《学习贯彻十五大精神,在新的实践中坚持和发展马克思主义》,(广东)《学术研究》1997 年第 10 期。

120.《马克思主义在中国发展的新阶段》,(中共中央党校)《理论前沿》1997 年第 22 期。

121.《高举伟大旗帜 推进宏伟事业——学习十五大精神的几点体会》,(山东)《理论学习》1997 年增刊。

122.《〈邓小平改革方法论〉评议》,《理论学习与研究》1997 年第 6 期。

123.《〈正确处理我国社会转型期的人民内部矛盾〉序》,为经济科学出版社 1997 年 10 月出版、王继宣主编的《正确处理我国社会转型期的人民内部矛盾》一书所写的序。

124.《贯彻落实十五大精神,深化党校教学改革,把党校教学提高到新的水平——1997 年 10 月 28 日在全国党校第二次教学工作会议上的讲话》,收入中共中央党校出版社 1997 年 12

月出版的《总结教学改革经验，探索党校教学规律》一书。

125.《〈精神文明建设理论与实践〉序》，为中共中央党校出版社 1997 年 11 月出版、何少川著《精神文明建设理论与实践》一书所写的序。

1998 年

126.《高举邓小平理论伟大旗帜，全面推进中国特色社会主义伟大事业》，1998 年 2 月在中共中央党校的报告稿，刊于中共中央党校《报告选》1998 年第 1 期，收入学习出版社 2005 年 1 月出版的《杨春贵自选集》中。

127.《解放思想、实事求是思想路线的胜利》，《光明日报》1998 年 5 月 17 日。

128.《经济哲学研究的可喜收获——董德刚〈创造更高的劳动生产率〉评介》，《市场报》1998 年 5 月 28 日。

129.《解放思想、实事求是的二十年》，《人民日报》1998 年 5 月 21 日。

130.《在中共吉林省委党校建校 50 周年庆祝大会上的讲话》（1998 年 8 月 4 日），《长白学刊》1998 年第 5 期。

131.《紧紧围绕党的十五大主题　把邓小平理论学习提高到新水平》，（北京）《中国特色社会主义研究》1998 年第 6 期。

132.《把邓小平理论学习提高到新水平》，《人民日报》1998 年 8 月 20 日。

133.《〈中国社会主义现代化建设战略研究〉序》，为中共中央党校出版社 1998 年 12 月出版、罗归国著《中国社会主义现代化建设战略研究》一书所写的序。

134.《〈为政德识谈〉序》，为警官教育出版社 1998 年 12

月出版、李瑞昌著《为政德识谈》一书所写的序。

135.《深入学习十五大对邓小平理论的新阐述》,（中共中央党校）《理论前沿》1998 年第 19 期。

136.《抓住根本任务，搞好干部理论培训》,《求是》1998 年第 15 期。

137.《中国社会主义初级阶段国情是邓小平理论的重要基础》,《社会科学家》杂志 1998 年第 6 期。

1999 年

138.《努力使邓小平理论的学习达到十五大的水平》,《理论学习》1999 年第 1 期。

139.《切实抓一下形式主义问题》,《人民日报》1999 年 4 月 1 日。

140.《十五大精神与党的思想路线》,（广东）《学术研究》1999 年第 2 期。

141.《深入学习邓小平理论要着眼新的实践和新的发展》,（中共中央党校）《理论前沿》1999 年第 9 期。

142.《搞社会主义必须有一条正确的思想路线》,《中国党政干部论坛》1999 年第 12 期。

143.《增强历史责任感 努力开创党校工作新局面——在庆祝中共沈阳市委党校建校 50 周年大会上的讲话》,《中共沈阳市委党校学报》1999 年第 5 期。

144.《牢记使命 刻苦读书——1997 年 7 月 2 日在中共中央党校研究生部表彰颁奖大会上的讲话》,收入中共中央党校出版社 2012 年出版的《导师寄语》一书。

2000 年

145.《邓小平理论的历史地位和指导意义》,（辽宁）《刊授党校》2000年第1期。

146.《马克思主义哲学与社会主义的历史命运》,(广东)《学术研究》2000年第1期。

147.《领导干部与战略思维》,《中共中央党校学报》2000年第1期。

148.《邓小平理论与社会主义历史命运》,《中国社会科学》2000年第1期。

149.《社会主义与思想路线》,收入中共中央党校出版社2000年2月出版的《中国社会主义现代化建设的历史经验》一书。

150.《关于讲好〈毛泽东思想基本问题〉的几点意见》（2000年3月1日）,收入中共中央党校出版社2000年12月出版的《毛泽东思想基本问题讲义》一书。

151.《社会主义初级阶段文化研究的可喜成果——于幼军〈社会主义初级阶段文化研究〉评介》,《光明日报》2000年5月2日。

152.《结合新的实际宣传马克思主义》,《光明日报》2000年7月28日。

153.《如何正确认识改革实践对人们的影响》,《北京日报》2000年10月23日。

154.《正确审视和解决重大理论与实际问题》,《中国教育报》2000年11月22日。

155.《深入贯彻落实中共中央10号文件和全国党校工作会议精神 把党校教学工作提高到新水平》（2000年12月6日）,收入中共中央党校出版社2002年出版的《党校教学论》一书。

156.《张式谷〈季秋学案〉序》,中共中央党校出版社

2000 年 12 月出版。

2001 年

157.《〈思索与求索〉序》,为中共中央党校出版社 2001 年 1 月出版、杨盛道所著《思索与求索》一书所写的序。

158.《实现新任务的伟大精神力量》,《人民日报》2001 年 2 月 24 日。

159.《〈发展哲学引论〉序》,为陕西人民出版社 2001 年 6 月出版、杨信礼所著《发展哲学引论》一书所写的序。

160.《建立和完善党校教育的新布局》,(上海)《组织人事报》2001 年 5 月 31 日。

161.《学习江泽民同志"七一"重要讲话的体会——在山东、河南干部大会上的宣讲报告》,(山东)《理论学习》2001 年第 9 期。

162.《"三个代表"与理论创新——哲学理论工作者学习江泽民同志"七一"重要讲话笔谈》(杨春贵等),《求是》2001 年第 20 期。

163.《正确认识历史、现实与未来》,(深圳)《特区理论与实践》2001 年第 3 期。

164.《〈学习与探索〉序》,为新华出版社 2001 年 9 月出版、张兆清著《学习与探索》一书所写的序。

165.《要重视和善于从哲学高度总结历史经验》,(山东)《发展论坛》2001 年第 7 期。

166.《理论创新:中国共产党八十年的不懈追求》,(中共中央党校)《理论前沿》2001 年第 14 期。

167.《马克思主义学风研究的新成果》,《人民日报》2001 年 9 月 6 日。

168. 《核心问题是保持党同人民群众的血肉联系——学习党的十五届六中全会〈关于加强和改进党的作风的决定〉》，（中共中央党校）《理论前沿》2001 年第 21 期。

169. 《作风建设要抓住核心》，《北京日报》2001 年 10 月 15 日。

170. 《学风是第一重要的东西——2001 年 11 月 29 日在 21 世纪哲学创新暨庆祝黄枬森教授 80 华诞学术讨论会上的发言》，收入中共中央党校出版社 2011 年 10 月出版的《杨春贵自选集》中。

171. 《〈理论学习与战略思考〉序》，为中共中央文献出版社 2001 年 12 月出版的中共中央党校分校学员的论文调查报告所写的序。

172. 《〈警示明鉴〉序》，为研究出版社 2001 年出版的李瑞昌同志所著《警示明鉴》一书所写的序。

2002 年

173. 《江泽民同志"七一"重要讲话和党的十五届六中全会精神学习辅导》，收入党建读物出版社 2002 年 2 月出版的《中组部党员专家理论研究班讲稿汇编》一书。

174. 《关于毛泽东哲学思想》，收入中共中央党校出版社 2002 年 5 月出版的《中共中央党校讲稿选》。

175. 《提高总揽和驾驭全局的能力》，收入中共中央党校出版社 2002 年 5 月出版的《中共中央党校讲稿选》。

176. 《不断开拓马克思主义理论发展的新境界》，（北京）《前线》2002 年第 9 期。

177. 《干部教育思想研究的新成果——读巩联军〈当代干部教育思想新发展〉》，《人民日报》2002 年 9 月 12 日。

178.《〈邓小平战略思维研究〉序》，为中共中央党校出版社 2002 年 10 月出版的屠春友所著《邓小平战略思维研究》一书所写的序。

179.《重视哲学的通俗化工作》，2002 年 12 月 8 日在"繁荣哲学社会科学暨纪念韩树英教授从事党校教育事业五十周年"研讨会上的发言，收入中共中央党校出版社 2004 年 1 月出版的《让哲学引导社会进步》一书。

2003 年

180.《在全国"发展与创新"研讨会开幕式上的讲话》，收入中共中央党校出版社 2003 年 1 月出版的《哲学视野中的发展与创新》论文集。

181.《提高总揽全局的战略思维能力》，2003 年 4 月在中共中央党校省部级干部进修班的讲稿，刊于中共中央党校《报告选》第 8 期。

182.《协调推进　持续发展——全面建设小康社会需要正确处理的若干重大关系》，《人民日报》2003 年 3 月 3 日。

183.《用发展着的马克思主义指导新的实践——纪念马克思逝世 120 周年座谈会发言摘要》（李慎明、邢贲思、杨春贵、张国祚、黄枬森、卫兴华、陈先达等），《求是》2003 年第 8 期。

184.《马克思与现时代——纪念马克思逝世 120 周年学术研讨会发言摘要》（杨春贵、马绍孟、赵存生、庄福龄、梁树发、闫志民等），《思想理论教育导刊》2003 年第 4 期。

185.《马克思主义是与时俱进的科学》，（深圳）《特区理论与实践》2003 年第 13 期。

186.《学习贯彻"三个代表"重要思想要着力解决实际问

题》，《求是》2003 年第 14 期。

187.《马克思主义的一脉相承和与时俱进》，2003 年 10 月在中共中央党校中青年干部培训班的讲稿，收入 2005 年 1 月学习出版社出版的《杨春贵自选集》中。

2004 年

188.《〈站在新的历史起点上〉序》，中共中央党校出版社 2004 年 1 月出版。

189.《肖前教授对马克思主义哲学教材建设的贡献——2004 年 5 月 9 日在"马克思主义哲学的当代发展研讨会暨肖前教授 80 华诞纪念会"上的讲话》，收入高等教育出版社 2006 年 9 月出版的《学习·智慧·人生》一书。

190.《邓小平对科学社会主义的重大贡献》，《光明日报》2004 年 7 月 27 日，收入全国纪念邓小平百年诞辰召开的"邓小平生平和思想研讨会"论文集。

191.《〈中国现代化若干重大理论问题〉序》，为中共中央党校出版社 2004 年 8 月出版、罗归国著《中国现代化若干重大理论问题》一书所写的序。

192.《邓小平理论的精髓》，《人民日报》2004 年 8 月 22 日。

193.《一本有很强针对性的理论辅导读物——〈理论热点问题〉评介》，《光明日报》2004 年 9 月 21 日。

194.《邓小平理论的科学体系、精髓和首要问题》，2004 年 6 月 25 日在"邓小平与当代中国和世界"国际学术研讨会上的发言，收入北京大学出版社 2004 年 11 月出版的《邓小平与当代中国和世界》一书。

2005年

195.《以马克思主义指导企业建设要处理好六大关系》,收入香山出版社2005年1月出版的《八喜情》一书。

196.《〈当代民魂——中国共产党人伟大精神〉序》,为解放军出版社2005年1月出版、宋泽滨、林庆、董淑玲编著的《当代民魂》一书所写的序。

197.《〈中国国有企业利益整合〉序》,为中共中央党校出版社2005年3月出版、陶晴所著《中国国有企业利益整合》一书所写的序。

198.《马克思主义哲学理论前沿问题》,《国防大学周五学术报告》2005年第2期。

199.《透过伊拉克战争看国际竞争与安全环境》(杨春贵 肖勤福),收入汕头大学出版社2005年2月出版的《科学发展观与社会发展辩证法》一书。

200.《邓小平对党的思想路线的贡献》,教育部《思想理论教育导刊》2005年第2期。

201.《构建社会主义和谐社会是一项重大历史任务和系统工程》,2005年5月12日在"构建社会主义和谐社会理论研讨会"上的发言,收入中共中央党校出版社2006年7月出版的《论和谐社会》一书。

202.《关于邓小平理论的哲学基础》,2005年8月23日在中日"马克思主义哲学当代形态"理论研讨会上的发言,收入中共中央党校出版社2007年9月出版的《中日学者论马克思主义哲学的当代形态》一书。

203.《科学发展观是一个完整的科学思想体系》,(中共中央党校)《学习时报》2005年11月28日。

2006 年

204.《以人为本是科学发展观的核心》,《人民日报》2006年4月1日。

205.《论实践范畴在马克思主义哲学体系中的地位》,《光明日报》2006年5月23日。

206.《以改革促进和谐,以发展巩固和谐,以稳定保障和谐》(杨春贵、杨信礼),《光明日报》2006年10月23日。

207.《正确认识和处理现阶段我国社会矛盾》,(中共中央党校)《理论视野》2006年第6期。

208.《邓小平理论基本问题研究》,收入中共中央党校出版社2006年8月出版的《中共中央党校讲稿选》(3)。

209.《马克思主义一脉相承和与时俱进》,收入中共中央党校出版社2006年8月出版的《中共中央党校讲稿选》(6)。

210.《构建社会主义和谐社会一靠科学发展二靠深化改革》,《中共中央党校学报》2006年第10期。

2007 年

211.《邓小平理论研究中的几个问题》,2007年1月31日参加四川省广安市召开的"邓小平改革与发展思想学术研讨会"发言稿,收入四川出版集团2007年6月出版的《邓小平改革与发展思想研究》一书。

212.《社会和谐与社会矛盾——纪念毛泽东〈关于正确处理人民内部矛盾的问题〉发表50周年》,(中共中央党校)《理论视野》2007年第2期。

213.《完整准确理解邓小平关于发展的科学思想》(署名北京市邓小平理论和"三个代表"重要思想研究中心),《北京日报》2007年3月8日。

214.《〈实践论〉〈矛盾论〉的历史地位、科学价值和当代意义》,《光明日报》2007年7月9日。

215.《正确处理不同类型的人民内部矛盾》,《党的文献》2007年第4期。

216.《马克思主义中国化最新成果研究的新收获》,《解放军理论学习》2007年第8期。

217.《回忆作为哲学家的龚育之》,《光明日报》2007年8月15日。

218.《马克思主义中国化的重要哲学基础》,《光明日报》2007年9月11日。

219.《领导干部要重视提高哲学素养——读李瑞环同志〈学哲学用哲学〉一书的体会》,(中共中央党校)《学习时报》2007年9月25日。

220.《解放思想是党的思想路线的本质要求》,(中共中央党校)《学习时报》2007年11月19日。

221.《解放思想使中国特色社会主义焕发蓬勃生机和活力》,(中共中央党校)《学习时报》2007年11月26日。

222.《必须继续解放思想》,(中共中央党校)《学习时报》2007年12月3日。

223.《关于高举中国特色社会主义伟大旗帜问题》,《光明日报》2007年11月12日。

2008年

224.《高举伟大旗帜 发展伟大事业——访中共中央党校原副校长杨春贵教授》,(北京)《前线》2008年第1期。

225.《中国特色社会主义理论体系的新概括》,《中国社会科学》2008年第1期。

226.《民主集中制研究的新视角》,（中共中央党校）《学习时报》2008年3月31日。

227.《论马克思主义中国化与当代化的统一》,《人民日报》2008年3月31日。

228.《〈毛泽东战略思维研究〉序》,为中共中央党校出版社2008年4月出版、黄保红著《毛泽东战略思维研究》一书所写的序。

229.《在新的起点上继续解放思想》,《人民日报》2008年4月16日。

230.《解放思想与中国社会主义历史命运》,（中共中央党校）《理论动态》第1777期,《光明日报》2008年5月8日。

231.《今天我们怎样读〈共产党宣言〉》,（中共中央党校）《理论视野》2008年第7期。

232.《解放思想是发展中国特色社会主义的一大法宝》,收入党建读物出版社2008年8月出版的《从新的历史起点上出发——党的十七大精神学习辅导》一书。

233.《正确认识和处理现阶段我国社会矛盾》,收入湖南人民出版社2008年9月出版的《哲学与社会和谐构建》一书。

234.《邓小平与当代中国思想解放——纪念改革开放30周年》,《光明日报》2008年11月4日。

2009年

235.《科学对待马克思主义》,《光明日报》2009年1月13日。

236.《在文风话风上来个思想解放》,（中共中央党校）《学习时报》2009年1月20日。

237.《在"落实科学发展观,建设服务型政府"座谈会上的发言》,(中共中央党校)《学习时报》2009 年 1 月 13 日。

238.《正确处理党校教育中的几个重大关系》,(中共中央党校)《学习时报》2009 年 3 月 16 日。

239.《善于读书的关键是善于思考》,(中共中央党校)《党政干部文摘》2009 年第 7 期。

240.《人民幸福就是社会主义》,(中共中央党校)《理论视野》2009 年第 10 期。

241.《新中国 60 年解放思想的若干历史经验》,《北京日报》2009 年 10 月 12 日。

242.《改革开放以来中国马克思主义哲学的新探索》,(中共中央党校)《学习时报》2009 年 12 月 28 日,收入北京师范大学出版社 2010 年 8 月出版的《马克思主义哲学的新探索(1978—2009)》一书。

243.《建设学习型政党要努力掌握马克思主义思想方法》,《光明日报》2009 年 12 月 30 日。

244.《努力掌握马克思主义思想方法》,(中共中央党校)《理论视野》2009 年第 12 期。

245.《宣传马克思主义也要管用的》,《北京日报》2009 年 12 月 29 日。

2010 年

246.《2009 年 12 月 4 日在"中国辩证唯物主义研究会第五届理事会"的工作报告》,《马克思主义哲学论丛》2010 年第 1 辑。

247.《解放思想需增强三种勇气》,《人民日报》2010 年 1 月 5 日。

248.《马克思主义哲学的一个关键问题》,《人民日报》

2010年4月9日。

249.《更加重视马克思主义思想方法》,(北京)《中国特色社会主义研究》2010年第4期。

250.《弘扬务实求理的良好文风——读李瑞环同志〈务实求理〉一书的体会》,《人民日报》2010年7月9日。

251.《加强对马克思主义思想方法的学习》,《人民日报》2010年8月6日。

252.《建设更高层次的幸福江阴》,《江阴日报》2010年8月11日。

253.《应当重视思想方法的学习》,《中直党建》2010年第8期。

254.《关于当前改进思想方法的几个问题》,中国时代经济出版社《哲学与社会》2010年第3期。

2011年

255.《努力掌握马克思主义思想方法》,收入中国社会科学出版社2011年5月出版的《创造国际一流的马克思主义研究机构》一书。

256.《马克思主义哲学体系的新探索》,(中共中央党校)《理论视野》2011年第9期。

257.《创新性 实践性 文化性——读〈政协文化论〉》,《浙江日报》2011年1月13日。

258.《目无全局 满盘皆输》,中国共产党新闻网2011年6月21日。

2012年

259.《用科学的思想方法促进科学发展》,《人民日报》2012年4月26日。

260.《努力改进思想方法》,《人民日报》2012年7月18日。

261.《一本系统研究反对错误倾向的理论专著》,《人民日报》2012年8月29日。

262.《提升领导干部战略思维能力必须掌握的要求和原则》,《学习月刊》2012年第11期。

263.《金春明教授对"文革"史研究的贡献》,(中共中央党校)《学习时报》2015年10月1日。

2013年

264.《从"阶梯式发展"理论看哲学创新》,《哈尔滨日报》2013年3月8日。

265.《开创和发展中国特色社会主义》,《科学社会主义》杂志2013年第5期。

266.《作风问题的核心是党与人民群众的关系问题》,《人民日报》2013年6月2日。

267.《我的半个世纪的哲学教学与研究》,(上海)《毛泽东邓小平理论研究》2013年第8期。

268.《科学运用马克思主义世界观方法论——学习习近平同志关于用唯物辩证法观察形势处理问题的重要论述》,《人民日报》2013年8月19日。

269.《遵循马克思开创的理论研究范式——评陈曙光新著〈直面生活本身——马克思人学存在论革命研究〉》,《湖北社会科学》2013年第10期。

2014年

270.《全面深化改革要坚持正确的方法论》,(中共中央党校)《理论视野》2014年第1期。

271.《学习马克思主义哲学首先是坚定理想信念的需要》，人民网 2014 年 1 月 6 日。

272.《提高创新能力要解放思想破除迷信》，人民网 2014 年 1 月 6 日。

273.《学习习近平同志重要讲话的立场观点方法》，《马克思主义哲学论丛》2014 年第 1 期。

274.《学好哲学 用好哲学——学习习近平同志关于学习和运用马克思主义哲学的重要论述》，《马克思主义哲学论丛》2014 年第 1 期。

275.《全面深化改革必须坚持正确的方法论》，《人民日报》2014 年 3 月 25 日。

276.《抓住"问题"，培育核心价值观》，《北京日报》2014 年 9 月 12 日。

277.《研究问题的好报纸》，收入光明出版社 2014 年 10 月出版的《光明日报 65 年口述实录》一书。

278.《杨春贵学术自传》，收入《20 世纪中国知名科学家学术成就概览·哲学卷（第三分册）》，科学出版社 2014 年 10 月出版。

2015 年

279.《理论学习不能片面化碎片化》，《人民日报》2015 年 1 月 21 日。

280.《自觉接受马克思主义哲学智慧的滋养》，《北京日报》2015 年 1 月 28 日。

281.《提倡照辩证法办事》，《北京日报》2015 年 2 月 2 日。

282.《潜心读经典，业精哲思深》，《人民日报》2015 年 4 月

8 日。

283.《战略思维与领导艺术——访中共中央党校原副校长杨春贵教授》,《中国社会科学报》2015 年 5 月 25 日。

284.《把握理论创新的规律》,《求是》杂志 2015 年第 8 期。

285.《服务大局抓党建》,(中共中央党校)《学习时报》2015 年 12 月 17 日。

2016 年

286.《自觉接受马克思主义哲学智慧的滋养——学习习近平同志关于学哲学用哲学的重要论述》,载中宣部《党委中心组学习》2016 年第 1 期。

287.《在吴仁宝逝世三周年座谈会上的发言》,刊于《华西月刊》2016 年 4 月 15 日。

288.《习近平治国理政的战略思维》,《哲学研究》2016 年第 6 期。

289.《柴达木精神在血管里奔流——访中共中央党校原副校长、〈柴达木报〉创始人杨春贵》,《柴达木报》2016 年 6 月 6 日。

290.《领导干部的战略思维》,收入党建读物出版社 2016 年 8 月出版的《组工干部专业化能力培训讲座》一书。

291.《〈强根固魂——国家电网公司党建创新实践 100 例〉序》,人民日报出版社 2016 年 11 月出版。

292.《文明因交流互鉴而富有活力》,2016 年 9 月 20 日在首届丝绸之路(敦煌)国际文化博览会的发言,收入会议论文集。

2017 年

293.《马克思主义哲学是实践的大众的哲学——杨春贵同

志访谈录》,(中共中央党校)《学习时报》2017年3月10日。

294.《坚定不移高举中国特色社会主义伟大旗帜》,(中共中央党校)《学习时报》2017年8月2日。

295.《为创新提供强有力的理论和方法支撑——评〈创新原理与方法〉》,(中共中央党校)《学习时报》2017年9月20日。

(三) 讲稿

1981年

1.《关于辩证法的规律和范畴》(1981年3月16日在中共中央党校讲座报告记录稿)

1983年

2.《〈矛盾论〉辅导纲要》(1983年4月,中共中央党校省市自治区政法干部轮训班)

1985年

3.《在实践中运用和发展马克思主义认识论和辩证法的光辉范例——学习〈论持久战〉中的哲学思想》(辽宁《刊授党校》1985年第8期)

4.《自觉地科学地对社会主义进行再认识》(1985年9月4日,中共中央党校进修部讲稿)

1986年

5.《中共中央党校附设函授学院大专班第一期〈辩证唯物主义〉总复习学习辅导稿》(中共中央党校函授学院1986年1月印发)

1987年

6.《关于毛泽东哲学思想的几个问题》(1987年4月,中

共中央党校培训部讲稿)

7.《辩证唯物主义面授讲课稿之第六讲"对立统一规律"》（中共中央党校函授学院 1987 年 7 月印发）

8.《辩证唯物主义面授讲课稿之第八讲"否定之否定规律"》（中共中央党校函授学院 1987 年 7 月印发）

1988 年

9.《社会主义初级阶段理论是我党对社会主义和我国国情进行再认识的重大理论成果》（1988 年 3 月 20 日，中共中央党校进修部讲稿）

10.《针对新的实际　努力学好哲学》（中共中央党校《函授辅导》1988 年第 7 期）

11.《辩证唯物主义认识论和对社会主义的再认识》（1988 年 9 月，中共中央党校进修部讲稿）

1989 年

12.《两种发展观和辩证的思维方式》（中共中央党校《函授辅导》1989 年第 3 期）

13.《马克思主义哲学串讲》（1989 年 4 月，中共中央党校讲稿）

14.《认识过程的辩证法和对社会主义的再认识》（中共中央党校《函授辅导》1989 年第 5 期）

15.《哲学基本问题和主体能动性》（中共中央党校《函授辅导》1989 年第 6 期）

16.《〈论持久战〉辅导》（中共中央党校函授学院 1989 年 6 月印发）

17.《〈关于正确处理人民内部矛盾的问题〉辅导》（中共中央党校函授学院 1989 年 6 月印发）

18.《〈学习马克思主义主义的认识论和辩证法〉辅导》（中共中央党校函授学院 1989 年 6 月印发）

19.《关于辩证唯物主义的几个问题》（中共中央党校函授学院 1989 年 7 月 30 日印发）

1990 年

20.《唯物主义和主体能动性》（1990 年 1 月，中共中央党校马克思主义哲学研讨班讲稿）

21.《马克思主义哲学引言》（1990 年 9 月 4 日，中共中央党校讲稿）

1991 年

22.《唯物辩证法的质量互变规律、否定之否定规律及若干基本范畴》（中共中央党校《函授辅导》1991 年第 2 期）

1992 年

23.《毛泽东关于反对主观主义的理论》（中共中央党校《函授辅导》1992 年第 1 期）

24.《关于毛泽东哲学思想的几个问题》（1992 年 3 月，中共中央党校培训部中青年干部培训班讲稿）

25.《坚持实事求是，进一步解放思想——和学员谈谈学习辩证唯物主义》（中共中央党校《函授辅导》1992 年第 3 期）

26.《〈中国革命战争的战略问题〉辅导》（1992 年 7 月，中共中央党校函授学院印发）

1993 年

27.《毫不动摇地坚持党的基本路线》（1993 年 11 月，中共中央党校讲稿）

1994 年

28.《邓小平哲学思想》（1994 年 1 月，中共中央党校讲

稿）

29.《谈谈如何学习马克思主义基本原理》（辽宁《刊授党校》1994年第2期）

30.《马克思主义的产生是人类思想史上的伟大变革》（辽宁《刊授党校》1994年第2期）

31.《引言 学习邓小平同志对待马克思主义的科学态度》（1994年9月，中共中央党校讲稿）

32.《体系·精髓·主题》（1994年9月28日，中共中央党校进修一班答疑时的发言，根据录音整理）

33.《马克思主义哲学在中国的运用和发展——毛泽东邓小平同志对马克思主义哲学的贡献》（1994年10月，中共中央党校讲稿）

1995年

34.《学习邓小平同志的马克思主义立场、观点、方法》（1995年3月，中共中央党校讲稿）

35.《建设有中国特色社会主义理论的体系、精髓和主题》（1995年3月，中共中央党校讲稿）

36.《关于建设社会主义的思想路线》（1995年9月，中共中央党校讲稿）

1996年

37.《关于深入学习建设有中国特色社会主义理论的几个问题》（1996年3月5日，中共中央党校省部级干部进修班讲稿）

38.《努力掌握社会主义现代化建设的辩证法》（1996年5月10日，中共中央党校讲稿）

39.《"解放思想，实事求是"是建设有中国特色社会主义理论的精髓》（1996年9月，中共中央党校讲稿）

1997年

40.《教学引言：深入学习邓小平同志建设有中国特色社会主义理论》（1997年3月，中共中央党校讲稿）

41.《解放思想，实事求是是建设有中国特色社会主义理论的精髓》（1997年3月，中共中央党校省部级干部进修班讲稿）

42.《毛泽东思想的基本特点和主要理论贡献》（1997年5月，中共中央党校讲稿）

43.《社会主义初级阶段的基本路线和纲领》（1997年12月，中共中央党校讲稿）

1998年

44.《教学引言：把邓小平理论学习提高到新的水平》（1998年3月，中共中央党校讲稿）

45.《"解放思想，实事求是"是邓小平理论的精髓》（1998年9月，中共中央党校讲稿）

46.《教学引言：紧紧围绕党的十五大主题把邓小平理论学习提高到新水平》（1998年9月，中共中央党校讲稿）

47.《谈谈学习马克思主义》（白山出版社1998年出版《马克思主义基本原理》一书绪论）

1999年

48.《关于深入学习邓小平理论的几个问题——邓小平理论学习引言》（1999年3月，中共中央党校讲稿）

49.《"解放思想，实事求是"是邓小平理论的精髓》（1999年3月，中共中央党校讲稿）

50.《关于毛泽东哲学思想》（1999年3月，中共中央党校讲稿）

51.《关于战略思维》（1999年11月，中共中央党校讲稿）

2000年

52.《邓小平理论的历史地位和指导意义》（辽宁《刊授党校》2000年第1期）

53.《解放思想，实事求是》（2000年3月，中共中央党校老挝高级干部经济研讨班第一期讲稿）

54.《加强对全局性问题的研究》（2000年5月，中共中央党校讲稿）

55.《邓小平理论与社会主义的历史命运》（2000年6月，中共中央党校讲稿）

56.《关于毛泽东哲学思想》（2000年9月，中共中央党校讲稿）

57.《提高总揽和驾驭全局的能力》（2000年11月，中共中央党校讲稿）

2001年

58.《邓小平理论与社会主义的历史命运》（2001年5月，中共中央党校讲稿）

59.《学习江泽民同志"七一"重要讲话宣讲稿》（2001年9月5日、7日参加中共中央宣讲团到山东、河南两省宣讲江泽民同志"七一"重要讲话）

60.《关于毛泽东哲学思想》（2001年10月，中共中央党校讲稿）

2002年

61.《关于毛泽东哲学思想》（2002年3月24日，中共中央党校省部级干部进修班讲稿）

62.《关于毛泽东哲学思想》（2002年9月24日，中共中央党校省部级干部进修班讲稿）

63.《邓小平理论与社会主义的历史命运》（2000年10月，中共中央党校讲稿）

2003年

64.《提高总揽全局的战略思维能力》（2003年5月6日，中共中央党校省部级干部进修班讲稿）

65.《关于坚持和发展马克思主义》（2003年9月，中共中央党校分校讲稿）

66.《关于坚持和发展马克思主义》（2003年10月30日，中共中央党校中青年干部培训班讲稿）

2004年

67.《马克思主义的一脉相承和与时俱进》（2004年3月，中共中央党校讲稿）

68.《邓小平理论的科学体系、精髓和首要基本问题》（2004年9月8日，中共中央党校省部级干部进修班讲稿）

2005年

69.《马克思主义的一脉相承和与时俱进》（2005年3月，中共中央党校讲稿）

70.《邓小平理论基本问题》（2005年3月，中共中央党校省部级干部进修班讲稿）

71.《邓小平理论基本问题》（2005年9月，中共中央党校省部级干部进修班讲稿）

72.《提高战略思维能力》（2005年6月，中共中央党校中青年干部培训一班、二班讲稿）

73.《邓小平理论基本问题》（2005年9月14日，中共中央党校省部级干部进修班讲稿）

2006年

74.《马克思主义的一脉相承和与时俱进》（2006年3月，

中共中央党校讲稿）

75.《邓小平理论基本问题》（2006年3月，中共中央党校省部级干部进修班讲稿）

76.《全面理解和把握科学发展观》（2006年5月后，多次用此稿为一些地方和单位做学习辅导报告）

77.《提高战略思维能力》（2006年11月，中共中央党校分校讲稿）

2007年

78.《马克思主义的一脉相承和与时俱进》（2007年9月，中共中央党校讲稿）

79.《关于高举中国特色社会主义伟大旗帜问题》（2007年11月，中共中央党校省部级干部进修班、地厅级干部进修班讲稿）

80.《提高战略思维能力》（2006年11月，中共中央党校分校讲稿）

2008年

81.《马克思主义的一脉相承和与时俱进》（2008年3月、5月，中共中央党校省部级干部进修班、地厅级干部进修班讲稿）

82.《关于高举中国特色社会主义伟大旗帜问题》（2008年3月，中共中央党校分校讲稿）

83.《提高战略思维能力》（2008年11月，中共中央党校分校讲稿）

2009年

84.《科学对待马克思主义》（2009年3月，中共中央党校

各分校讲稿）

85.《努力掌握马克思主义思想方法》（2009年9月，省部级干部进修班、地厅级干部进修班讲稿）

86.《提高战略思维能力》（2009年12月，中共中央党校中青年干部培训一班讲稿）

2010年

87.《马克思主义的一脉相承和与时俱进》（2010年3月，中共中央国家机关自主选学班讲稿）

88.《科学对待马克思主义》（2010年3月，中共中央党校分校讲稿）

89.《努力掌握马克思主义思想方法》（2010年9月，中共中央党校分校讲稿）

90.《提高战略思维能力》（2010年11月，中共中央党校省部级干部进修班讲稿）

91.《提高战略思维能力》（2010年秋季学期中共中央党校各分校选学课讲稿）

2011年

92.《努力掌握马克思主义思想方法》（2011年3月，中共中央党校各分校讲稿）

93.《科学对待马克思主义》（2011年3月，中共中央党校省部班、地厅班、各分校讲稿）

94.《提高战略思维能力》（2011年3月，中共中央党校地厅班、中青一班讲稿）

95.《提高战略思维能力》（2011年9月7日，中共中央党校省部班、县委书记班讲稿）

96.《提高战略思维能力》（2011年秋季学期中共中央党校

各分校选学课讲稿）

2012 年

97.《科学对待马克思主义》（2012 年 3 月、5 月，印发中共中央党校省部班、地厅班、中青班讲稿）

98.《战略思维方法论》（2012 年 3 月 10 日，印发中共中央党校省部级、厅局级干部进修班，市地党政主要领导干部任职培训班、县委书记任职培训班讲稿）

99.《努力掌握马克思主义思想方法》（2012 年 9 月 7 日，中共中央党校分校讲稿）

2013 年

100.《中国特色社会主义理论体系原著选讲》（2013 年 3 月 20 日，中共中央党校实事求是大讲堂开讲，我以此做开讲报告，同年 5 月 9 日后多次为中共中央党校分校做此报告）

101.《提高战略思维能力》（2013 年 4 月 2 日、10 日，中共中央党校省部级、厅局级干部进修班，市地党政主要领导干部任职培训班讲稿）

102.《科学对待马克思主义》（2013 年 9 月，中共中央党校分校讲稿）

103.《中国特色社会主义理论体系原著选讲》（2013 年 9 月，中共中央党校分校讲稿）

104.《提高战略思维能力》（2013 年 11 月，中共中央党校分校选修课讲稿）

2014 年

105.《科学对待马克思主义》（2014 年 3 月，中共中央党校讲稿）

106.《系统掌握马克思主义这个看家本领》（2014 年 8 月，

中共中央党校分校讲稿）

2015 年

107.《学习习近平关于学哲学用哲学的重要论述》（2015 年 3 月，中共中央党校分校讲稿）

108.《自觉接受马克思主义哲学智慧的滋养——学习习近平同志关于学哲学用哲学的重要论述》（2015 年 9 月，中共中央党校分校讲稿）

109.《提高战略思维能力》（2015 年 11 月，中共中央党校省部班讲稿）

2016 年

110.《中国特色社会主义理论体系原著选讲》（2016 年 3 月，中共中央党校分校讲稿）

111.《提高战略思维能力》（2016 年 6 月，中共中央党校省部班讲稿）

112.《掌握科学的思想方法和工作方法》（2016 年 11 月，中共中央党校分校讲稿）

记者访谈：说人生论哲学[①]

一　潜心读经典　业精哲思深[②]——访中共中央党校杨春贵教授（《人民日报》）

杨春贵教授是我们党著名的马克思主义哲学家，曾任中央党校副校长。近日，记者走进他的家，零距离感受这位学者的风采。智慧儒雅、和蔼亲切，年近八旬的他，仍然精神矍铄、思路清晰，言谈举止中透露着对马克思主义哲学的深厚感情，半个多世纪理论园地的辛勤耕耘，给人们留下了深刻印象。

一次转向确立一生的追求

杨春贵在大学原本学的是新闻专业：先是在北京大学新闻

[①] 这里收集的是《人民日报》《光明日报》《学习时报》《中国社会科学报》《马克思主义与现实》《马克思主义理论学科研究》《理论视野》等报刊记者对我的访谈。内容大体包括两个部分。一是介绍我的人生足迹和学术生涯，二是介绍我对一些重大问题的看法。故标题为"说人生论哲学"。所论的哲学问题涉及范围比较广泛，譬如怎样科学对待马克思主义，如何理解邓小平理论科学体系、主题和精髓，如何理解科学发展观所说的以人为本，怎样深入学习中国特色社会主义理论体系，怎样提高战略思维能力，等等。这一部分内容，可以说是从不同角度对全书第一部分内容所做的补充。

[②] 原载《人民日报》2015年4月8日第6版，记者彭国华、李林宝。

专业读了 3 年，1958 年随专业合并转到中国人民大学新闻系。1959 年大学毕业后，他服从组织分配，转到哲学系读了 3 年研究生。这次转向，确立了他一生的追求。

在中国人民大学哲学系研究班的 3 年，是杨春贵系统学习、研究马克思主义哲学著作的重要时期。他不仅刻苦自学，而且和一些同学编写《恩格斯〈自然辩证法〉简释》一书；翻译苏联哲学家编著的《恩格斯〈反杜林论〉辅导》一书。谈到那 3 年对自己的影响，杨春贵动情地说："这 3 年的学习不但为我以后从事哲学教学与研究打下了基础，而且使我在世界观、人生观、思维方式，乃至文风和话语体系上发生了重大变化，潜移默化地影响了我的一生。"

1962 年，杨春贵研究生毕业，被分配到南开大学哲学系，从事马克思主义哲学教学与研究工作，这一年 10 月 25 日，他在《光明日报》哲学专刊发表《总的质变过程中也有部分质变吗?》一文，这是他公开发表的第一篇哲学论文。

1969 年 12 月，杨春贵全家随同当医生的妻子下放广西河池山区安家落户。整整 7 年，他先在地区报道组当副组长，后来到理论教育科当副科长、科长。生活艰苦，自不待言。他常常背着行李下乡采访，也曾经参加农村"社教"工作队，同农民一起"学哲学、用哲学"。回首当年，他深有感触地说："农村的贫穷落后、农民的艰辛困苦，成为我刻骨铭心的记忆。但这种记忆后来变成我人生最宝贵的精神财富，使我在思考和谈论问题的时候，在进行理论研究和宣传的时候，变得较为实际而不那么空泛。"

"文化大革命"结束，改变了国家的命运，也改变了杨春贵的命运，1977 年 10 月，他被调到广西壮族自治区党委宣传部，参与创办区党委理论刊物《思想解放》，在该刊 1978 年第 4 期上，他以笔名"秋实"发表《坚持理论与实践的统一——从考茨基脑袋里的木箱谈起》一文，批判林彪、"四人帮"利用片言只语歪曲马克思主义的恶劣行径。这是"文化大革命"结束后他发表的第一篇理论文章。

一所学校成就一生事业

1978 年 6 月，杨春贵被调到刚刚复校不久的中央党校，再次走上讲台。他从普通教员做起，先后任教学组长、教研室主任、哲学教研部主任、副教育长、教务部主任、主管教学工作的副校长，直至退休。几十年来，他致力于哲学教学科研、干部教育培训和研究生培养，把自己的全部精力奉献给了党的理论研究事业。

20 世纪 80 年代初，随着真理标准问题大讨论的深入，对社会主义进行再认识的任务鲜明地提到人们面前。杨春贵对此做了集中系统的研究，连续发表《自觉地科学地对社会主义进行再认识》《辩证唯物主义认识论和对社会主义的再认识》，以及关于社会主义社会矛盾，特别是人民内部矛盾的再认识等，对于人们深化对社会主义的认识起到了积极作用。

在中央党校，杨春贵开始主要讲授马克思主义哲学。担任副校长后，他的教学科研工作扩大到整个马克思主义理论，重点是中国特色社会主义理论。在给学员开设的课程中，包括"关于建设社会主义的思想路线""学习毛泽东哲学思想""学习邓小平同志的马克思主义立场观点方法""提高战略思维能力"等。他的课紧密联系干部的工作实际和思想实际，深入浅出、解疑释惑，学员评价很高。

杨春贵学哲学、教哲学、研究哲学，至今已有50多个年头。当谈及治学体会的时候，他说，自己最大的体会就是，"经典的力量是永存的"，"熟读经典，终身受益"，"熟读经典，做人就有了主心骨，做事就有了看家本领，做理论工作就有了基本功"。他还认为，不光学习马克思列宁主义、毛泽东思想要重视读经典，学习中国特色社会主义理论体系也应当重视读经典，这些经典就是党的十一届三中全会以来党和国家的重要文献，以及党和国家主要领导人的重要著作，这是长期历史经验的总结，是党和人民集体智慧的结晶，具有无可比拟的权威性和指导性，值得我们倍加珍惜、反复学习。

在谈及自己治学的理论风格时，杨春贵说："以中国革命和建设的实践为中心研究和宣传马克思主义，是我治学的根本指导思想和主要的理论风格。"杨春贵还十分重视马克思主义哲学的大众化、通俗化。他认为，哲学与人民共命运，大众化是马克思主义哲学的本质要求；而大众化又离不开通俗化，通俗化是大众化的一个必要条件。早在真理标准大讨论期间，鉴于认识论问题的极端重要性和当时干部、群众学习的迫切需要，杨春贵就在教学工作之余赶写一本通俗读物《认识与实践》。他还是《通俗哲学》一书的主要撰稿人之一。

一项工程倾注大量心血

2001年7月，杨春贵从中央党校副校长岗位上退下来。没有繁忙的行政事务了，他更能集中精力从事马克思主义理论研究、教育和宣传工作，继续为我们党的理论研究工作做贡献。

退休之后，杨春贵开始梳理总结自己的研究成果。继《党的思想路线研究》（1997）、《党校教学论》（2002）、《杨春贵自选集》（2005）、《论思想方法》（2011）之后，2013年又出版了《杨春贵讲稿》。五本文集基本上包括了他公开发表的主要理论文章。与此同时，他仍坚持为中央党校的干部学员和研究生授课，并积极参加中央组织的宣讲活动，帮助干部群众深入领会中央最新精神。

自2004年"马工程"正式启动以来，杨春贵作为工程聘请的首席专家或主要成员一直参与其中，他先后主编或参与编写了《马克思主义哲学》《马克思主义与社会科学方法论》等教学大纲和教材。《马克思主义哲学》是一本富有中国特色和时代精神的马克思主义哲学教材，比较充分地反映了我国哲学界对马克思主义哲学体系的新探索、中国共产党对马克思主义哲学的新贡献。《马克思主义与社会科学方法论》教学大纲是我国研究生教育中关于本门课程的第一个统编教学大纲，提出一个颇具特色的教学体系。

作为教育部"马工程"重点教材审议委员会成员，杨春贵是二十几位成员中年龄最大的，但他每次都到会认真审议，目前已审议68本重点教材大纲和20多本教材。

二　哲学与人民共命运[①]——记马克思主义哲学专家杨春贵（《光明日报》）

学哲学、教哲学、研究哲学，迄今已近60载；如今年已八旬仍在一线授课讲学——他就是我国著名马克思主义哲学专家、中央党校原副校长杨春贵。

---

① 见《光明日报》2017年5月14日，记者靳昊、杨敏。

1959年，从中国人民大学新闻系毕业的杨春贵，到哲学系读研究生。其间，他系统地阅读了马克思主义哲学经典著作和《毛泽东选集》，由此搭建起精神世界的"四梁八柱"。3年后，杨春贵被分配到南开大学哲学系任教。在《光明日报·哲学》专刊上发表的《总的质变过程中也有部分质变吗?》学术文章，成为杨春贵第一篇真正意义上的哲学论文。

1969年年底，杨春贵和妻子、两个女儿被下放到位于广西九万大山的河池地区河池县河池公社安家落户，先后担任地区革委会报道组副组长、地委宣传部理论教育科科长，一干就是七年。

1977年10月，杨春贵被调到广西壮族自治区党委宣传部，参与创办区党委理论刊物《思想解放》。杨春贵以笔名"秋实"发表《坚持理论与实践的统一——从考茨基脑袋里的木箱谈起》，批判林彪、"四人帮"利用片言只语歪曲马克思主义的恶劣行径。

1978年6月，杨春贵被调入中央党校从事教学工作，后来担任哲学教研部主任、副校长等职。从《杨春贵自选集》《党的思想路线研究》《论思想方法》《杨春贵讲稿》《党校教学论》《哲学家毛泽东》（二人合著）、《毛泽东政策策略思想研究》（合著）和主编的《马克思主义哲学教程》《邓小平理论与社会主义历史命运》《马克思主义哲学发展史教程》等著作中可以发现，以中国革命、建设和改革的实际问题为中心，研究马克思主义哲学、毛泽东哲学思想和中国特色社会主义理论，成为杨春贵治学的根本指导思想和主要的理论风格。

"文化大革命"结束后，杨春贵对党的实事求是思想路线重新确立的过程作了比较深入和系统的思考，《党的思想路线研究》成为他哲学研究的代表作之一。20世纪80年代初，杨春贵对如何正确认识、分析和处理人民内部矛盾提出了独到见解，发表了《谈新时期人民内部矛盾问题》（合著）等一系列学术著作。

为适应干部战略思维教育的需要，1999年，杨春贵在中央党校课堂上首次开设了"提高战略思维能力"一课，并一直持续到现在。他先后撰写了《关于战略思维》《习近平治国理政的战略思维》等文章，对于什么是战略思维、战略思维的本质要求、战略思维应当遵循的原则等进行了科学论述。

在杨春贵的哲学研究生涯中，他始终致力于马克思主义哲学的大众化、通俗化。1982年2月，被誉为"新大众哲学"的《通俗哲学》一书出版，杨春贵是这本书的主要作者之一。2003年，杨春贵主编出版了《马克思主义与时俱进100例》等四个"100例"图书。2013年，他又主编出版了《马克思恩格斯列宁经典名言》《毛泽东经典名言》《邓小平经典名言》，这些书成为干部、群众的口袋书、枕边书。

2001年，杨春贵从中央党校副校长岗位上退了下来，但是他继续为马克思主义哲学的教学研究工作发光发热。他参加中央马克思主义理论研究和建设工程，任《马克思主义哲学》课题组首席专家、《马克思主义哲学十讲》课题组主要成员，并任教育部马克思主义理论研究和建设工程重点教材审议委员会委员、《马克思主义与社会科学方法论》教学大纲课题组首席专家。

"哲学关注人民，人民才关注哲学；哲学植根实践，实践才赋予哲学以生命，哲学与人民共命运。"这是杨春贵漫长学术人生的宝贵感悟。

三 马克思主义哲学是实践的大众的哲学[①]
——杨春贵同志访谈录（节录）(《学习时报》)

杨春贵，中央党校学术委员会委员，教授，博士生导师，原副校长。1956年加入中国共产党，1992年获国务院政府特殊津贴，第九届全国政协委员，中国辩证唯物主义研究会名誉会长，中央马克思主义理论研究和建设工程《马克思主义哲学》课题组首席专家，教育部马克思主义理论研究和建设工程重点教材审议委员会委员、《马克思主义与社会科学方法论》教学大纲编写组首席专家。

半个多世纪的哲学生涯

采访者：杨校长您好。您长期从事理论工作，在马克思主义哲学和中国特色社会主义理论研究方面做出了突出贡献，请您简要回顾一下您学习和工作的主要经历好吗？

杨春贵：好的。我学习和研究马克思主义已经走过半个多世纪的历程。其间大体可以分为四个阶段。

1. 读研究生时期

我大学本科读的是新闻，不是哲学。1955年考入北大新闻专业，1958年10月，北大新闻专业成建制合并到人大新闻系，在那里又读了一年新闻，1959年毕业。当时中央强调加强理论工作，学校决定在哲学系开办三年制研究生班。而人大哲学系

[①] 见《学习时报》2017年3月10日第7版。访谈整理：中共中央党校研究室冯秋婷、苏敬装、路也、胥晴。

创办于 1956 年，当年还没有本科毕业生，便从新闻系和法律系抽调了六名本科毕业生读哲学研究生。新闻系选的是我和胡福明。这样，我就又读了三年哲学研究生。这三年，在我的人生道路和理论生涯中是非常关键的时期。最大的收获是比较系统地读了马克思主义哲学经典著作和《毛泽东选集》，打下了比较扎实的理论基础，对我的世界观、人生观、价值观、思维方式乃至话语系统，都产生了深刻影响，从此我走上了毕生为之奋斗的学习、研究和宣传马克思主义的人生之路。

2. 在南开大学哲学系任教时期

1962 年研究生毕业后，我被分配到南开大学哲学系任教。当时哲学系刚从政经系中分离出来，人手比较少，我一人主讲两门课，一门是恩格斯的《路德维希·费尔巴哈和德国古典哲学的终结》，一门是列宁的《哲学笔记》。教学的实践，加深了我对马克思主义哲学经典著作的进一步理解。1962 年 10 月 26 日，我在《光明日报》"哲学专刊"上发表了第一篇真正意义上的哲学论文《总的质变过程中也有部分质变吗？》，这是一篇学术争鸣性质的文章。

3. 在广西基层下放时期

"文化大革命"打断了我在大学的教学工作。1969 年年底，天津有 3000 多名医务人员下放到广西，我的夫人名列其中。这样，我们夫妇和两个女儿便来到位于九万大山的河池地区河池县河池公社卫生院安家落户。我被安排到距家 56 华里之外的地委机关工作，先后担任地区革委会报道组副组长、地委宣传部理论教育科科长，一干就是七年。那时经常背着行李下乡采访；多次参加农村社教工作队，和农民同住同吃同劳动；有一段时间还驻村同农民一起学哲学、用哲学。这使我有机会近距离地观察中国的农村、农民和基层干部，使我对中国的国情有了更加深刻的认识，对中国农民的所思所想有了更加真切的了解，从而在思想感情、思想作风上发生了很大变化，想问题、发议论、办事情也比过去更务实了。这是一份终生难忘的人生经历，对于我后来在理论工作中比较重视联系实际产生了很大影响。

1976 年 10 月，粉碎"四人帮"，改变了党和国家的命运，也改变了我个人的命运。天津下放人员只能落户基层的政策开始松动。1977 年 10 月，我被调到中共广西壮族自治区党委宣传部，参与创办区党委理论刊物《思想解放》，担任编辑。在该刊 1978 年第 4 期上，我以笔名"秋实"发表一篇读书笔记《坚持理论与实践的统一——从考茨基脑袋里的木箱谈起》，批判林彪、"四人帮"用引证骗人的假马克思主义。这是"文化大革命"结束后我发表的第一篇理论文章。

4. 扎根中央党校时期

1977 年中央党校复校，从全国各地、各部门抽调一大批理论工作者充实师资队伍。正是在这种情况下，在 1978 年 6 月，我被调入中央党校哲学教研室工作。当时恰逢"实践是检验真理的唯一标准问题"的大讨论刚刚开始，我立即投入了这场大讨论。做的第一件事，就是参加中央人民广播电台播出的《理论与实践问题》十三讲的写作，我执笔写了其中的两讲。这些讲稿随后由湖南、山西等人民出版社集结出版。为适应形势发展的需要，我又赶写了一本题为《认识与实践》的小册子，1980 年 5 月由广西、广东、湖南、湖北四省（区）人民出版社联合出版。

1990 年 5 月，中央党校新组建的哲学教研部成立，我被聘任为第一任部主任。在哲学课的教学中，我主讲"哲学引言"

和"哲学串讲"以及"毛泽东哲学思想""对社会主义再认识"等课程。主持编写了《马克思主义哲学教程》《马克思主义哲学发展史教程》《马克思主义哲学论稿》《毛泽东哲学思想新论》等哲学教材。

1993年7月，我被任命为中央党校副教育长。1993年8月兼任教务部主任。1994年2月任校委委员，1994年4月任主管教学工作的副校长。从哲学教学工作岗位转到教学行政工作岗位，这是一个很大的变化，我毫无思想准备。我是带着依依不舍的心情离开哲学教研部的。好在我在从事教学行政工作的同时，始终没有离开我所钟爱的教学工作。当然，教学内容已不止于马克思主义哲学，而是扩展到整个马克思主义，特别是重点转到了中国特色社会主义理论。讲题包括邓小平理论、科学对待马克思主义、提高战略思维能力等。中央党校对中国特色社会主义理论的教学与研究十分重视，起步很早，影响很大。《邓小平文选》第三卷尚未公开出版，我们便从中宣部借来内部使用的"大字本"开始备课，当时叫"十教授集体备课《邓选》三卷"，整整一个多星期，大家坐在一起，通读，讨论，分讲题，写讲稿，很快就写出一本《〈邓小平文选〉第三卷辅导教材》，于1993年11月内部出版发行。随后又于1994年11月、12月分别出版了《学习〈邓小平文选〉（1—3卷）辅导》和《〈邓小平文选〉（第2卷）辅导教材》。1995年2月，校委主持编写的《建设有中国特色社会主义理论教学大纲》出版。1996年4月，苏星、龚育之和我主编的《建设有中国特色社会主义理论教程》出版。中国特色社会主义理论全面进入中央党校课堂。

1998年春天，中央党校校委为了落实中央关于面向21世纪党校教学工作新布局，决定编写"三基本"（即马克思列宁主义基本问题、毛泽东思想基本问题、邓小平理论基本问题）、"五当代"（即当代世界科技、当代世界经济、当代世界军事和中国国防建设、当代世界思潮、当代世界法律和中国法制建设）课程教材，郑必坚常务副校长主持其事，全校几十位教师参加，我负责具体组织实施。经过三年多的努力，陆续出版（后来又加了一个"当代世界民族与宗教"），先是作为党校教材，后来又成为全国干部学习教材，在党的思想理论建设上发挥了很好的作用。

2001年7月12日，我从副校长岗位上退下来，迄今已有16年。在这期间，我主要做了这几方面的事：一是在校内外讲了一些课，如科学对待马克思主义、学习毛泽东哲学思想、关于邓小平理论的几个问题、掌握科学的思想方法、自觉接受马克思主义哲学智慧的滋养、提高战略思维能力等。二是参加中央马克思主义理论研究和建设工程，任《马克思主义哲学》课题组首席专家、《马克思主义哲学十讲》课题组主要成员；任教育部马克思主义理论研究和建设工程重点教材审议委员会委员、《马克思主义与社会科学方法论》教学大纲课题组首席专家。三是撰写和发表了一些理论文章，编著和出版了一些理论著作。四是整理、出版过去已经发表过的一些文稿。除在任时已出版过的文集《党的思想路线研究》外，陆续出版了《党校教学论》（2003）、《杨春贵自选集》（2005）、《论思想方法》（2011）、《杨春贵讲稿》（2013）四本文集。

致力于马克思主义哲学的大众化、通俗化

采访者：听您讲课，看您的文章和著作，大家都感到深入浅出，生动活泼，不刻板、不晦涩，留给人的印象非常深刻。请您谈谈对马克思主义哲学大众化、通俗化的理解好吗？

杨春贵：马克思主义哲学是实践的哲学，也是大众的哲学。马克思说："哲学把无产阶级当作自己的物质武器，同样，无产阶级也把哲学当作自己的精神武器。"二者之间具有天然的联系。大众化是马克思主义哲学的本质要求，而大众化又离不开通俗化，通俗化是大众化的一个必要条件。在我的哲学生涯中，致力于马克思主义哲学的大众化、通俗化，是一个始终不渝的追求。

在广西河池地委工作期间，我曾到凤山县长洲公社长洲大队同农民一起学哲学、用哲学，时间长达半年之久。我给大家辅导《实践论》《矛盾论》，联系农村实际讲"实践出真知""一分为二""具体问题具体分析""群众是真正的英雄"等哲学上的大道理。农民给我起了一个绰号，叫"杨哲学"。我在辅导农民学哲学的过程中，从农民身上学到了很多东西，原来脑海中比较抽象的哲学原理在生活中变得生动起来、鲜活起来。书本给我以理论知识，农民给我以生活智慧。正因为有过这段经历，后来我才有可能应广西专门供农民阅读的小刊物《政治文化夜校》之约，写出哲学常识讲话十六讲。其中运用了大量生活实例，以及谚语、成语、故事等。不少读者来信说，看得懂，有意思，用得上。

1980年上半年，中南四省区人民出版社为了推动思想理论战线的拨乱反正，决定联合出版《政治理论基础知识丛书》，供具有中等文化水平的基层干部、群众学习，我应邀撰写了其中的一本《认识与实践》。全书六万字，我使用了大量名言警句、成语典故、生活常识等，力求深入浅出，引人入胜。这种写法之所以可能，一方面得益于基层的生活积累，另一方面也得益于我读书看报时的资料积累。我有一个习惯，阅读过程中会随手在卡片上记下有用的资料，并分门别类地保存在卡片盒里，查找起来十分方便。

1982年2月，由韩树英教授主编的《通俗哲学》一书出版。我是这本书的主要作者之一。我所撰写的《黑海风暴和天气预报的产生——必然性和偶然性》，引起语文专家的注意，被选入我国中等专业语文教材中。这本书重视从哲学高度总结社会主义的历史经验、回答改革开放中出现的新问题，具有较强的时代精神；同时又运用古今中外、天文地理的各种知识阐明深奥的哲学道理，又请漫画家方成画了24幅哲学漫画，可以说深入浅出、图文并茂，受到广大读者的欢迎，被称为"新大众哲学"，多次修订印刷，总计印行大约有250万册，还被译成维吾尔族、朝鲜族、蒙古族、藏族等少数民族文字出版。1983年获全国政治理论通俗读物一等奖。

毛泽东曾经说："要举丰富的例子，搞几十个、百把个例子，来说明对立的统一和互相转化的概念，才能搞通思想，提高认识。"[①] 受此启发，2003年我主编出版了四个"100例"，即《马克思主义与时俱进100例》《中国共产党实事求是100例》《中国共产党执政为民100例》《中国共产党艰苦奋斗100例》。这确是理论联系实际、搞通思想方法、提高认识的一个好方法，这几本书至今还是我经常查阅的工具书。2013年我又主编出版了《马克思恩格斯列宁经典名言》《毛泽东经典名言》《邓小平经典名言》，把他们的经典论述按其思想体系的逻辑加

---

① 毛泽东：《在成都会议上的讲话（1958年3月）》，《毛泽东文集》第7卷，第373页。

以排列，各有几百句，使之成为干部、群众的口袋书、枕边书。四个"100例"、三个"几百句"，我相信无论何人经常翻阅、持之以恒，在思想理论上都会潜移默化地有所长进。

在《人民日报》纪念人民的哲学家艾思奇诞辰100周年的笔谈会上，我有一个简短的发言：一本《大众哲学》，在白色恐怖中虽屡受查禁而竟能在十余年间连续出版30多版，许多知识青年读了它看到光明和希望，进而走向进步、走向革命、走向延安。这里的根本原因就是，艾思奇作为人民的哲学家，他的哲学活动与人民同呼吸、共命运，他把人民的实践、人民的解放、人民对美好生活的追求作为自己哲学思考的主题；而对于这种思考的理论成果，又总是力求以人民喜闻乐见的形式，深入浅出、通俗易懂地传达给人民，使之变成人民手中锐利的思想武器。无数实践证明，哲学关注人民，人民才关注哲学；哲学植根实践，实践才赋予哲学以生命，哲学与人民共命运。正是在这个意义上，我认为马克思主义哲学是实践的大众的哲学。

努力做一名合格的党校教师

采访者：您是党校的名师，讲课很受欢迎。请您谈谈怎样才能做一名合格的党校教师，您对今天的青年教师如何执教从业有什么建议和期望？

杨春贵：不敢称名师。我的教学工作也有很多缺点和不足。只能讲点儿个人心得体会，与大家共勉。

1. 熟读经典

我这里指的是马克思主义经典。这是做好党校教学工作的基本功，也是我们党的理论武装工作的一条重要经验。熟读才能融会贯通，把握体系，抓住精髓，才能增强教学的自信心和说服力。一知半解不行，碎片化不行。教育者必先受教育，武装别人必先武装自己，要求别人坚定理想信念必先自己坚定理想信念。熟读经典，内化于心、外化于行，这是做合格党校教师的首要条件。经典不仅包括马列和毛泽东的著作，而且包括党的十一届三中全会以来党和国家主要领导人的重要著作以及党和国家的重要文献。这是马列主义普遍真理同当代中国实际和时代特征相结合的产物，是我国社会主义历史经验和改革开放以来新鲜经验的科学总结，是党和人民集体智慧的结晶。就其指导性、权威性来说，均堪称经典，我们一定要百倍珍惜，原原本本、认认真真地进行学习。

2. 了解实际

理论联系实际是我们的教育方针，也是我们的教学方法。对于党校教师来说，既要读有字之书，又要读无字之书，深入了解党情、国情、世情，了解生活中的问题、经验、创造，了解群众的需要、意见、建议，这样讲课、写文章才接地气，有思想性和针对性，从而达到解疑释惑、推动工作的目的。我曾经对一位讲国有企业改革的老师说，你在讲课前到十个国有企业做些调查研究，你回来再讲课，肯定会上一个台阶。否则，就文件讲文件，就书本讲书本，是很难讲好一堂课的。尤其是面对我们这些有丰富实践经验的学员，空谈理论是绝不会收到好的教学效果的。

3. 博览群书

心胸要开阔，眼界要开阔。不要太局限于自己的专业。专业是必须的，那是你的岗位，也是你的专长。但是，马克思主义是个整体，它的各个组成部分、各个学科门类之间是相通的。

我们应当立足本专业，放眼各方面，努力做一个知识广博的人。这样，你讲起课来就会既收得住又放得开，古今中外，触类旁通，使人既懂得了某一个道理，又收获了多方面知识。这样的教学常常可以做到满堂生辉。

4. 勤于动笔

党校教师主要是讲课，但要真正讲好课，还是要勤动笔，多写东西。教学是中心，科研是基础嘛！我有一个体会，在许多情况下，想清楚了的东西不一定能够讲清楚，讲清楚了的东西不一定能够写清楚。从想清楚到讲清楚是一个飞跃；从讲清楚到写清楚也是一个飞跃。经过写，思想就提炼了，也更周密了。而且我还感到，越是年轻越是要勤动笔。岁数大了才动笔，往往力不从心；即使已经成名，如果长期不动笔，也会生疏起来，再难以动笔。生命在于运动，不仅包括体力运动，也包括脑力运动。动笔是一个很好的脑力运动。

5. 爱岗敬业

在其位谋其政，不论在什么工作岗位上，都要有担当精神，对工作精益求精，追求最高境界。能不能达到是一回事，心向往之必须有。古人说，取法乎上得乎中，取法乎中得乎下。职责所在，一定要兢兢业业，做好每一件事，讲好每一堂课。写讲稿要十分认真，八分九分都不行，要反复推敲、反复修改。我讲战略思维这堂课18年，每次课前都做一定的修改，或调整结构，或补充最新资料，或变换引文。讲课也要十分认真。有课的早上，我醒来之后一般不立即起床，而是躺在那里在脑海中"过电影"：今天的课怎么开头，几个大问题，每个大问题之下有几个小点，每小点举什么实例，等等。所谓"胸有成竹"，并不是把全文背下来，而是思路清楚，要害处清楚。具体的论述，因为写作讲稿时做了反复推敲，到时就顺理成章了。所以我讲课从来不看讲稿。但我是有讲稿的。不但有全稿，而且有简稿，有纲要，有提纲，一个比一个更简洁。这样，讲起来就会清清爽爽，而不会离谱。

四 哲学家的思想 政治家的胸怀[①]——记阜新籍著名哲学家、中央党校原副校长杨春贵（《阜新广播电视报》）

按：在从阜新这块沃土走出去的人中，杨春贵无疑是位佼佼者。他凭着哲学家的思想，政治家的胸怀，在学术研究方面取得了丰硕成果，在行政管理方面做出了卓越贡献。他由一个普通教员，一步一个脚印，走上了中共中央党校的领导岗位，并被选为中国人民政治协商会议第九届全国委员会委员。多年来，他一直关注家乡阜新的社会经济发展，并多次回阜新讲学，为家乡培养人才做出了贡献。

（一）闪光的足迹

杨春贵，1936年1月28日生于辽宁省阜新蒙古族自治县。在家乡先后就读于阜新镇小学、阜新县中学（今阜蒙县一中）和阜新市中学（今阜新市高中）。

1955年，杨春贵以优异成绩考入北京大学中文系新闻专业。1956年加入中国共产党，立志为壮丽的共产主义事业奋斗终生。1958年因专业合并，杨春贵转到中国人民大学新闻系学

[①] 原载《阜新广播电视报》2012年11月6日，作者赫中洽。

习。1959年大学毕业，杨春贵被保送到中国人民大学哲学系研究生班学习，从此他与哲学结下不解之缘。1962年毕业被分配到天津南开大学哲学系任教。

正当他欲大展宏图之际，"文化大革命"的风暴袭来，刚过而立之年的杨春贵被下放到偏远的广西河池地区工作。

粉碎"四人帮"后，大大激发起杨春贵的研究热情，由于他理论功底深厚，经常在报刊上发表文章，1977年10月被调到中共广西区党委《思想解放》杂志社任编辑。杨春贵如鱼得水，开始崭露头角。

1978年6月，杨春贵调入中共中央党校，为他日后的成长创造了条件。杨春贵先后任哲学教研室辩证法组副组长、马克思主义哲学史教研室主任、哲学教研室副主任。1990年5月任哲学教研部主任。1983年晋升为副教授，1987年破格晋升为教授。由于科研成果丰硕，教学成绩卓著，1992年获国务院政府特殊津贴。1993年，经国务院学术委员会批准任哲学博士生导师。1993年6月任中央党校副教育长兼教务部主任。1994年4月杨春贵被提升为中央党校副校长。

杨春贵热衷于公益事业，在社会上兼职很多。他的主要社会兼职有：中国辩证唯物主义研究会会长，中国马克思主义哲学史学会常务理事、中国马克思主义哲学史学会毛泽东哲学思想研究会会长、邓小平理论研究会会长、中国统一战线理论研究会副会长、中国关心下一代工作委员会副主任、美国哈佛大学奥林战略研究所客座研究员等职。

（二）"尽一点微薄的力量"

为了编写《阜新解放五十年》一书，1997年12月4日，笔者随时任市委副书记刘志强、宣传部长张万勤到中共中央党校拜访杨春贵，他在办公室接待了我们。见到家乡人，杨春贵格外热情，并为《阜新解放五十年》一书题词——解放思想，再创辉煌。临分别时，杨春贵还赠笔者一本他的专著《党的思想路线研究》。虽搬了几次家，这本书笔者一直珍藏着。

也许是缘分，在中华人民共和国成立60周年前夕，阜新市委宣传部拟编《魅力阜新》一书。主笔者写一篇介绍杨春贵副校长的文章。为了不辱使命，笔者重新阅读《党的思想路线研究》，并做了读书笔记。杨春贵在《前言》中写了这样一段话："我作为一名哲学教员，十几年来结合教学实践，围绕毛泽东思想与党的思想路线、邓小平建设有中国特色社会主义理论与党的思想路线，以及马克思主义的思想方法、工作方法等理论问题，进行了初步的学习和研究。收入本书的几十篇文章，就是这种学习和研究的主要成果。这些文章都曾在各种报刊上陆续发表过，现在结集出版，贡献给广大读者，希望它在党的思想路线建设中尽一点微薄的力量。"寥寥数语，既概括了这本书的主要内容，又表达了作者愿为党的思想路线建设"尽一点微薄的力量"。

全书收录杨春贵1979年至1996年期间的党的思想路线研究论文近50篇，其中"毛泽东思想与党的思想路线"12篇，"邓小平建设有中国特色社会主义理论与党的思想路线"11篇，"思想方法与工作方法"18篇，"针对新的实际学习马克思主义哲学"8篇。全书从哲学高度，探讨了党的思想路线的形成过程、主要内涵、思想路线与政治路线的关系及其重要作用等一系列重大理论问题。

杨春贵在《前言》中强调："思想路线问题，是党的建设中一个根本性质的问题。思想路线对头了，才能制定和贯彻正确的政治路线，正确的战略与策略，正确的方针与政策，才能形成科学的思想作风与工作作风，从而才能引导革命和建设事业走上胜利的途径。"

杨春贵认为，毛泽东同志在领导中国革命的长期斗争实践中，运用马克思主义世界观、方法论作为观察国家命运的工具，解决中国革命的理论、路线、方针、政策问题，逐步形成了具有中国共产党人特色的实事求是的思想路线。实事求是是毛泽东思想的精髓，也是邓小平建设有中国特色社会主义理论的精髓。

《党的思想路线研究》的出版发行，在国内学术界和党员干部中引起强烈反响，对深刻理解党的思想路线，正确贯彻党的思想路线，发挥了积极作用。

（三）丰硕的研究成果

杨春贵研究的领域广泛，涵盖马克思主义哲学基本理论、毛泽东哲学思想和中国特色社会主义理论等重大课题。

杨春贵对于马克思主义哲学原理和哲学前沿的一些重大问题都有精深的研究。他编著的《认识与实践》，主编的《马克思主义哲学教程》《中国哲学四十年（1949—1989）》，在学术界、教育界产生了广泛而持久的影响。他主编的《马克思主义哲学发展史教程》被教育部研究生工作办公室推荐为全国研究生教学用书。他密切关注哲学前沿问题，在《人民日报》《光明日报》《哲学研究》《教学与研究》等报刊上发表了《论实践范畴在马克思主义哲学体系中的地位》等许多有影响力的学术论文。

杨春贵是国内毛泽东哲学思想研究的著名专家。他在《哲学研究》《毛泽东思想研究》《现代哲学》等报刊发表了《善于从哲学高度提出和解决问题——毛泽东理论与实践活动的特点》《毛泽东关于反对主观主义的理论》《马克思主义中国化的哲学基础》等大批文章。尤其是对人民内部矛盾问题的研究，杨春贵教授有其独到的见解。早在1980年5月23日，他就在《人民日报》发表《对人民内部矛盾要作具体分析》一文，提出"团结—批评—团结"是解决人民内部矛盾的重要方法，但不是解决人民内部矛盾的唯一方法。人民内部思想上的是非矛盾，要用"团结—批评—团结"的方法去解决；而人民内部利益上的得失矛盾，则主要应当运用经济的方法去解决；许多复杂的矛盾则应当用综合的方法去解决。该文发表后，在党内外产生了广泛影响。此后，有关人民内部矛盾问题的论著，包括党的文件，大都采用了该文的观点。杨春贵对于人民内部矛盾学说史做了深入考察，在充分肯定毛泽东作为人民内部矛盾学说主要创立者的同时，对刘少奇的独特贡献做了深入挖掘和阐述，引起学术界的关注。

中国特色社会主义理论，是杨春贵最着力研究的领域。仅1994年到1996年，杨春贵就连续发表了《邓小平同志哲学思想与建设有中国特色社会主义理论》《学习邓小平同志对马克思主义的科学态度》《学习邓小平同志的马克思主义立场、观点、方法》《深入学习邓小平建设有中国特色社会主义理论》等论文。杨春贵最先提出"解放思想、实事求是"集中体现在五个"破除"和五个"坚持"上：破除"两个凡是"的思想禁锢，坚持实践是检验真理的唯一标准；破除苏联那种僵化的社会主义模式观念，坚持走自己的道路，建设中国特色社会主义；破除"超阶段"的"左"的思想框框，坚持一切从中国社会主义初级阶段实际出发；破除抽象谈论姓"社"姓"资"的思维定式，坚持"三个有利于"的判断标准；破除对马列主义的教条化理解，坚持老祖宗不能丢、又要讲新话。他指出：解放思想使我们端正了思想路线，使我们对"什么是社会主义、怎样建设社会主义"的认识达到了新的科学水平，使我们开创了建设中国特色社会主义道路，使我们形成和发展了中国特色社会主义理论体系。2000年，杨春贵主编的《邓小平理论与社会主义的历史命运》一书获第十二届中国图书奖。

杨春贵教授长期工作在党校教学第一线，为党校各个班次的高中级干部讲授马克思主义哲学、毛泽东哲学思想、中国特色社会主义理论、战略思维等课程。他指导和培养了大批博士、硕士研究生及博士后学者，并经常到中央和国家机关、部队和地方的许多单位为领导干部讲课。他讲课观点鲜明、联系实际、深入浅出、生动活泼，极富启发性，受到广大学员的好评。杨春贵在从事第一线教学实践的同时，担负了繁重的教学行政管理工作。他十分重视研究和总结干部教育工作的经验和规律，《党校教学论》一书汇集了他有关党校教学的讲话和文章50余篇，涉及党校教学的指导思想、教学内容、教学方法等诸多方面，是党校教育学研究的重要成果。

五 学以致用 不断探索[①]——访中央党校副校长杨春贵教授（中国人民大学校友专访录）

在中国人民大学建校60周年之际，我前去采访了校友、中

[①] 原载《人民共和国的建设者——中国人民大学校友专访录》（第三集），中国人民大学出版社1997年版，作者李才元。

央党校副校长、著名哲学家杨春贵教授。

人大给了我理论功底

听完我说明来意后，杨教授非常愉快地回忆起在人大学习和生活的岁月。他说，我1955年考入北京大学中文系新闻学专业，1958年随专业合并转入中国人民大学新闻系学习。1959年大学毕业后，响应中央关于加强理论工作的号召，接受抽调，进入中国人民大学哲学研究班学习，1962年毕业。杨教授说，人大的学习生活是终生难忘的，为我一生的工作打下了最重要的理论基础。

杨教授感触最深的是人大教育的三个显著特色。

首先，高度重视马列和毛泽东同志原著的学习和研究，要求学生通过学习原著弄清基本原理的来龙去脉和精神实质。人大哲学系有强大的精通马列原著的师资队伍，数量之多，素质之高，在全国绝无仅有。杨教授说，给他印象最深刻的是乐燕平老师，他讲恩格斯的《路德维希·费尔巴哈与德国古典哲学的终结》一书，不看讲稿，逐句逐段讲解、分析，抑扬顿挫，娓娓道来，那种炉火纯青的讲课艺术，令他们十分震惊，深受感染。他的讲稿由河北人民出版社出版，成为全国高校流行的辅导用书。老师不但认真指导我们研读原著，还和我们一起编写原著讲解，关于《自然辩证法》的注释和提要就是老师和我们班的同学一起编写的。关于列宁的《唯物主义和经验批判主义》《哲学笔记》等著作的注释和讲解也都是师生合作的产物。通过这样的学习，使学生切切实实地提高了哲学素养，打下了比较扎实的理论根底，这是真正的看家本领，终身受用。在20世纪五六十年代，全国高校和理论工作部门的许多骨干，来自中国人民大学,这和中国人民大学重视学习马列和毛主席著作的好传统是分不开的。

杨教授说,理论联系实际是人大校风、学风的又一个显著特色。实事求是是人大的校训。学校经常举办国际国内形势大报告,经常围绕党和国家的工作大局组织学生参加社会实践,进行调查研究,使学生接触实际,接触群众,加深对国情和党的方针政策的理解,同时利用自己所学到的知识为群众服务。杨教授本人当时就多次到北京市郊区参加农业生产劳动和整风、整社活动,到宣武区夜大学同工人学员一起学哲学、用哲学。通过理论联系实际,既加深了对理论的理解、对群众的感情,又提高了宣传工作能力。

杨教授认为,人大培养学生的再一个特点是十分重视培养

1998年5月4日,北京大学新闻专业1955级三班同学在北大百年校庆时返校合影。后排左二为杨春贵

2008年5月3日，当年北大新闻专业同班同学在北京聚会：左一为车书栋（吉林省社科院原党组书记），左二为柳慧菊（《文摘报》原主编），左三为杨春贵，右一为谢珂（新华社摄影部原副主任），右二为张锦才（福建省广电厅原副厅长），右三为许医农（贵州人民出版社原编辑）

学生树立科学的世界观和方法论。这一点，在哲学系尤其突出。学习理论的根本目的在于运用，不但要运用于改造客观世界，而且应当运用于改造主观世界，使学生树立科学的世界观和方法论，其中最主要的是树立全心全意为人民服务的政治立场，为社会主义、共产主义奋斗的理想信念，以及实事求是的思想作风。这三条，是马克思主义的根本，也是做好理论工作的根本。杨教授说，当时他们年级的100多名研究生全部是共产党员，党小组与行政小组合二为一，过着严格的组织生活，大家在政治上互相帮助、严格要求，校风良好，班风很正，毕业后表现都很好，后来许多人成了理论战线的工作骨干，有的还成了党和国家的高级干部。

生活给了我实践功底

杨教授满怀深情地讲完在人大的学习生活以后，将话题从学校转向社会，从理论学习转向人生实践。谈到毕业后的人生经历，杨教授说："火热的现实生活给了我实践功底"。

杨教授认为，人生问题与哲学、与世界观和方法论是紧密相关的。人生观是世界观的一部分，并且是受世界观指导的。一般说来，有什么样的世界观就会有什么样的人生观；有什么样的方法论就会有什么样的人生追求和人生态度。真正树立辩证唯物主义和历史唯物主义世界观的人，理所当然地把人民群众看作是历史的主人，是历史的真正创造者，因而处处尊重人民群众，把全心全意为人民服务看作是自己的人生目的。信奉了这种哲学世界观和人生观，就会心甘情愿乐此不疲地勇于实践、追求真理、服务人民。这是历史发展规律，也是人生成功规律。杨教授说，全心全意为人民服务，这既是一种人生境界，又是一种人生勇攀高峰的巨大动力。有了这个素质，在任何时候，任何岗位上，都能够把全部精力投入工作，兢兢业业地干活。在广西河池地委工作时，他扛着行李下乡进行调查研究，同农民一起学哲学、用哲学。生活的磨炼，成为他学习的另类课堂，使他对中国的国情有了更加深刻的了解；困难和挫折，锻炼了他的意志品质，使他真正懂得了人生的真谛。他的工作单位离家有五十多里山路，杨教授经常骑着自行车往返在一边是高山、一边是悬崖的崎岖不平的山路上。不管刮风下雨、道路泥泞；不管雪花飘飞，天寒地冻，从不灰心，从不抱怨。杨教授认为，有了为人民服务的人生观，就会自觉地改造自己，就能够自觉地驾驭自己迅速进入角色，迅速适应环境，并在适应环境的基础上自觉地改造环境，这就是环境的改变和人的自觉改变的一致，这就是马克思提倡的革命的实践观。革命的实践观与革命的人生观是一致的。杨教授认为，有了革命的人生实践观，一个人在人生的道路上就会经受住各种考验。因为不管是逆境，还是顺境，都是一种客观存在，都是不以人的意志为转移的，我们只能实事求是地去面对。人对环境这个实践伙伴是无法选择的。为了创造更加美好的生活和工作环境，我们必须振作自己的精神状态，努力地认识它，进而正确地改造它。

以实践为中心研究和宣传马克思主义

1978年6月，杨教授在党的十一届三中全会召开之前被调入中央党校，开始了新的重要的人生历程。中共中央党校是党中央轮训和培训党的高中级领导干部和理论工作骨干的重要基地，杨教授就长期工作在这个基地的教学实践第一线，同时从事教学行政工作。他每个学期都为校内各种班次讲课，并担负培养、指导硕士研究生、博士研究生、博士后学者、领导干部在职研究生和访问学者的任务。他备课十分认真，一丝不苟。每次讲课都准备三个东西：一是详细的讲稿，二是讲课的纲要，三是讲课提纲，对这三个东西课前在脑子中不断"过电影"，真正做到烂熟于心才上讲堂。到了课堂就完全不用稿了，完全是演说式的，条理清晰而又充满激情，深受学员欢迎。他把撰写讲稿的过程作为科研的过程，许多讲稿成了科研成果。所以，在完成繁重的教学和教学行政工作的同时，他在科研上也取得了丰硕成果，撰写、主编和参与编写了几十部著作，发表论文二百多篇。杨教授在教学和科研工作中，有一个显著特点，就是以实践为中心研究和宣传马克思主义，特别是当代中国马克思主义。

杨教授认为，马克思主义哲学作为时代精神的精华，它的生命力在于同实践、同人民群众的紧密结合，在"结合"中发挥其作用，又在"结合"中获得其自身的发展。哲学是怎样的，就应该怎样研究哲学。马克思主义哲学的实践性要求重视并善于从哲学高度总结实践经验。因此，以中国革命、建设和改革的实践为中心，研究和宣传马克思主义，是他治学的根本指导思想和主要理论风格。这包括以下四个方面的内容。

一是以实践为中心，研究和宣传马克思主义哲学基本原理。杨教授认为，党的十一届三中全会以来是中华人民共和国成立后我国马克思主义哲学研究非常活跃的时期，也是取得理论成果最多的时期，其中，最突出的便是科学实践观的重新确立。他说，实践的观点是马克思主义哲学的核心观点。实践是人的存在方式，是社会存在和发展的基础，是认识发生和发展的基础，社会生活在本质上是实践的，人们的任务不仅仅是为了说明世界，更重要的是改变世界。因此，研究和宣传马克思主义哲学原理，必须以实践活动为中心。我们研究本体论、认识论、辩证法、历史观、价值观，都是为了达到改造世界的目的，因此，都不能离开社会实践这个基础。否则，就会陷入空谈，陷入烦琐哲学。

二是以中国革命、建设和改革的实践为中心，研究和宣传中国化的马克思主义。

杨教授认为，以实践为中心研究和宣传马克思主义，这是马克思主义研究的共性。共性存在于个性之中。任何实践都是具体的实践，都是一定国家、一定民族在一定时期的实践，因此，中国的马克思主义哲学工作者，应该以中国革命、建设和改革的实践为中心，研究和宣传中国化的马克思主义。中国化的马克思主义已经有了毛泽东思想和邓小平建设有中国特色社会主义理论两个成熟形态。杨教授对此都有较深的造诣和独到的见解，并出任中国辩证唯物主义研究会会长和中国马哲史学会毛泽东哲学思想研究会会长、邓小平理论研究会会长。

他主编的《毛泽东哲学思想新论》一书，围绕马克思主义普遍真理同中国具体实践相结合这个中心，阐述毛泽东哲学思想是如何在总结中国革命基本经验过程中，在同党内主观主义特别是教条主义的斗争中形成和发展起来的，强调毛泽东哲学思想是中国革命和建设基本经验的哲学总结，其主要内容是对马克思主义普遍真理同中国革命具体实践相结合的必要性做了充分的哲学论证；对否认这个"结合"的主观主义特别是教条主义做了深刻的哲学批判，对如何实现这个"结合"在方法论上进行了系统的概括和总结。书中不但重视对毛泽东哲学思想基本原理的阐述，而且重视发掘毛泽东政治、经济、军事、文化等著作中所体现的马克思主义的立场、观点、方法，引导人们重视并善于从哲学高度总结历史经验，提出和回答各种新问题。

杨教授围绕马克思主义普遍真理同当代中国具体实践相结合这个中心，撰写了一系列著作和文章，从哲学高度阐述邓小平建设有中国特色社会主义理论的方方面面。他认为，在邓小平同志的著作中，处处体现了马克思主义的实践观点和实践标准，生产观点和生产力标准，群众观点和人民利益标准，以及矛盾观点和矛盾分析的方法。他认为，邓小平建设有中国特色社会主义理论实现了一系列的"破除"和"坚持"：破除"两个凡是"的思想禁锢，坚持实践是检验真理的唯一标准；破除苏联那种僵化的社会主义模式观念，坚持走自己的道路，建设中国特色社会主义；破除超阶段的"左"的思想框框，坚持一切从中国社会主义初级阶段的实际出发；破除抽象谈论姓"社"姓"资"的思维定式，坚持"三个有利于"的判断标准；破除把马克思主义教条化思想，坚持根据新的情况，认识、继承和发展马克思主义；破除形而上学片面性，坚持一系列两手抓的正确方针。如此等等。杨教授认为，改革是中国的第二次革命。第一次革命是革旧社会基本制度之命，第二次革命是革僵化的社会主义体制之命。因此，重视从哲学高度研究体制和制度的区别与联系，是深入把握两次革命的实质的一个关键。

三是在马克思主义哲学研究中努力做到坚持与发展的统一。杨教授认为，马克思主义哲学的基本原理必须坚持，马克思主义哲学的基本原著应该熟读常读。但是，当书本上的某些观点同实际生活发生矛盾的时候，不要以书本去剪裁生活，而应以实践去修正书本、发展理论。例如，在很长一段时间内，几乎所有的论著、教材都认为"团结—批评—团结"的公式是解决人民内部矛盾唯一正确的方法，杨教授根据中华人民共和国成立以来的实践经验，大胆提出了新的看法，写出《对人民内部矛盾要作具体分析》一文，发表在1980年5月22日《人民日报》上。文中指出：人民内部矛盾包括非常丰富的内容，其中既有思想认识上的是非矛盾，又有物质利益上的得失矛盾，还有科学和艺术上不同学派和风格的矛盾，等等。解决人民内部的是非矛盾要运用"团结—批评—团结"的方法，解决人民内部的物质利益矛盾则主要运用经济的手段和方法，解决科学和艺术中的不同学派、不同风格的矛盾则主要运用"百家争鸣、百花齐放"的方法，解决复杂的人民内部矛盾还应当运用多种方法综合地去加以处理。因此，"团结—批评—团结"的方法并不是解决人民内部矛盾的唯一方法，我们不应当把它绝对化。此文发表后，一些报刊纷纷转载，也引起一些领导同志的注意，此后的一些文章及论著，大体都采用了该文的提法。

四是在马克思主义哲学宣传中努力做到提高与普及的统一。杨教授长期从事干部理论教育工作，十分注意结合工作实际和干部、群众的思想实际阐述马克思主义的立场、观点和方法，帮助人们提高认识能力。他发表这方面的论文100多篇，例如，当一些人对改革中出现的一些新问题特别是出现一些消极现象而感到困惑不解、对改革产生怀疑的时候，他在1986年第4期《学习与研究》上发表《在不断解决矛盾中前进》，运用唯物辩证法的观点分析了人们关注的热点问题，强调要辩证地看待改革措施的完善与不完善、合理与不尽合理、利与弊等矛盾，坚持在不断解决矛盾的过程中把改革推向前进。记者读后很受启发。该文在1986年全国省级政治理论刊物优秀文章评选中荣获优秀论文一等奖。又如，在东欧剧变、苏联解体以后，一些人对社会主义前途产生忧虑，甚至丧失信心。针对这种情况，他发表了《从哲学高度总结历史经验》《论社会主义发展的前进性和曲折性》等论文，回答了如何看待社会主义发展中所出现的曲折以及在曲折面前既要坚定信念，又要善于总结经验等一系列问题。其中，

《论社会主义发展的前进性和曲折性》一文获《北京日报》"在党的旗帜下"征文优秀奖。

与此同时，为了使广大干部、群众更好地掌握和运用马克思主义哲学这个武器，杨教授在哲学普及和通俗化方面做了大量工作。他作为主要撰稿人之一参加编写的《通俗哲学》一书，运用古今中外大量生动资料和革命、建设中的实际事例阐述马克思主义哲学的基本观点，融理论性、知识性、趣味性于一体，使许多干部、群众特别是青年人爱不释手，在1979年到1983年全国通俗政治理论读物评奖中被评为一等奖。此书已印售250万册。此外，他还著有《哲学讲话》《认识与实践》等普及性哲学著作。

采访结束了，我离开中央党校，返回中国人民大学。在中国马克思主义的两大基地之间，在北京西北角这段短短的路途上，我看到了杨教授从人民大学开始的近40年的岁月。这是一位马克思主义哲学家的学习岁月，更是一位马克思主义哲学家学以致用、不断探索，并取得杰出成就的岁月。这里面既包含母校的教诲与恩泽，更浸满个人的勤勉与思索，而在杨教授看来，更多地应归功于党的改革开放政策。任何真正的哲学都是时代精神的精华，任何真正的哲学家都是时代使命的承担者。采访结束时，杨教授将他刚刚出版的一本论文集《党的思想路线研究》送我做纪念。这部近60万字的著作，是杨教授调入中央党校后，结合对高中级干部的教学，对我国十几年改革和发展中的重大理论问题思考的结晶。

杨教授正值哲学思维的壮年，为着哲学的使命奉献着并且继续奉献着自己的全部心血和智慧。衷心祝愿信念坚定的校友取得更大成就。

六　科学对待马克思主义需要把握的几个原则[①]
——访马克思主义哲学家、中央党校原副校长杨春贵教授（《马克思主义理论学科研究》杂志）

杨春贵，男，1936年出生。我国著名的马克思主义哲学家。中共中央党校原副校长，中央党校学术委员会委员，教授、博士生导师。杨春贵教授是新中国培养的较早一代哲学研究生，1962年从中国人民大学毕业后分配到南开大学哲学系从事教学和研究工作，1969年下放广西从事理论工作，1978年调入中央党校哲学部工作，从此扎根党校。1992年获国务院政府特殊津贴，1993年经国务院学位委员会批准任哲学博士生导师，第九届全国政协委员，中国辩证唯物主义研究会名誉会长，中央马克思主义理论研究和建设工程《马克思主义哲学》课题组首席专家，教育部马克思主义理论研究和建设工程重点教材审议委员会委员，《马克思主义与社会科学方法论》课题组首席专家等。杨春贵教授从事马克思主义理论研究和教学已近60载，著作等身，先后出版《杨春贵自选集》《杨春贵讲稿》《党的思想路线研究》《论思想方法》《党校教学论》等专著和教材数十部，在《中国社会科学》《哲学研究》《求是》《人民日报》《光明日报》等发表论文300余篇，主编《邓小平理论与社会主义历史命运》获第十二届中国图书奖。杨春贵教授治学的根本指导思想和主要的理论风格是始终坚持以中国革命、建设和

[①] 原载《马克思主义理论学科研究》2017年第3期。采访者为武汉大学马克思主义学院教授、博士生导师陈曙光。

改革的实际问题为中心研究马克思主义哲学、毛泽东哲学思想和中国特色社会主义理论，高度重视对中国革命经验的哲学思考，重视对改革开放和现代化建设中重大问题的哲学研究，重视结合全党全国工作大局和干部、群众的思想实际阐述科学的思想路线、思想方法和工作方法。

陈曙光：杨校长您好！您是我国著名的马克思主义哲学家，从事马克思主义理论研究、教学和宣传工作已近60载，主要研究领域涉及马克思主义哲学、毛泽东哲学思想、邓小平理论、中国特色社会主义理论体系等方面，为马克思主义理论研究和党的干部教育事业做出了突出贡献。在您的著述中，我感觉有一个鲜明的特点，就是结合历史经验和当前实践，反复强调要科学对待马克思主义。对于这个宏大课题，您有深入、系统的思考。首先请您谈谈您对这个问题的总体认识。

杨春贵：好的。我以为，根据国际国内长期历史经验特别是我国改革开放以来的新鲜经验，科学对待马克思主义，最根本的是坚持五条基本原则，一是毫不动摇地坚持马克思主义，二是完整准确地理解马克思主义，三是创造性地运用马克思主义，四是与时俱进地发展马克思主义，五是认认真真地学习马克思主义。

陈曙光：您提出科学对待马克思主义需要把握的这五条原则具有高度的概括性，其中第一条原则"毫不动摇地坚持马克思主义"，已经写进了我们的党章和宪法。习近平总书记在庆祝建党95周年的大会上指出："马克思主义是我们立党立国的根本指导思想。背离或放弃马克思主义，我们党就会失去灵魂、迷失方向。在坚持马克思主义指导地位这一根本问题上，我们必须坚定不移，任何时候任何情况下都不能有丝毫动摇。"① 但现实生活表明，并不是所有的人对此都有深刻理解，怀疑者有之，动摇者有之，少数恶意攻击者亦有之。首先请您谈谈，在中国为什么一定要坚持马克思主义呢？

杨春贵：我认为，这不是一个理论的问题，而是一个实践的问题。正如毛泽东所指出的："我们说马克思主义是对的，决不是因为马克思这个人是什么'先哲'，而是因为他的理论，在我们的实践中，在我们的斗争中，证明了是对的。我们的斗争需要马克思主义。"②

那么，对于中国来说，究竟是什么实践、什么斗争证明马克思主义是对的呢？概括起来，我认为主要是三个方面的基本实践：

第一，中国近代以来的历史证明，只有马克思主义而没有别的什么主义能够救中国。

从1840年鸦片战争失败、中国沦为半殖民地半封建社会，到1919年五四运动之前，无数中国人为了挽救民族危亡、实现国家振兴，提出过各种各样的救国方案，进行过各种各样的斗争，但结果都以失败告终。

旧式农民起义搞过了——这就是1851年爆发的太平天国农民起义，持续14年之久，遍及18个省，建立了百万农民军，最后还是被镇压下去了。他们沉重地打击了封建王朝，但是最终战胜不了封建王朝。因为农民阶级不是先进生产力的代表，提不出代表先进生产力发展要求的制度和纲领。

---

① 习近平：《在庆祝中国共产党成立95周年大会上的讲话》，《人民日报》2016年7月2日。

② 《毛泽东选集》第1卷，人民出版社1991年版，第111页。

洋务运动搞过了——这就是从19世纪60年代到90年代,以曾国藩、李鸿章、左宗棠、张之洞等为代表的封建地主阶级内部的一些人,为了维护摇摇欲坠的封建王朝而兴办"洋务"的运动。洋务运动的指导思想是"中学为体、西学为用",实质是封建地主阶级的"自救"运动,这就使得他们的各项"洋务"不可避免地带有强烈的封建性和买办性,从而在帝国主义进攻面前不堪一击,甲午海战中北洋水师全军覆没就是证明。封建主义抵御不了资本主义。

资产阶级改良主义搞过了——这就是1898年的戊戌变法。康有为六次上书光绪皇帝要求变法,提出"兴民权""开议院""君民共主"等政治主张,清政府以光绪皇帝的名义颁布设立新式机构、奖励工商、改革科举、开办新式学堂以及提倡"西学"等项法令100多道,但是,以慈禧太后为首的封建顽固派一朝政变,将光绪皇帝囚禁起来,慈禧重新"垂帘听政",变法就"流产"了,只存在3个多月,史称"百日维新"。资产阶级改良主义在中国遭到了失败。

旧式资产阶级民主革命也搞过了——这就是孙中山所领导的资产阶级民主革命。1911年10月10日爆发的辛亥革命推翻了清王朝的统治。1912年元旦,孙中山就职中华民国南京临时政府大总统,宣告延续2000多年的封建帝制历史的终结,中国历史揭开了新的一页。但是,由于中国民族资产阶级的软弱性,政权很快被封建军阀袁世凯所篡夺,袁死后中国陷入大大小小的军阀混战,帝国主义乘机加紧对中国进行侵略和掠夺,中华民族危机日深,中国还是没有出路。

最后中国怎样才解决了问题呢?是马克思主义解决了问题。俄国十月革命一声炮响,给中国送来了马克思列宁主义,从此中国革命的面貌为之一新。马克思列宁主义同中国工人运动相结合，产生了中国共产党。中国共产党领导的革命就叫新民主主义革命，在这一革命进程中，中国共产党把马克思列宁主义普遍真理同中国革命具体实践相结合，创立了中国化的马克思主义——毛泽东思想，从而引导中国民主革命取得了彻底胜利，进而在中国建立起社会主义制度。中国革命的胜利，是毛泽东思想的胜利，也是马克思主义在中国的胜利。

第二，当代国际共产主义运动遭受挫折的教训特别是苏东剧变的历史教训证明，马克思主义这个武器是丢不得的。

马克思主义不能丢，丢了马克思主义，共产党就会垮台，社会主义就会灭亡，历史就会倒退，人民就会遭殃。昔日可以和美国相抗衡的超级大国苏联，今日已灰飞烟灭，国家四分五裂，经济社会发展受到严重破坏，这就是一个证明。普京上台之初的俄罗斯是一个什么样子呢？普京很坦率地说明："俄罗斯正处于其数百年来最困难的一个时期。大概这是俄罗斯近200—300年来首次真正面临沦为世界二流国家，抑或三流国家的危险。"美国经济学家在《俄罗斯改革的悲剧》一书中罗列了一系列数据说：20世纪30年代美国大萧条期间国内生产总值减少了30%，第二次世界大战期间苏联国内生产总值减少了24%，而俄罗斯自1992年到1998年期间国内生产总值下降了44%，其中工业生产下降了56%。

造成苏东剧变这种悲剧，既有历史的原因，又有现实的原因，而其直接的现实的原因则是苏联领导人放弃了马克思列宁主义。正如江泽民所说："东欧剧变、苏联解体，最深刻的教训是：放弃了社会主义道路，放弃了无产阶级专政，放弃了共产党的领导地位，放弃了马克思列宁主义，结果使得已经相当严重的经济、政治、社会、民族矛盾进一步激化,最终酿成了制度剧变、国家解体的历史悲剧。"①

苏东的前车之覆,就是中国的后车之鉴。中国绝不能走改旗易帜、"全盘西化"的邪路,经济上绝不能搞全面私有化,政治上绝不能搞资产阶级自由化,意识形态上绝不能搞指导思想多元化,这都是关乎中国命脉的根本性问题。习近平总书记郑重告诫全党:"中国是一个大国,决不能在根本性问题上出现颠覆性错误,一旦出现就无法挽回、无法弥补。"② 这是我们从国际比较中得出的一个极其重要的历史结论。

第三,改革开放以来,中国社会主义现代化建设所取得的历史性成就证明,马克思主义不但能够救中国,而且能够发展中国。

苏东剧变以后,面对西方敌对势力所谓"共产主义大失败"的狂喜和曾经信仰过马克思主义的某些人的悲观情绪,邓小平斩钉截铁地说:"一些国家出现严重曲折,社会主义好像被削弱了,但人民经受锻炼,从中吸收教训,将促使社会主义向着更加健康的方向发展。因此,不要惊慌失措,不要认为马克思主义就消失了,没用了,失败了。哪有这回事!"③ 改革开放以来中国发展的事实充分证明了这一点。

从1978年到现在的30多年间,中国奇迹震撼世界,中国故事唱响全球。习近平总书记指出,今天的中国,"比历史上任何时期都更接近中华民族伟大复兴的目标,比历史上任何时

---

① 《江泽民文选》第3卷,人民出版社2006年版,第230页。
② 《习近平谈治国理政》,外文出版社2014年版,第348页。
③ 《邓小平文选》第3卷,人民出版社1993年版,第383页。

期都更有信心、有能力实现这个目标"①。1978 年我国人均 GDP 不到 300 美元，现在则超过 8500 美元。我国人民生活水平大幅度提高，实现了由温饱不足到总体小康的历史性跨越。我国的综合国力大幅度跃升，国际地位显著提高，使中国赶上了时代，实现了中国人民从站起来到富起来、强起来的伟大飞跃。正如习近平总书记所说："中国这个世界上最大的发展中国家在短短 30 多年里摆脱贫困并跃升为世界第二大经济体，彻底摆脱被开除球籍的危险，创造了人类社会发展史上惊天动地的发展奇迹，使中华民族焕发出新的蓬勃生机。"② 中国的发展，不仅使中国人民稳定地走上了富裕安康的广阔道路，而且为世界经济发展和人类文明进步做出了重大贡献。展望未来，"中国共产党人和中国人民完全有信心为人类对更好社会制度的探索提供中国方案"③。

这些伟大成就的取得，根本原因就是我们既坚持了马克思主义、科学社会主义的基本原则，又根据我国国情和时代特征赋予其鲜明的中国特色，形成和发展了当代中国马克思主义——中国特色社会主义理论体系。在当代中国，坚持中国特色社会主义理论体系，就是真正坚持马克思主义。也可以说，中国特色社会主义的胜利，就是马克思主义在中国的胜利。

陈曙光：马克思主义自诞生到今天，已经走过了近 170 年

---

① 习近平：《在庆祝中国共产党成立 95 周年大会上的讲话》，《人民日报》2016 年 7 月 2 日。
② 习近平：《在庆祝中国共产党成立 95 周年大会上的讲话》，《人民日报》2016 年 7 月 2 日。
③ 习近平：《在庆祝中国共产党成立 95 周年大会上的讲话》，《人民日报》2016 年 7 月 2 日。

的历史。经过170年的风雪磨砺、雨露浇灌、阳光滋养，马克思主义从一株幼苗已经成长为一棵参天大树。这棵理论之树，有根脉，有主干，有主枝，有侧枝，有绿叶，当然也有枯枝烂叶。您提出将"完整准确地理解马克思主义"作为科学对待马克思主义的根本原则，对于我们当前回答如何坚持马克思主义、如何把握马克思主义的基本原理，具有重要的意义。

杨春贵：坚持马克思主义，必须弄清什么是马克思主义，完整准确地理解马克思主义。1945年，毛泽东在党的七大口头政治报告中说："我们历史上的马克思主义有很多种，有香的马克思主义，有臭的马克思主义，有活的马克思主义，有死的马克思主义"，"我们所要的是香的马克思主义，不是臭的马克思主义；是活的马克思主义，不是死的马克思主义。"[①] 关于这个问题，我想谈几点看法。

第一，什么是马克思主义？

我们通常所说的马克思主义，有狭义和广义两种含义。1914年列宁曾经说道："马克思主义是马克思的观点和学说的体系。"[②] 显然，这里讲的是狭义的马克思主义，即作为马克思主义创始人的学说。马克思主义是由马克思和恩格斯共同创立的，之所以以马克思的名字命名，恩格斯在1886年有一个说明，他说："我和马克思共同工作40年，在这以前和这个期间，我在一定程度上独立地参加了这一理论的创立，特别是对这一理论的阐发。但是，绝大部分基本指导思想（特别是在经济和历史领域内），尤其是对这些指导思想的最后的明确的表述，都是属于马克思的。我所提供的，马克思没有我也能够做到，

---

① 《毛泽东文集》第3卷，人民出版社1996年版，第331—332页。
② 《列宁选集》第2卷，人民出版社1995年版，第418页。

至多有几个专门的领域除外。至于马克思所做到的，我却做不到。马克思比我们大家都站得高些，看得远些，观察得多些和快些。马克思是天才，我们至多是能手。没有马克思，我们的理论远不会是现在这个样子。所以，这个理论用他的名字命名是理所当然的。"[1]恩格斯的这段话是符合实际的，当然，同时也表明了恩格斯那种令人尊敬的谦逊品格，在今天读来仍然令我们深深感动。关于马克思主义学说的主要内容，列宁系统概括为马克思主义哲学、马克思主义政治经济学、马克思主义科学社会主义三个组成部分。其中的唯物主义历史观"是科学思想中的最大成果"，"剩余价值学说是马克思经济理论的基石"，在这两大成果的基础上，使社会主义由空想变为科学。

作为中国共产党指导思想的马克思主义，是广义的马克思主义。它既包括由马克思、恩格斯创立的马克思主义的基本理论、基本原则和基本方法，又包括帝国主义和无产阶级革命时代的马克思主义——列宁主义，还包括马克思主义中国化的理论成果——毛泽东思想、邓小平理论、"三个代表"重要思想、科学发展观以及习近平新时代中国特色社会主义思想。作为当代中国共产党人指导思想的马克思主义，是由马克思、恩格斯所创立并由列宁和中国共产党人继承和发展了的关于无产阶级和人类解放的科学思想体系。那种认为马克思主义是"蒸汽机时代的理论""现在已经过时了"的说法，是完全错误的，是对马克思主义的曲解或误解，他们根本不懂马克思主义是与时俱进地发展着的科学。

第二，坚持马克思主义主要坚持什么？

---

[1] 《马克思恩格斯选集》第4卷，人民出版社1995年版，第242页。

当然不是它的词句，不是它的个别结论，而是它的科学思想体系，它的立场、观点、方法，它的具有普遍意义的基本原理。其中最主要的是以下三个方面的内容：

一是坚持马克思主义的政治立场，即无产阶级和人民大众的立场。这是马克思主义的阶级本质。马克思、恩格斯在《共产党宣言》中说："过去的一切运动都是少数人的或者为少数人谋利益的运动。无产阶级的运动是绝大多数人的、为绝大多数人谋利益的独立的运动。"① 中国共产党强调立党为公、执政为民、以人为本，强调自己既是中国工人阶级的先锋队，同时是中国人民和中华民族的先锋队，就是这一政治立场的具体体现。马克思主义理论的主题就是研究如何实现无产阶级和人类解放，中国共产党人的一切奋斗都是为了实现中国最广大人民的根本利益和中华民族的伟大复兴。这是马克思主义将近170年一脉相承的政治立场之脉。离开了这一条，就是从根本上离开了马克思主义。

二是坚持马克思主义的世界观、方法论，即以科学实践观为基础的辩证唯物主义和历史唯物主义世界观、方法论。这是整个马克思主义理论的哲学基础。马克思主义的具体观点会随着条件的改变而改变，而它的哲学世界观、方法论，是普遍管用、长期管用、根本管用的，它是贯穿于整个马克思主义的活的灵魂，其基本观点和基本方法，如唯物论和一切从实际出发的原则、实践论和实践标准、生产力最终决定论和生产力标准、人民群众主体论和人民利益标准、矛盾论和矛盾分析方法，等等，所有这些，在任何时候都是不能违背的。我们党历来重视

---

① 《马克思恩格斯选集》第 1 卷，人民出版社 1995 年版，第 283 页。

从哲学高度总结经验、研究问题和解决问题，其根本原因就在这里。

三是坚持马克思主义的崇高社会理想，即社会主义、共产主义理想。马克思、恩格斯运用唯物主义历史观研究资本主义生产方式，揭示了资本主义生产方式的基本矛盾——生产资料的资本主义私有制同生产社会化的矛盾，以及这一基本矛盾的阶级表现——资产阶级同无产阶级的矛盾，得出了"资产阶级的灭亡和无产阶级的胜利是同样不可避免的"[①]历史结论，论证了社会主义、共产主义是人类历史发展的必由之路。正是因为有这样一个崇高社会理想，无数的共产党人矢志不移，始终保持一种必胜的信念。当巴黎公社正在巷战的时候，马克思就明确指出："无论公社在巴黎的命运怎样，它必然将遍立于全世界。"[②]当新生的俄国苏维埃政权受到14个帝国主义国家的包围而陷入十分危机的情况下，列宁满怀信心地说："无产阶级的最终胜利是不可避免的。"[③]当中国革命十分弱小、处于低潮的时候，毛泽东高瞻远瞩地指出："星星之火，可以燎原。"[④]当苏东剧变、世界社会主义遭受严重挫折的时候，邓小平旗帜鲜明地说："我坚信，世界上赞成马克思主义的人会多起来的，因为马克思主义是科学"，"社会主义经历一个长过程发展后必然代替资本主义"，"这是社会历史发展不可逆转的总趋势"。[⑤]当有人质疑共产主义虚无缥缈、遥遥无期的时候，习近平针锋

[①]《马克思恩格斯选集》第1卷，人民出版社1995年版，第284页。
[②]《马克思恩格斯选集》第3卷，人民出版社1995年版，第94页。
[③]《列宁选集》第3卷，人民出版社1995年版，第735页。
[④]《毛泽东选集》第1卷，人民出版社1991年版，第97页。
[⑤]《邓小平文选》第3卷，人民出版社1993年版，第382—383页。

相对地指出:"革命理想高于天",①"共产主义决不是'土豆烧牛肉'那么简单,不可能唾手可得、一蹴而就,但我们不能因为实现共产主义理想是一个漫长的过程,就认为那是虚无缥缈的海市蜃楼,就不去做一个忠诚的共产党员。"②

第三,怎样把握马克思主义科学原理?

马克思主义作为一门科学,是由一系列相互联系的科学原理所构成的科学体系。列宁说:"马克思主义的全部精神,它的整个体系,要求人们对每一个原理都要(α)历史地,(β)都要同其他原理联系起来,(γ)都要同具体的历史经验联系起来加以考察。"③列宁提出的这三条原则,对于我们完整、准确理解和把握马克思主义科学原理具有十分重大的指导意义。

所谓"历史地"加以考察,就是说,要把每一个科学原理放在一定社会历史条件下加以考察,坚持真理的具体性。真理都是一定时间、地点、条件下的真理,没有抽象的真理。时间、地点、条件变了,人们的认识也必须随着改变。没有什么一成不变的东西。俄国十月革命以城市为中心夺取全国政权,实践证明是正确的,在中国,这条道路就走不通,必须走农村包围城市夺取全国政权的道路,因为两国的国情不同,道路也就不同,不能简单移用。具体问题具体分析,是马克思主义活的灵魂。

所谓"同其他原理联系起来"考察,就是说,要坚持真理的全面性。不能只知其一、不知其二,更不能为了主观的需要,只讲其一、不讲其二。恩格斯在致约·布洛赫的信中说:"根

---

① 习近平:《在庆祝中国共产党成立95周年大会上的讲话》,《人民日报》2016年7月2日。
② 习近平:《做焦裕禄式的县委书记》,中央文献出版社2015年版,第5页。
③ 《列宁选集》第2卷,人民出版社1995年版,第785页。

据唯物史观，历史过程中的决定性因素归根到底是现实生活的生产和再生产。无论马克思或我都从来没有肯定过比这更多的东西。如果有人在这里加以歪曲，说经济因素是唯一决定性的因素，那么他就是把这个命题变成毫无内容的、抽象的、荒诞无稽的空话。经济状况是基础，但是对历史斗争的进程发生影响并且在许多情况下主要是决定着这一斗争的形式的，还有上层建筑的各种因素。"① 就是说，既要讲经济的最终决定作用，又要讲上层建筑的反作用，缺了哪一句都不是唯物主义历史观。同样地，在今天，既要讲反对平均主义，又要讲反对两极分化，缺了哪一句都不是社会主义；既要讲金山银山，又要讲绿水青山，缺了哪一句都不是科学发展观；既要讲市场的决定性作用，又要讲更好地发挥政府作用，缺了哪一句都不是社会主义市场经济理论，如此等等。总之，真理是全面的，我们要学会讲两句话，防止片面性、绝对化。

所谓"同具体的历史经验联系起来加以考察"，就是说，要在实践中检验真理和发展真理。马克思说："人的思维是否具有客观的［gegenstandliche］真理性，这不是一个理论的问题，而是一个实践的问题。人应该在实践中证明自己思维的真理性，即自己思维的现实性和力量，自己思维的此岸性。"② 马克思主义之所以被称作真理，不但在于马克思、恩格斯科学构建它的时候，而且在于它为尔后的革命斗争实践所证实的时候。正是联系于各个历史时期的实践经验，使我们确信，马克思主义是科学，是颠扑不破的真理；也正是联系于各个历史时期的实践经验，使我们不断丰富和发展马克思主义。列宁为什么提

---

① 《马克思恩格斯选集》第 4 卷，人民出版社 1995 年版，第 695—696 页。
② 《马克思恩格斯选集》第 1 卷，人民出版社 1995 年版，第 55 页。

出新经济政策？这是考察 1918—1920 年实行战时共产主义政策遭受挫折教训的结果。毛泽东为什么提出"农村包围城市、最后夺取全国政权"的道路？这是考察大革命失败后夺取大城市遭受失败教训的结果。邓小平为什么能够提出中国特色社会主义理论？这是长期考察中国社会主义建设历史经验，特别是"文化大革命"历史教训的结果。所以，列宁提出"同具体的历史经验联系起来加以考察"，这是研究马克思主义的一个根本的方法，也是学习马克思主义的一个根本方针。

陈曙光：学习马克思主义，目的在于运用。创造性地运用马克思主义这一原则对于科学对待马克思主义具有根本意义。有的人马克思主义的文本功夫做得很到位，但就是不会用，这种情况在新民主主义革命时期、社会主义建设时期和改革开放时期都存在。活的马克思主义一旦变成了死的教条，其后患无穷。

杨春贵：坚持马克思主义不是目的，目的是运用，以解决我们所面临的各种实际问题。这种运用又不是简单的理论推演，而是结合实际的创造性运用。根据长期历史经验，创造性运用马克思主义，要坚持三个"结合"。

一是理论和实际相结合。

马克思主义为我们的实践提供了总的指导思想、基本原则和基本方法，但是，没有提供解决各种具体问题的具体方案。列宁说，马克思的理论"提供的只是总的指导原理，而这些原理的应用具体地说，在英国不同于法国，在法国不同于德国，在德国又不同于俄国"。[①] 同样，在中国既不同于俄国，也不同

---

① 《列宁选集》第 1 卷，人民出版社 1995 年版，第 274—275 页。

于欧美，必须把马克思列宁主义的基本原理同中国革命和建设的具体实际相结合，使之中国化。这就是毛泽东所说的："学会把马克思列宁主义的理论应用于中国的具体的环境"，"使马克思主义在中国具体化"。① 为此就要调查研究，真正了解实际、了解国情。在大革命时期，毛泽东对湖南农民运动做了系统考察；在土地革命战争时期，他做了《宁冈调查》《永新调查》《寻乌调查》《兴国调查》《长岗乡调查》《才溪乡调查》等。有了这些调查，才真正取得了关于中国革命的发言权。所以，理论同实际相结合，是以周密、系统的调查研究为基础的。

在改革开放的新时期，邓小平同志反复重申："要坚持马克思主义，坚持走社会主义道路。但是，马克思主义必须是同中国实际相结合的马克思主义，社会主义必须是切合中国实际的有中国特色的社会主义。"② 习近平总书记也强调指出，中国特色社会主义，是科学社会主义理论逻辑和中国社会发展历史逻辑的辩证统一，中国特色社会主义是社会主义而不是别的什么主义，科学社会主义的基本原则没有丢，丢了就不是社会主义，但又结合实际、根据时代条件的新变化赋予了其鲜明的中国特色。

二是领导和群众相结合。

理论是重要的，它的重要性在于一旦被群众所掌握就会变成改造世界的物质力量。理论同实际相结合，离不开领导和群众相结合。

按照马克思主义认识论，认识从实践中来，当然包括从个人的实践中来，但是，任何个人的实践，包括领导者个人的实

---

① 《毛泽东选集》第 2 卷，人民出版社 1991 年版，第 534 页。
② 《邓小平文选》第 3 卷，人民出版社 1993 年版，第 63 页。

践，同无比丰富、无比生动的群众的实践比较起来，总是有限的。人民群众是创造历史的主体，也是认识的主体。领导机关和领导人员要形成正确的思想、做出正确的决策、对工作实行正确的指导，必须向群众的实践请教。邓小平同志反复强调："我个人做了一点事，但不能说都是我发明的。其实很多事是别人发明的，群众发明的，我只不过是把它们概括起来，提出了方针政策。"[①] 这不是什么"伟大谦虚"，而是真正的实事求是。他说，农村搞家庭联产承包，这个发明权是农民的；乡镇企业异军突起，是基层创造的；办经济特区，是广东同志提出的，"我同意了他们的意见，我说名字叫经济特区"，如此等等。习近平总书记说："改革开放是亿万人民自己的事业，必须尊重人民首创精神"，"改革开放在认识和实践上的每一次突破和发展，改革开放中每一个新生事物的产生和发展，改革开放每一个方面经验的创造和积累，无不来自亿万人民的实践和智慧。"[②] 因此，"要鼓励地方、基层、群众解放思想、积极探索，鼓励不同区域进行差别化试点，善于从群众关注的焦点、百姓生活中的难点中寻找改革切入点，推动顶层设计和基层探索良性互动、有机结合。"[③]

领导和群众相结合关键是坚持党的群众路线，坚持以人民为中心的理念，把人民放在心中最高位置。所谓"人民中心""最高位置"，一是把人民当主人，全心全意为人民服务；二是

[①] 邓小平：《总结历史是为了开辟未来》（1988年9月5日），《邓小平文选》第3卷，人民出版社1993年版，第272页。

[②] 习近平：《改革开放只有进行时没有完成时》（2012年12月31日），《习近平谈治国理政》，外文出版社2014年版，第68页。

[③] 见《人民日报》2014年12月3日，《鼓励基层群众解放思想积极探索推动改革顶层设计和基层探索互动》。

把人民当英雄,全心全意依靠人民;三是把人民当老师,全心全意向人民学习。

三是学习借鉴外国和独立自主相结合。

中国的革命和建设事业都离不开世界。必须重视研究和借鉴外国经验,重视吸取人类创造的一切文明成果。闭关自守、盲目排外,只能导致落后和失败。但是,这种学习、借鉴、借助都不能代替我们自己的努力和奋斗。独立自主、自力更生,是从实际出发、依靠群众进行革命和建设的必然结论。毛泽东同志历来强调,中国国情靠中国人民自己去认识,中国革命的胜利靠中国人民自己去争取,我们的方针要放在自己力量的基点上。他说:"我们的方针是,一切民族、一切国家的长处都要学,政治、经济、科学、技术、文学、艺术的一切真正好的东西都要学。但是,必须有分析有批判地学,不能盲目地学,不能一切照抄,机械搬运。"① 没有独立自主,就没有毛泽东思想,就没有中国革命的胜利。

在社会主义建设新时期,我们开辟了一条建设中国特色社会主义的成功之路。1982年9月1日邓小平同志在党的十二大开幕词中说:"我们的现代化建设,必须从中国的实际出发。无论是革命还是建设,都要注意学习和借鉴外国经验。但是,照抄照搬别国经验、别国模式,从来不能得到成功。这方面我们有过不少教训。把马克思主义的普遍真理同我国的具体实际结合起来,走自己的道路,建设有中国特色的社会主义,这就是我们总结长期历史经验得出的基本结论。"② 习近平总书记指出:"站立在960万平方公里的广袤土地上,吸吮着中华民族漫

---

① 《毛泽东著作选读》下册,人民出版社1986年版,第740、742页。
② 《邓小平文选》第3卷,人民出版社1993年版,第2—3页。

长奋斗积累的文化养分,拥有13亿中国人民聚合的磅礴之力,我们走自己的路,具有无比广阔的舞台,具有无比深厚的历史底蕴,具有无比强大的前进定力。"① 这些气势磅礴的讲话,体现了中国人民高度的自尊心和自豪感,也体现了中国共产党人实事求是的科学态度。没有独立自主,就没有中国特色社会主义理论,就没有中国道路的成功开辟。

陈曙光:您提出的第四条原则"与时俱进地发展马克思主义"也非常重要。马克思主义诞生于19世纪,却活在了当代;诞生于欧洲,却在中国扎下了根,马克思主义之所以能够跨越时空,原因就在于它不是僵死的教条,不是封闭的体系,它具有与时俱进的理论品质,它是随着实践的发展而不断丰富发展的科学。

杨春贵:事物是过程,实践是过程,真理是过程,马克思主义理论也是过程。在实践中坚持和发展马克思主义,是马克思主义真正的生命力之所在,也是我们党的事业成功的真正奥秘之所在。马克思主义是历史的产物,但是它没有成为只是留在人们记忆中的历史陈迹,原因就在于它是开放的、随着历史的发展而不断丰富和发展的科学。习近平总书记指出:进入21世纪,马克思主义面临着进一步中国化、时代化、大众化的问题,我们要"更加深入地推动马克思主义同当代中国发展的具体实际相结合,不断开辟21世纪马克思主义发展新境界,让当

---

① 习近平:《坚持和运用好毛泽东思想活的灵魂》(2013年12月26日),《习近平谈治国理政》,外文出版社2014年版,第29页。

代中国马克思主义放射出更加灿烂的真理光芒。"① 关于这方面,我想谈这样几个方面。

第一,与时俱进是马克思主义认识论的题中应有之义。

马克思主义并没有结束真理,而是在实践中不断开辟了通向真理的道路。其所以如此,从认识论上说,是因为每一时代人们的认识总是不可避免地受到三个方面的限制。

一是受到客体状况的限制。客体具有无限的复杂性,它包括无限多的方面和无限多的层次。从宏观上说,宇宙无限大,地球之外有太阳系、银河系,银河系之外还有无数个"银河系";从微观上说,宇宙无限小,分子可分,原子可分,原子核可分,"基本"粒子仍然可分。所以,每一真理性的认识只能大致地、近似地正确反映事物某一方面、某一次的本质,而不可能穷尽一切方面、一切层次的本质。列宁说:"人的思想由现象到本质,由所谓初级的本质到二级的本质,这样不断地加深下去,以至于无穷。"② 客体不仅具有无限的复杂性,而且具有发展的无限性。每一事物都是过程。作为过程,当它所包含的矛盾尚未充分暴露时,人们难以充分揭示其本质;当它从一个阶段转向另一阶段的时候,原有的认识又需要有新的发展,以适应变化了的情况。因此,光有马克思的《资本论》不行,还需要有列宁的《帝国主义论》;光有毛泽东的《新民主主义论》不行,还需要有邓小平的社会主义初级阶段论;光讲三位一体、四位一体不够,还需要将生态文明建设纳入总体布局,坚持"五位一体",如此等等。人们通过一个又一个的相对真

---

① 习近平:《不忘初心,继续前进》(2016年7月1日),《习近平谈治国理政》第二卷,外文出版社2017年版,第34页。
② 《列宁全集》第38卷,人民出版社1959年版,第278页。

理而走向绝对真理，这种过程是永无止境的，因为事物的发展是永无止境的。

二是受到主体状况的限制。从人的肉体状况来说，人的生命有限，精力有限，实践范围有限，因而认识能力有限。恩格斯说，任何人在自己的专业之外都只能是个半通。从人的精神状况来说，由于人们出身不同、教养不同、努力程度不同，人们的立场观点方法、思维方式、知识结构、经验储备、价值取向等是很不相同的，这些不同都影响着人们的认识能力。但是，不论怎样不同，有一点是肯定的：任何人的精神状况都不可能是尽善尽美的，因而在认识上也就不可能达到尽善尽美的程度。

三是受到社会实践水平的限制。实践的广度和深度决定认识的广度和深度。实践经验越丰富，可供思维加工的材料也就越丰富，认识的结果也就越容易全面、深刻和正确。当没有经验或经验不足的时候，错误便难以避免。毛泽东说："在民主革命时期，经过胜利、失败、再胜利、再失败，两次比较，我们才认识了中国这个客观世界……在以前不可能，因为没有经过大风大浪，没有两次胜利和两次失败的比较，还没有充分的经验。"[①] 进入社会主义时期以后，一开始我们又面临经验不足的问题，在经验不足的情况下就容易照搬外国的经验（苏联的经验），或照搬过去的经验（战争时期的经验），或照搬书本上的条文，而这就必然导致主观与客观相脱离。这是社会主义建设初期我们犯错误的一个重要的客观原因。社会实践水平对人们认识的限制，不仅表现在一定历史条件下实践所积累的经验有限，而且表现在一定历史条件下实践所提供的认识工具有限。

---

① 《毛泽东文集》第 8 卷，人民出版社 1999 年版，第 299 页。

生产力和科学技术的发展不断为我们提供新的认识工具，从而不断开拓认识的新领域，提高人们的认识能力和水平；同时，这种提供在任何时候都不可能达到尽善尽美的程度，因而又总是限制着人们的认识水平和能力。

由于以上种种原因，决定人们的认识不是简单的、直线的、一次完成的，而是一个实践、认识、再实践、再认识的无限循环往复的过程。在这个过程中，出现某种错误或片面性，存在不够完善或不够深刻的情况，是合乎规律的现象。认识上的与时俱进，就是指的认识的过程性，即从不知到知、从知之不多到知之较多、从知之不够全面到知之比较全面、从知之不够深刻到知之比较深刻、从知之不够正确到知之比较正确的过程。

第二，马克思主义经典作家是与时俱进的典范。

马克思、恩格斯创立了马克思主义，但并没有终结马克思主义。他们从来不把自己的理论当作不可移易的教条，总是自觉地根据新的实践和新的研究，不断修正、完善和发展自己的理论。比如，关于无产阶级夺取政权的方式问题。马克思、恩格斯1848年在《共产党宣言》中说："他们的目的只有用暴力推翻全部现存的社会制度才能达到。"[1] 1871年巴黎公社失败以后，革命进入低潮时期，马克思提出，夺取政权究竟采取哪种形式，要依具体情况而定，"有些国家，像美国、英国……工人可能用和平手段达到自己的目的"，而"在大陆上的大多数国家中，暴力应当是我们革命的杠杆"。[2] 形式服从内容，手段服从目的，不应当无条件地坚守某种固定模式，而应当具体问题具体分析，灵活地采取暴力的或和平的两种斗争形式，正如

---

[1] 《马克思恩格斯选集》第1卷，人民出版社1995年版，第307页。
[2] 《马克思恩格斯全集》第18卷，人民出版社1964年版，第179页。

恩格斯所说:"如果旧的东西足够理智,不加抵抗即行死亡,那就和平地代替;如果旧的东西抵抗这种必然性,那就通过暴力来代替。"①

列宁在指导俄国革命的实践中,既坚持马克思主义,又以一系列新思想丰富和发展了马克思主义,深刻回答了什么是帝国主义、在帝国主义时代无产阶级怎样进行革命的重大历史课题,形成了列宁主义。例如:关于一国或数国首先取得胜利的问题。马克思、恩格斯认为,社会主义革命只能在欧洲主要资本主义国家同时发动才能取得胜利。但是,列宁根据帝国主义发展的不平衡规律,以及帝国主义战争有利于革命发生的客观形势,得出了不同以往的全新的结论:"社会主义不能在所有国家内同时获得胜利。它将首先在一个或者几个国家内获得胜利,而其余的国家在一段时间内仍然是资产阶级的或资产阶级以前的国家"②。十月革命取得胜利以后,列宁进一步指出,剥削者在一国被打倒是"典型的情况",而"几国同时发生革命是罕有的例外"。③ 在这个问题上,充分表明了列宁实事求是的科学态度和不拘泥于任何理论权威的创新勇气。

第三,中国马克思主义发展史是一部与时俱进、不断创新的历史。

2017年是十月革命100周年,也是马克思主义传入中国100周年。100年来,马克思主义与中国具体实际相结合,实现了马克思主义中国化的两次历史性飞跃,产生了两大理论成果——毛泽东思想和中国特色社会主义理论体系。可以说,一部马克思

---

① 《马克思恩格斯选集》第4卷,人民出版社1995年版,第216页。
② 《列宁选集》第2卷,人民出版社1995年版,第722页。
③ 《列宁选集》第3卷,人民出版社1995年版,第611—612页。

主义中国化的历史就是一部与时俱进、不断创新的历史。

毛泽东思想深刻回答了什么是中国革命、在中国如何进行革命的重大历史课题，对中国如何建设社会主义也进行了初步探索，以一系列独创性的理论观点丰富和发展了马克思列宁主义。比如，关于"两步走"的中国革命发展战略。毛泽东从中国国情和时代特点出发，领导我们党逐步形成了具有中国特色的"两步走"的中国革命发展战略，即第一步新民主主义革命，第二步社会主义革命。两次革命的性质是不同的，一次是民主革命，一次是社会主义革命，不能加以混淆。这两次革命都是在中国共产党的统一领导下进行的，中间不能横插一个资产阶级共和国。这个革命发展战略，既反对了右的"二次革命论"，又反对了"左"的"毕其功于一役"的"一次革命论"。实践证明是完全正确的。

党的十一届三中全会以来，邓小平深刻总结"文化大革命"的历史教训，领导全党重新确立解放思想、实事求是的思想路线，强调必须以新的思想、观点丰富和发展马列主义、毛泽东思想。他指出："世界形势日新月异，特别是现代科学技术发展很快。现在的一年抵得上过去古老社会几十年、上百年甚至更长的时间。不以新的思想、观点去继承、发展马克思主义，不是真正的马克思主义者。"[①] 在和平与发展成为时代主题的新的历史条件下，他深刻总结中国社会主义的历史经验，借鉴其他国家社会主义兴衰成败的历史经验，总结中国改革开放以来的新鲜经验，以及当代世界各国发展的经验与教训，形成了社会主义初级阶段理论以及社会主义初级阶段"一个中心、

---

① 《邓小平文选》第3卷，人民出版社1993年版，第291—292页．

两个基本点"的基本路线和分三步走、实现社会主义现代化的发展战略，第一次系统地、初步地回答了"什么是社会主义、怎样建设社会主义"这个当代中国所面临的首要的基本问题，把对社会主义的认识提高到新的科学水平，创立了邓小平理论，这是中国特色社会主义理论体系的开篇和奠基之作。

党的十三届四中全会以后，以江泽民同志为核心的党中央高举邓小平理论伟大旗帜，在国内外形势十分复杂、世界社会主义出现严重曲折的严峻考验面前捍卫了中国特色社会主义，确立了社会主义市场经济体制的改革目标，确立了社会主义初级阶段的基本经济制度，推进党的建设新的伟大工程，形成"三个代表"重要思想，进一步回答了"什么是社会主义、怎样建设社会主义"的问题，创造性地回答了"建设什么样的党、怎样建设党"的问题，以一系列新的思想丰富和发展了中国特色社会主义理论。党的十六大以后，以胡锦涛为总书记的党中央坚持以邓小平理论和"三个代表"重要思想为指导，适应新世纪新阶段全面建设小康社会的新要求，强调坚持以人为本、全面协调可持续发展，提出构建社会主义和谐社会、加快生态文明建设，形成中国特色社会主义事业总体布局，推动建设和谐世界，推进党的执政能力建设和先进性建设，形成了科学发展观，进一步丰富和发展了中国特色社会主义理论。

党的十八大以来，以习近平同志为核心的党中央围绕坚持和发展中国特色社会主义这个主题主线，积极推进理论创新和实践创新，强调坚定不移走中国特色社会主义道路，提出中华民族伟大复兴"中国梦"，协调推进全面建成小康社会、全面深化改革、全面依法治国、全面从严治党"四个全面"战略布局，牢固树立创新、协调、绿色、开放、共享的发展理念，统筹推进经济、政治、文化、社会、生态文明五位一体建设，坚持"总体国家安全观"，倡导构建人类命运共同体，推动构建以合作共赢为核心的新型国际关系，形成了一系列党中央治国理政新理念新思想新战略，又一次丰富和发展了中国特色社会主义理论。

历史之河川流不息，马克思主义中国化永远在路上。

陈曙光：您提出的最后一个原则"认认真真地学习马克思主义"，需要我们很好领会和准确把握。衡量一个人是不是马克思主义者，当然不是以他读过马克思的某几部著作为标准，但深入学习马克思主义经典文献，系统地掌握马克思主义的基本精神、基本原理，确实是我们打开通往马克思主义这座思想宝库的一把钥匙。

杨春贵：马克思主义是一门科学，而科学是必须认真学习才能把握的。党的十八大以来，习近平总书记在多个场合反复强调，要认认真真、原原本本地学习马克思主义经典著作，真正掌握马克思主义这个看家本领。

重视读原著是党的理论武装工作的好传统，也是一条重要历史经验。毛泽东同志历来重视干部对马列著作的学习，经常结合不同时期的需要提出一些书目，称作"干部必读"，要求全党同志学习。中央党校的教学方针中就有一条，叫"两为主，一加强"，即以自学为主、学习原著为主，加强对实际问题的研讨。2011年5月13日，习近平同志在中央党校以《领导干部要重视学习马克思主义经典著作》为题给学员做报告，列出18篇马列和毛泽东著作，要求大家"专心致志地读、原原本本地读、反反复复地读"。

读原著，既要读马克思主义经典作家的文献，也要读中国化马克思主义的经典文献。有人认为，马克思主义经典著作就是马恩列或者马恩列斯毛的成熟著作，其他的就称不上经典了，自然也就不在学习之列了。这是片面的。经典马克思主义有经典，中国马克思主义也有经典。学原著，学经典，既要重视学习经典作家的文献，也要重视学习中国共产党的经典文献，包括党的主要领导人代表中央发表的重要讲话，党代会的报告，党的重要决议等。这些都是全党集体智慧的结晶，是马列主义普遍真理同当代中国实际和时代特征相结合的产物，是我国社会主义历史经验和改革开放以来新鲜经验的总结。许多重要文献都是几百人参加起草、修改，几千人、几万人参与讨论，提出意见和建议，中央反复研究，真正是集体智慧的结晶，是党的创新理论的集中体现。对于这些宝贵精神财富，我们应当倍加珍惜，认真学习，努力掌握其立场、观点、方法，掌握其基本原理，使之内化于心、外化于行。

读原著，不是否定第二手文献。许多好的辅导报告、辅导材料和体会文章、著作，都有价值，适当地听一些、看一些是有益的，有助于我们对原著的理解，有助于启发思想、拓展思路，有助于开阔视野、增长知识。但是，只重视二手资料的学习而不重视读原著，则是片面的。因为所有二手资料都不能代替我们对原著的阅读。任何解读都不可避免地带有解读者的烙印，解读者的长处和短处在解读的过程中会自觉不自觉地表现出来。如果不阅读原著，就难以弄清哪些解读是正确的、哪些解读是偏颇的，甚至可能被一些带有明显错误倾向的观点所误导。

读原著，还要避免任意解读的倾向。恩格斯说过，一个人想研究科学问题，首先要学会按照作者写作的原样去阅读自己要加以利用的著作，并且不要读出原著中没有的东西。在各种思潮相互激荡、思想领域矛盾和斗争错综复杂的今天，人们对同一讲话、同一文献做出不同甚至相反的解读，并不是什么罕见的现象；至于说由于认识能力的局限而出现种种主观、片面和肤浅的解读，更是所在多有。所以，我们必须用主要的时间和精力去阅读、钻研原著，联系当时的时代特征和历史语境来读，辅之以阅读第二手材料，而不能颠倒主次、舍本求末。

读原著，当前特别要重视学习习近平总书记系列重要讲话。党的十八大以来，习近平同志发表系列重要讲话，提出一系列独创性的思想理论观点，进一步丰富和发展了中国特色社会主义理论体系。深入学习习近平总书记系列重要讲话，学习党中央治国理政新理念新思想新战略，是当前理论武装工作的重中之重。专心致志地、原原本本地、反反复复地阅读习近平总书记系列重要讲话，不但可以使我们完整准确地把握其精神实质，而且可以使我们从中受到理想信念教育、家国情怀感染、担当精神启迪、朴实文风熏陶。这种潜心阅读本身就是一个锤炼党性、丰富知识、开阔视野、增加思想深度、训练思维能力的过程，是一个培养高瞻远瞩的战略眼光和脚踏实地的工作作风的过程。

读原著，要联系实际、结合问题来读。不同部门的党员干部可以而且应当结合自己的实际着重学习某一方面的理论，但不能只学这一方面的理论而忽视其他方面的理论，因为只有懂得全局性的东西才能更好掌握局部性的东西。不论研究什么问题，都要注重基本观点之间的关联，不能陷入非此即彼的片面性，不能导致理论武装碎片化，因为真理是全面的、联系着的。

陈曙光：谢谢您接受我们的专访，祝您身体健康，学术之树常青。

七 把握体系 抓住精髓 突出主题[①]——就怎样理解中国特色社会主义理论访中央党校副校长杨春贵教授（《马克思主义与现实》杂志）

目前，全党正在深入学习建设有中国特色社会主义理论。记者就学习中如何准确地把握其科学体系、抓住其精髓、突出其主题等几个问题，采访了中共中央党校副校长、博士生导师杨春贵教授。

记者：杨校长，听说最近您在中央党校省部级干部进修班做了一次关于学习建设有中国特色社会主义理论的报告，题目是《体系·精髓·主题》，在学员中引起很大反响，得到很高评价。请您就这个题目和我们的读者谈谈好吗？

杨春贵：可以。不过，这只是我的一家之言，仅供大家参考，不对的地方祈望得到专家和读者的指正。

首先谈谈如何全面系统地把握建设有中国特色社会主义理论的科学体系问题。我认为，作为科学体系的建设有中国特色社会主义理论，由一系列基本原理所组成。党的十四大报告把这些基本原理概括为九个方面，这九个方面是有层次的、相互联系的。

记者：很希望听听您对这一体系的逻辑结构的详细看法。

---

① 本文系中央编译局《马克思主义与现实》杂志社记者杨金海同志对杨春贵同志的访谈，发表于该刊1995年第1期。

杨春贵： 关于这个问题已经有不少同志提出了自己的理解。我个人的理解，这一理论体系有如下一些基本层次。

第一层次，也是最高层次，是这一理论的哲学基础，这一理论的精髓："解放思想、实事求是"的思想路线。没有这条思想路线的确立和贯彻，就没有整个建设有中国特色社会主义理论。所以，我们学习这一理论要紧紧抓住这个精髓。

第二个层次，是这一理论的首要的基本理论问题，即这一理论的主题："什么是社会主义，怎样建设社会主义。"什么是社会主义，也就是社会主义的本质问题；怎样建设社会主义，也就是走什么样的道路、坚持什么样的路线的问题。这两者有联系，因为搞不清什么是社会主义，自然也就谈不上回答怎样建设社会主义；但二者又有一定的区别，因为什么是社会主义，是关于社会主义的一般的理论问题，而如何建设社会主义，是一个和国情相联系的较为具体的理论问题。具体地说，在中国如何建设社会主义，就要从中国社会主义初级阶段的实际出发，坚持"一个中心，两个基本点"的基本路线。这两个问题概括起来就是"是什么"和"做什么""怎么做"的问题。用哲学的语言来说，前者是"认识理性"，后者是"实践理性"。这两个问题的正确解决为建设有中国特色社会主义指明了方向。

第三个层次，是这一首要的基本理论问题在社会生活各个基本领域中的进一步展开和具体化。例如：在经济领域，包括我国经济发展的理论，经济体制改革和社会主义市场经济理论，对外开放的理论等；在政治领域，包括社会主义民主政治理论，法制理论，民族宗教理论，统一战线理论，一国两制理论，军队建设理论等；在思想文化领域，包括社会主义精神文明建设理论，科技理论，教育理论，文艺理论等；在党的领导和党的建设方面，包括坚持和改善党的领导，加强党的思想建设、组织建设、作风建设的理论等；在对外关系方面，包括时代主题的理论，我国的外交政策和党际关系的理论，建立国际政治经济新秩序的理论等。而所有这些理论自身又是一个系统，又由若干更为具体的理论所组成。所以，从这一理论的哲学基础，到这一理论的主题或首要的基本理论，到这一主题在各个领域的展开，是一个从抽象到具体的逻辑体系。我们在学习的时候要掌握这一理论的各个方面、各个层次及彼此之间的联系。这样，才能从根本上提高自己的理论素质，才不致于犯片面性、绝对化的错误，才能在贯彻这一理论的过程中，始终保持应有的科学态度和坚定信念。

记者：为什么说"解放思想，实事求是"的思想路线是这一理论的精髓？

杨春贵：所谓"精髓"，我的理解，就是贯穿一切的东西。"解放思想，实事求是"的思想路线，贯穿于建设有中国特色社会主义理论的各个方面，又贯穿于这一理论形成和发展的全过程。只有搞通它，才能深刻理解整个建设有中国特色社会主义理论，才能在实践中正确地贯彻这一理论，也才能在实践中不断丰富和发展这一理论。因此，我认为它是邓小平同志建设有中国特色社会主义理论的"精髓"。

记者：在社会主义建设新时期，为什么要特别强调"解放思想"呢？

杨春贵：因为长期以来教条主义和"左"的错误造成了许多人思想的僵化或半僵化。林彪、"四人帮"的思想禁锢，"两个凡是"的框框，苏联模式的束缚，"左"的政策的影响，以及对马克思主义经典作家某些原则、本本的教条式的理解，使人们无法实事求是地总结历史经验和研究社会主义建设所面临的各种理论和政策问题。解放思想的目的就是为了达到实事求是。这二者是统一的，不能加以割裂。比如我们不能无条件地把一切敢想都说成是解放思想，因为敢想有正确和不正确之分，正确的敢想是解放思想，错误的敢想叫主观臆想。同样，也不能无条件地把一切反传统的言论都说成是解放思想，因为传统中有好的传统、坏的传统或过时的传统。破除坏的传统，打破过时的传统，是解放思想；而否定好的传统，优秀的传统，那就是历史虚无主义，与解放思想风马牛不相及。由此，我们也就不能把解放思想的过程中出现的各种偏差都算在解放思想的账上。各种偏差违背了实事求是的原则，也恰恰是对解放思想的误解或曲解，是对解放思想的干扰。

"解放思想，实事求是"虽然只有八个字，但是它所包含的内容是非常丰富的。邓小平同志在创立和发展中国特色社会主义的过程中，突出强调了"五个坚持"和"五个破除"：（一）坚持理论与实践的统一，破除教条主义和资产阶级自由化思想；（二）坚持独立自主，走自己的路，破除僵化的社会主义模式观念；（三）坚持以社会主义初级阶段作为制定方针政策的根本依据，破除超阶段的"左"的思想和政策；（四）坚持以是否有利于发展生产力作为衡量各项工作的根本标准，破除抽象谈论社会主义的历史唯心主义观念；（五）坚持唯物辩证法，破除形而上学。正是由于确立和坚持了这样一条马克思列宁主义思想路线，我们才实现了党的工作中心的转移，才逐步提出和实行了一系列改革开放政策，才不断解决了我们所面临的各种新的矛盾和问题，使我国社会主义事业胜利地向前发展，同时在这个实践中形成和发展了建设有中国特色社会主义理论。

记者：您的概括很富有启发性，但有的同志在学习中反映，"实事求是"说起来容易，做起来难。您对此问题如何看？

杨春贵：坚持实事求是确实是很难的。毛泽东同志曾经说，世界上只有唯心论和形而上学最容易，因为它不需要根据实际，也不需要接受实践的检验。而坚持唯物论和辩证法，倒是需要用力气的。这话说得不错。马克思主义哲学世界观和方法论既是一门科学，又是一种意识形态，是无产阶级阶级利益的理论表现。要真正地掌握它，运用它，从个人主观方面来说，需要如下几个方面条件。（一）要有正确的政治立场。只有站在无产阶级和人民大众的立场上，具有完全彻底的为人民服务、一切对人民负责的精神，才能真正做到"解放思想，实事求是"。无私才能无畏，无私无畏才能采取彻底的唯物主义态度。私心杂念太重，升官发财的心态太重，必定不能说老实话，办老实事，必定热衷于搞形式主义、花架子，必定只是一味讨好上级而不肯对人民负责，必定搞"上有好者，下必甚焉"那一套，甚至说假话，搞浮夸，欺上瞒下。（二）要有较高的哲学素质。没有马克思主义哲学的根底，不可能全面地贯彻党的实事求是的思想路线，不可能有很强的原则性、系统性、预见性和创造性。尤其是目前，大批年轻干部走上各级领导岗位，其中许多人原来是学自然科学的，对马克思主义特别是马克思主义哲学缺乏系统的学习，理论根底相对不足，特别需要提高学习的自觉性。（三）要有较高的科学文化素养。"解放思想，实事求是"是一种科学的思想方法，没有这种科学的思想方法，固然不能正确地观察和处理问题，但是，光有科学的思想方法而缺少具体科学知识也是不行的。特别是在建立社会主义市场经济体制和科学技术已经成为第一生产力的今天，不具备一定的经济知识和科学素养，指导现代化建设就没有发言权，弄得不好，还会犯瞎指挥的错误。（四）要有较多的实践经验。经验越多，认识的参照系越多，认识和处理问题就会愈加全面和深刻。而缺少经验，则常常是发生主观主义的原因之一。因此，深入实际、调查研究、积累经验，也是坚持实事求是思想路线的一个重要条件。以上是从个人主观条件方面来说的。从客观条件方面来说，坚持"解放思想，实事求是"的思想路线，要有良好的社会环境，最主要的是要有一系列制度保证。例如，要坚持民主集中制。一言堂、个人决定重大问题，难免发生主观主义错误。要广开言路，不抓辫子，不扣帽子，不打棍子，使人们能够畅所欲言。这样，才能保证决策的科学性。又例如：要健全干部领导职务的选举、任免、考核、弹劾等项制度，使领导干部置于群众的监督之下，从制度上保证他们把对上负责与对下负责统一起来。

记者：您刚才谈到，"什么是社会主义，怎样建设社会主义"是建设有中国特色社会主义理论的首要的基本理论问题。那么，您对"什么是社会主义"这个问题怎么看？

杨春贵：关于什么是社会主义，即社会主义本质问题，在邓小平同志的著作中有许多论述，最后在"南方谈话"中做了一个完整的概括，即"社会主义的本质，是解放生产力，发展生产力，消灭剥削，消除两极分化，最终达到共同富裕。"现在看来，在社会上，在理论界，对这一概括还有一些不同的理解。我想，这里也有一个研究和认识的方法问题。从小平同志的论述中，我们在方法论上可以得到如下启示。

（一）只有用唯物史观来观察社会主义，才能科学地揭示社会主义的本质。按照唯物主义历史观，生产方式是人类社会发展的决定力量，是社会存在和发展的物质基础。诸种社会形态之间的区别，在本质上是生产方式的区别。邓小平同志关于社会主义本质的五句话，就是从社会主义生产方式的本质来揭示社会主义本质的。前面两句话讲的是生产力，中间两句话讲的是生产关系，最后一句话讲的是这种生产力和生产关系矛盾运动的最终结果。生产方式是生产力和生产关系的统一，讲生产方式的本质，当然不能不讲到生产力。有人说，所有社会在其上升时期都解放生产力，发展生产力，怎么能说解放和发展生产力是社会主义的本质呢？这是一种抽象谈论问题的方法，而不是具体问题具体分析的方法。事物的本质都是在具体的比较中显现的。当我们说所有社会在其上升时期都具有解放和发展生产力的本质时，是相对于被它所取代的那个社会制度而言的；同样地，当我们说社会主义的本质是解放和发展生产力的时候，乃是相对于被社会主义所取代的资本主义制度而言的。难道社会主义在本质上不应当比资本主义更快、更好地发展生产力吗？不应当创造出比资本主义更高的劳动生产率吗？如果做不到这一点，那它就没有资格取代资本主义。所以，谈论问题一定要具体分析，不能抽象议论。这里我附带说一句，消灭剥削，消除两极分化，与坚持公有制、按劳分配是一致的。不能咬文嚼字，说五句话中没有讲公有制、按劳分配，就说这不是社会主义本质。消灭剥削，不就是消灭私有制、建立公有制、实行按劳分配吗？这里也有一个完整、准确理解的问题。其实，邓小平同志在好几个地方都讲到社会主义原则，即要坚持公有制、按劳分配。要联系起来谈，融会贯通，不能简单地从字面上去理解。

（二）只有用辩证法的观点去观察社会主义，才能正确地把握社会主义本质。首先要有联系的观点，把邓小平同志的五句话作为一个整体来把握。单独讲消灭剥削、消除两极分化，别的不讲，那就会认为公有化程度越高、越纯就越符合社会主义本质，可是这种又高又纯的公有制在现阶段不利于生产力的发展，这又怎么能说是符合社会主义本质呢？所以，离开解放生产力、发展生产力，就不能正确理解消灭剥削、消除两极分化，那就会把社会主义看作纯粹道义上的概念，而不是科学的概念。其次，要有发展的观点。社会主义本质的实现是一个过程。在这个过程的不同阶段上，它的实现程度是有差别的。社会主义应当而且能够创造出比资本主义更高的劳动生产率，但是在中国社会主义初级阶段，由于历史的原因，做到这一点需要经历一个较长的过程。现在只能在发展速度上比资本主义快，而不可能达到发达资本主义国家的水平。同样地，社会主义本质要求消灭剥削，但这也是一个过程，我们已经消灭了剥削制度，这就在消灭剥削的道路上迈出了决定性的一步。但是，现在还不能完全消灭一切剥削现象，因为我们的生产力水平低，为了更好地完成发展生产力这个根本任务，我们目前还需要有条件地利用某些资本主义经济因素，也就是说，还需要有条件地允许某些剥削现象的存在。这样做，有利于生产力，从而有利于最终消灭一切剥削现象。因为彻底消灭剥削是以生产力的高度发展和物质财富的极大丰富为基础的。从辩证法的发展观去理解社会主义本质，具有重要意义。一方面，它告诉我们，在社会主义初级阶段，对于解放和发展生产力要有一种强烈的紧迫感；另一方面又要从实际出发，不能急于求成。在调整生产关系上，一方面要坚持公有制，坚持消灭剥削这个大方向；

另一方面在现阶段又不能盲目求纯，我们要通过扎扎实实地工作，一步一个脚印地前进，最后充分地体现出社会主义的本质。这样，才能既防止右的错误，又防止"左"的错误。

（三）只有坚持以实践为基础去研究社会主义，才能不断丰富和发展我们对社会主义本质的认识。社会主义实践在发展着，人们对社会主义本质的认识也在发展着。实践达到什么水平，我们的认识也就达到什么水平。这种认识是否正确，不能以现有的书本为根据，而应当以实践的检验为根据。邓小平同志关于社会主义本质的概括，就是根据实践的检验，舍弃了长期误认为社会主义本质而实际上并不属于社会主义本质的东西，提出了许多新观点。例如，计划和市场都是发展经济的手段，并不具有社会制度的性质，社会主义也可以搞市场经济，这就突破了马克思主义经典作家的论断，发展了马克思主义关于社会主义本质的认识。至于我们过去对社会主义本质的许多误解，更需要根据实践检验的结果去修正。例如，认为坚持"一大二公"就是坚持社会主义，实行家庭联产承包责任制就是走资本主义道路；坚持大体平均的分配方式就是社会主义，拉开差距就是资本主义等。实践证明，这些都是不正确的。我们应当以实践为基础，清理以往附加到社会主义名义下的本来不属于社会主义本质的东西，使我们对社会主义的认识逐步走向科学化。

记者：听了您关于社会主义本质的认识，很受启发。关于怎样建设社会主义这个题目很大，您是不是可以概括地谈一谈？

杨春贵：讲关于怎样建设社会主义的问题，首先必须知道，社会主义本质的理论是社会主义理论的一般，是所有社会主义国家的共性的东西，而共性要通过个性来体现。不同的国情在体现这个共性的时候，必须带有自己的特殊性，这就需要把科学社会主义的一般原理、原则与自己的实际结合起来，走自己的路。

走自己的路，建设有中国特色的社会主义，一个重要的前提就是搞清中国的国情，这是我们制定一切方针政策的根本依据。经过长期探索，我们终于形成了中国社会主义初级阶段的理论。中国社会主义初级阶段的主要矛盾是人民日益增长的物质文化生活需要同落后的社会生产之间的矛盾。因此，必须集中力量进行现代化建设，以经济建设为中心，推动社会的全面进步。因为这个阶段是社会主义的初级阶段，还存在一定范围的阶级斗争，所以必须坚持四项基本原则，这是实现四个现代化的政治保证。又因为长期受苏联模式的影响，加上我们自己所犯的"左"倾错误，过去我国的社会主义体制存在很多弊端，严重束缚生产力的发展，因此必须进行改革（包括对外开放），这是实现现代化的必由之路。这样，我们就逐步形成了以经济建设为中心、坚持四项基本原则、坚持改革开放的现阶段的党的基本路线。十六年的实践证明，这条基本路线是切合中国社会主义初级阶段的实际的，是正确的，是我们的事业能够经受风险考验、顺利达到目标的最可靠的保证。道路已经开通，路线已经确立，现在和今后的问题就是要坚持党的基本路线，一百年不动摇。

记者：那么，怎样才能真正做到坚定不移地贯彻党的基本路线呢？

杨春贵：这需要做到以下几点。（一）关键是坚持以经济建设为中心不动摇。这一点一旦动摇，整个基本路线就动摇了。要做到以经济建设为中心不动摇，关键又在于正确处理经济建设与阶级斗争的关系。阶级斗争在一定范围内还将长期存在，这一点不能掉以轻心，否则还有重新丧失政权的危险，四个现代化也就根本谈不上。但是，必须看到，阶级斗争毕竟不是主要矛盾了。抓阶级斗争是为了服务于经济建设这个中心，而决不能干扰和冲击这个中心。在历史上，我们有过由于不能清醒地对待国际国内某些事件而离开经济建设这个中心的严重教训。今后的道路也不会一帆风顺，天下的事情纷繁复杂，又常常风云变幻，不可能什么事情都预料到。因此，我们的原则仍然是冷静观察，沉着应对，按照实际情况，有什么问题解决什么问题，在什么范围内发生的问题就在什么范围内解决，无论解决什么问题，都不能影响经济建设这个中心，除非发生大规模外敌入侵。（二）必须把改革开放和四项基本原则统一起来。有中国特色的社会主义之所以具有蓬勃的生命力，就在于它是实行改革开放的社会主义；改革开放赋予四项基本原则以新的时代内容，使社会主义焕发出新的生机和活力。我们的改革开放所以能够健康发展，就在于它是有利于巩固和发展社会主义的改革开放；四项基本原则为改革开放规定了正确方向，提供了政治保证。二者统一的落脚点是解放和发展生产力。（三）在党内，特别是在党的领导干部中，要警惕右，同时要防止"左"。右和"左"都是对党的基本路线的偏离。右可以葬送社会主义，"左"也可以葬送社会主义。我们必须坚持反倾向的全面性和科学性，有右反右，有"左"反"左"，不放过任何一种错误倾向。不论反对哪种错误倾向，都要防止从一个极端跳到另一个极端，注意一种倾向掩盖另一种倾向。（四）必须巩固和发展团结稳定的政治局面。没有政治稳定，社会动荡不安，改革开放、经济建设都无法进行。必须坚持四项基本原则，坚决排除一切导致中国混乱甚至动乱的因素；必须坚持以经济建设为中心、大力推进改革开放，只有经济发展了，政治稳定才有可靠的物质基础。党中央制定的"抓住机遇，深化改革，扩大开放，促进发展，保持稳定"的方针，是党的基本路线的体现，我们必须全面地加以贯彻，以保证建设有中国特色社会主义的伟大事业健康顺利地向前发展。

八 邓小平理论的精髓[①]——访中央党校杨春贵教授（《人民日报》）

解放思想、实事求是，是我们党的思想路线，也是邓小平理论的精髓。没有这条思想路线的重新确立，就没有邓小平理论，也就没有中国的改革开放和社会主义现代化建设的新局面。在全面建设小康社会的新的发展阶段，我们高举邓小平理论伟大旗帜，首先要坚持他领导我们党重新确立起来的思想路线，坚持解放思想、实事求是、与时俱进，把中国特色社会主义伟大事业不断推向前进。近日，记者就这一问题，采访了中共中央党校教授杨春贵。

记者：党的十一届三中全会以来，邓小平领导我们坚持解放思想、实事求是的思想路线，不断解决前进道路上遇到的各种困惑和问题，推动了我国改革开放和现代化建设的顺利进行。历史经验告诉我们，思想路线问题太重要了。请您谈谈对这个问题的理解。

杨春贵：社会主义究竟怎么搞，首先是一个思想路线问题。邓小平说，多年的经验教训，告诉我们一条最重要的原则：

[①] 原载《人民日报》2004年8月22日第7版，记者吴珺。

"搞社会主义一定要遵循马克思主义的辩证唯物主义和历史唯物主义，也就是毛泽东同志概括的实事求是，或者说一切从实际出发。"针对长期以来的思想僵化或半僵化，邓小平强调，坚持实事求是，必须解放思想。党的十一届三中全会前后，他发表一系列重要谈话，旗帜鲜明地反对"两个凡是"，支持和领导"实践是检验真理的唯一标准"问题的大讨论，我们党重新确立了实事求是的思想路线，由此推动了党的指导思想和各条战线的拨乱反正，为科学总结中华人民共和国成立以来的历史经验，推进改革开放和现代化建设，探索和开拓建设中国特色社会主义新道路，奠定了坚实的思想基础。

记者：强调实事求是，在不同的历史时期针对着不同的历史课题。在新民主主义革命时期，毛泽东倡导实事求是，主要是为了解决"什么是中国革命、在中国怎样进行革命"这个根本问题；在新的历史条件下和新的历史任务面前，邓小平倡导实事求是，主要是为了解决"什么是社会主义、在中国怎样建设社会主义"这个根本问题。围绕这个新的历史课题，邓小平对党的思想路线有哪些重大的新贡献和新发展呢？

杨春贵：这个问题提得非常好。邓小平不仅从原则上提出了解放思想、实事求是的要求，而且针对社会主义的历史经验，针对人们对社会主义的种种误解和曲解，针对改革开放和现代化建设过程中需要解决的重大实际问题和理论问题，具体阐述了应当坚持的思想方法和工作方法，极大地丰富和发展了党的思想路线，形成了一个比较完备的建设社会主义的思想路线的理论，其中特别强调三个"破除"和三个"坚持"，可以说集中而系统地解决了建设社会主义的思想路线问题。这是邓小平对党的思想路线的重大贡献。

一是破除僵化的社会主义模式观念,坚持走自己的道路,建设中国特色社会主义。这是一个很大的思想解放,苏联模式神圣化的观念被彻底打破。邓小平说:"在革命成功后,各国必须根据自己的条件建设社会主义。固定的模式是没有的,也不可能有。"在党的十二大的开幕词中,他明确地提出"建设有中国特色的社会主义"的新概念,指出:"把马克思主义的普遍真理同我国的具体实际结合起来,走自己的道路,建设有中国特色的社会主义,这就是我们总结长期历史经验得出的基本结论。"这个基本结论,是对我国也是对世界社会主义历史经验的科学总结,是在新的历史条件下对毛泽东思想活的灵魂的继承和发展,是对社会主义观念的一个重大更新,它使人们在探索建设社会主义道路的过程中进一步获得思想上的大解放。

二是破除超阶段的急于求成的思想,坚持一切从社会主义初级阶段的实际出发。明确走自己的道路以后,还有一个怎样走自己道路的问题。毛泽东说:"认清中国的国情,乃是认清一切革命问题的基本的根据。"同样,认清中国国情也是认清中国社会主义建设一切问题的基本根据。在很长的一段时间内,我们对中国国情,主要是中国社会主义处于何种阶段的认识,不是完全清醒的,"制定的政策超越了社会主义的初级阶段"。这是我们过去的一个严重教训。在总结长期历史经验的基础上,我们终于对国情有了一个比较符合实际的认识,即我国处于并将长期处于社会主义初级阶段。邓小平说:"一切都要从这个实际出发,根据这个实际来制订规划。"这就为克服超阶段的急于求成的思想提供了锐利的思想武器。

三是破除离开发展生产力抽象谈论姓"社"姓"资"的思维定式,坚持以"三个有利于"作为检验一切工作是非得失的根本标准。在改革开放的进程中，一些同志常常离开社会主义的本质要求，离开发展生产力的根本任务，离开改善人民生活的根本宗旨，抽象地去讲姓"社"姓"资"，使改革开放迈不开步子。邓小平说："判断的标准，应该主要看是否有利于发展社会主义社会的生产力，是否有利于增强社会主义国家的综合国力，是否有利于提高人民的生活水平。""三个有利于"标准的确立，深刻回答了困扰人们思想的许多重大问题，进一步促进了全党全国人民的思想大解放，把我国的改革开放和现代化建设推进到一个新的阶段。

记者： 思想路线问题，说到底是如何对待马克思主义的问题。理论与实践的统一，坚持与发展的统一，是我们对待马克思主义的根本态度。在这个问题上，邓小平是怎样论述的？

杨春贵： 邓小平是坚定的马克思主义者，又是创造性的马克思主义者。他一方面强调"老祖宗不能丢"，另一方面又强调"讲新话"，要求我们根据现在的情况认识、继承和发展马克思主义。他说："不以新的思想、观点去继承、发展马克思主义，不是真正的马克思主义者。"发展马克思主义，在邓小平看来，关键是两条：一是要有实践的勇气、探索的勇气、创新的勇气，用他的话说就是要"敢试敢闯"，这就是尊重实践，在实践中开辟认识真理的道路；二是尊重群众，把人民拥护不拥护、赞成不赞成、高兴不高兴、答应不答应作为解决一切问题、制定一切方针政策的出发点和归宿，坚持"一切为了群众，一切依靠群众，从群众中来，到群众中去"的群众路线，重视总结群众的经验和创造，把群众的经验和创造上升为理论和政策，并指导群众前进。

记者： 邓小平关于党的思想路线的理论，同整个邓小平理论一样，也是在实践中不断丰富和发展的。最近十几年来，我们党在思想路线理论方面还有哪些重要的新发展？

杨春贵：世纪之交，面对中国的新发展和世界的新变化，以江泽民同志为核心的党的第三代中央领导集体把全面创新和与时俱进的要求突出地提到我们的面前。江泽民同志强调："与时俱进是马克思主义的理论品质"，"坚持党的思想路线，解放思想、实事求是、与时俱进，是我们党坚持先进性和增强创造力的决定性因素。与时俱进，就是党的全部理论和工作要体现时代性，把握规律性，富于创造性。能否始终做到这一点，决定着党和国家的前途命运。"理论上的与时俱进和各个领域的全面创新，是新世纪新阶段党的思想路线的新要求。在党的思想路线指引下，坚持解放思想、实事求是、与时俱进，我们一定能够把邓小平开创的中国特色社会主义伟大事业继续全面推向前进。

九　以人为本是科学发展观的核心[①]——访中央党校原副校长杨春贵（《人民日报》）

科学发展观是推进我国改革开放和社会主义现代化建设必须长期坚持的指导方针。以人为本是科学发展观的核心。如何理解以人为本的科学内涵和重大意义？提出以人为本的理论与实践根据是什么？落实以人为本的发展理念应当注意把握哪些重要原则？我们党提出的以人为本的发展理论同西方人本主义和我国古代传统的民本思想有何本质区别？就这些问题，记者

---

① 原载《人民日报》2006 年 4 月 1 日第 6 版，记者吴珺、何民捷。

近日采访了中央党校原副校长杨春贵。

记者："十一五"规划最鲜明的一个特点是强调以科学发展观统领经济社会发展全局。科学发展观的核心是以人为本。您曾讲过，以人为本之所以是科学发展观的核心，是因为坚持以人为本是解决发展中一切问题的思想前提和思想基础，是贯彻落实科学发展观的"总开关"。请您展开谈一谈以人为本这一发展理念的科学内涵和重大意义。

杨春贵：以人为本的发展理念是2003年10月党的十六届三中全会首次明确提出来的。这次全会通过的《中共中央关于完善社会主义市场经济体制若干问题的决定》要求："坚持以人为本，树立全面、协调、可持续的发展观，促进经济社会和人的全面发展。"

关于以人为本的科学内涵，2004年3月10日胡锦涛同志在中央人口资源环境工作座谈会上的讲话中做了深刻阐述。他说："坚持以人为本，就是要以实现人的全面发展为目标，从人民群众的根本利益出发，谋发展、促发展，不断满足人民群众日益增长的物质文化需要，切实保障人民群众的经济、政治和文化权益，让发展的成果惠及全体人民。"显然，这里讲的以人为本主要是指发展目的问题。这就是说，我们的发展不是为发展而发展，不是单纯为了 GDP 而发展，而是为了富裕人民、造福人民、促进人的全面发展而发展。发展必须把经济发展、政治发展、文化发展、社会发展、人的发展统一起来，而落脚点是人的发展。因此，人民是否得到实惠，人民生活水平和生活质量是否得到提高，人民的合法权益是否得到保障，人民是否高兴和满意，是我们考虑一切发展问题的根本出发点，是检验我们的发展是不是科学发展的最高标准。离开了以人为本，发展便失去了意义，并且会误入歧途。长期以来的经验教训告诉我们，树立和落实科学发展观，首先必须抓住以人为本这一发展理念。只有抓住这一发展理念，才能以对人民高度负责的精神正确处理发展中事关人民群众根本利益的各种重大关系，如经济发展与社会发展的关系，经济社会发展与人的发展的关系，经济发展中速度与效益的关系，先富、后富与共同富裕的关系，城乡之间的关系，区域之间的关系，经济建设与人口、资源、环境的关系，等等。总之一句话，只有坚持以人为本，才能实现全面、协调、可持续发展。前者是合目的性，后者是合规律性，只有坚持正确的合目的性，才能做到科学的合规律性。正是在这个意义上，我们说以人为本是科学发展观的核心，是解决发展中一切问题的思想前提和思想基础，是树立和落实科学发展观的"总开关"。在以科学发展观统领经济社会发展全局的过程中，我们必须自始至终紧紧抓住这个"总开关"。

记者：提出以人为本的理论根据是什么？

杨春贵：以人为本的发展理念同马克思主义关于共产主义社会理想是一脉相承的，是社会主义本质的必然要求，是我们党的根本宗旨和执政根本理念的具体体现。

从社会理想来说，实现人的自由全面发展的共产主义是马克思主义最崇高的社会理想，共产党人在其每一历史阶段所确立的具体纲领都是为了实现这个最高理想所采取的实际步骤。今天我们建设中国特色社会主义，既着眼于满足人民群众日益增长的物质文化生活需要，又着眼于促进人民群众素质的提高，也就是促进人的自由全面发展。江泽民同志指出："这是马克思主义关于建设社会主义新社会的本质要求。"

从党的宗旨来说，全心全意为人民服务是我们党的根本宗旨。毛泽东同志曾说："共产党人的一切言论行动，必须以合乎最广大人民群众的最大利益，为最广大人民群众所拥护为最高标准。"我们党的一切奋斗，归根结底都是为了实现最广大人民的根本利益。过去搞革命，是为了人民的翻身解放；现在搞建设、求发展，是为了人民的富裕幸福。邓小平同志反复强调，做一切事情都要以人民拥护不拥护、赞成不赞成、满意不满意、高兴不高兴作为判断是非得失的根本标准。

从执政理念来说，执政为民是我们党执政的根本理念。中国共产党作为中国工人阶级的先锋队，作为中国人民和中华民族的先锋队，必须要始终代表中国最广大人民群众的根本利益。执政为民的"民"是指"广大人民"，科学发展观的"以人为本"也就是以最广大人民群众的根本利益为本。

总之，以人为本的发展理念同马克思列宁主义、毛泽东思想、邓小平理论和"三个代表"重要思想关于马克思主义的社会理想、党的根本宗旨和执政的根本理念是完全一致的，是这些重要思想在发展问题上的创造性运用和发展。

记者：任何新观念的提出都不可能是单纯理论演绎的结果，而必然有着深刻的实践根据。那么，以人为本发展理念产生的实践根据是什么呢？

杨春贵：从国内实践来说，一方面我们所面临的需要解决的民生问题很多，另一方面一些地方在发展的过程中确实存在忽视以人为本的现象。这是我们强调以人为本这一发展理念的最主要的实践根据。改革开放以来，我国的经济社会发展取得了举世瞩目的巨大成就，虽然人民生活总体上达到了小康水平，但在发展中也存在一系列亟待解决的民生问题，如城乡贫困人口和低收入人口还有相当大的数量，城乡发展、区域发展、经济社会发展不平衡，就业形势严峻，看病难、上学难等关系群众切身利益的问题还比较突出；在土地征用、房屋拆迁、企业改制、环境保护等方面由于违反法规政策而侵害群众利益的现象仍时有发生，以及安全生产形势严峻；等等。所有这些问题，都需要本着以人为本、对人民负责的精神，切实加以解决。但是，在一些领导干部中却存在种种忽视以人为本的现象。例如，有的为了追求个人"政绩"，大搞"形象工程""政绩工程"，忽视发展的实效；有的认为发展就是经济增长，为了实现经济增长而不惜破坏环境、浪费资源；有的片面理解以经济建设为中心，忽视社会的全面进步；有的为了获得经济效益而不顾生产安全，造成事故频发，给人民生命财产带来严重损失，等等。在这种情况下，以胡锦涛同志为总书记的党中央鲜明地提出以人为本的发展理念，显然具有强烈的现实针对性，对于实现经济社会又好又快发展具有十分重要的指导意义。

提出以人为本的理念，也借鉴了世界上一些国家发展的经验教训。第二次世界大战以来，发展经济成为世界各国特别是发展中国家的首要任务。与此相伴，以国内生产总值为核心的经济增长论应运而生。这种发展观对战后的经济繁荣起到了重要的推动作用。但是，由于片面追求经济增长、忽视社会全面进步，一些国家在20世纪六七十年代出现了"有增长无发展"的现象，即经济有了较快增长，但普通民众并没有从中得到应有的实惠，反而带来分配不公、失业率上升、腐败严重等社会问题，有的甚至引发政治动荡。在这种情况下，产生了经济、社会、文化、环境综合发展论。70年代以后，随着各国工业化进程的加快，能源紧张、生态环境恶化等全球性问题相继出现，特别是当时发生的石油危机，对传统发展模式提出了严峻挑战。于是，"既满足当代，又不伤害后代"的可持续发展观逐步被国际社会所认同。这些经验教训，为我们确立以人为本的发展理念提供了有益借鉴。

记者：在落实以人为本这一发展理念的过程中，应当注意把握哪些重要原则？

杨春贵：这是一个现实问题。把以人为本的发展理念落实到发展实践中，有以下几条重要原则是需要注意把握的。

第一，首先考虑并满足最大多数人的利益。这是马克思主义的一个基本观点。《共产党宣言》指出："无产阶级的运动是绝大多数人的、为绝大多数人谋利益的独立的运动。"为绝大多数人谋利益还是为少数人谋利益，这是工人阶级政党同一切剥削阶级政党的根本区别。能否实现绝大多数人的利益，关系党和国家事业发展的全局，关系全国各族人民团结稳定的全局。当我国经济体制改革刚刚起步之时，邓小平同志就鲜明地指出："凡是符合最大多数人的根本利益，受到广大人民拥护的事情，不论前进的道路上还有多少困难，一定会得到成功。"坚持以人为本，必须首先坚持这一最紧要、最具有决定意义的原则。党的理论、路线、纲领、方针、政策，必须反映和代表最广大人民的根本利益，改革开放和现代化建设的成果必须由全体人民共享。

第二，正确反映和兼顾不同方面群众的利益。人民群众的根本利益是一致的，但在具体利益上存在差异。正确处理人民内部具体利益上的矛盾，必须统筹兼顾不同方面群众的利益，不能只顾一部分人的利益而不顾另一部分人的利益。毛泽东同志说:"统筹兼顾,各得其所。这是我们历来的方针。"党的十六大报告指出,实现全面建设小康社会的奋斗目标,"妥善处理和协调好各方面的利益关系,把一切积极因素充分调动和凝聚起来,至关紧要"。在国家政治生活中,对为祖国富强而贡献力量的社会各阶层人们都要团结,对他们的创业精神都要鼓励,对他们的合法权益都要保护,对他们中的优秀分子都要表彰,努力形成全体人民各尽其能、各得其所而又和谐相处的局面。在收入分配上,要承认差别,但又不能差别过大。所谓承认差别,就是坚持各种生产要素按贡献参与分配,放手让一切劳动、知识、技术、管理和资本的活力竞相迸发,让一切创造社会财富的源泉充分涌流,以造福于人民。所谓差别不能过大,就是注重社会公平,以共同富裕为目标,着力提高低收入水平,逐步扩大中等收入者比重,有效调节过高收入,努力缓解地区之间、部分社会成员之间收入分配差距扩大的趋势。在这个过程中,要特别关注那些在工作和生活上暂时遇到困难的群众,把他们的事情摆上重要议事日程,重点考虑,重点解决,切实安排好他们的就业和生活,在经济发展的基础上逐步提高最低生活保障和最低工资标准。

第三,科学认识和正确处理人民群众长远利益和眼前利益的关系。毛泽东同志说:"我们是以占全人口百分之九十以上的最广大群众的目前利益和将来利益的统一为出发点的。"当强调群众长远利益的时候,不能忘记群众的眼前利益。以胡锦涛同志为总书记的党中央反复强调,必须认真解决人民群众最关心、最直接、最现实的利益问题,包括群众的就业问题、低保问题、看病问题、子女上学问题、公共安全问题等。对这些问题,各级领导干部必须满怀热情、高度负责,切实加以解决。

同样，当强调群众眼前利益的时候，也不能忘记群众的长远利益。江泽民同志指出："不仅要安排好当前的发展，还要为子孙后代着想，决不能吃祖宗饭，断子孙路，走浪费资源和先污染、后治理的路子。"胡锦涛同志也强调："要彻底改变以牺牲环境为代价去换取一时的经济增长，不能以眼前发展损害长远利益，不能用局部发展损害全局利益。"总之，只有把群众的长远利益和眼前利益统一起来，才是真正的以人为本；任何把二者割裂开来、对立起来的做法，都是损害群众利益的，因而都是违背以人为本的要求的。

记者：应当怎样理解我们党提出的以人为本的理念同西方人本主义、我国古代民本思想的关系？

杨春贵：我们党提出的以人为本的发展理念同西方人本主义、我国古代民本思想是有着根本区别的。要弄清它们之间的关系，不能仅仅停留在字面的理解上。因为从字面上看，这些说法都强调"人"或者都重视"民"，好像没有什么本质区别。有的同志正是由此怀疑以人为本提法的正确性，或者有意无意混淆以人为本同西方人本主义、我国古代民本思想之间的原则界限。这是对以人为本发展理念的误解，不利于科学发展观的贯彻落实。

必须明确，我们在这里讲的以人为本不是一个抽象的哲学命题，而是讲在社会主义条件下发展经济、推进社会进步的目的问题。因此，不能认为强调以人为本，就违背了唯物主义的"物质本体论"。同时又要看到，以人为本是我们党的唯物主义历史观在发展问题上的集中体现。唯物主义历史观认为，人类社会发展的历史首先是生产发展的历史，从而首先是生产发展的主体——人民群众的历史。人民群众是历史的主人，是社会物质财富和精神财富的主要创造者，人民群众的利益和要求代表历史前进的方向。因而以唯物史观为指导的马克思主义政党的一切活动，都必须以人民群众的根本利益为出发点、最终目的和评价标准。西方人本主义尽管也强调人的价值、肯定人的地位、重视人的作用、主张维护人的尊严，其中有一定的合理性和进步意义，特别是在反对封建神学（以神为本）的斗争中发挥了重大作用，但就其哲学世界观特别是历史观而言，仍然是唯心主义的。西方人本主义者强调的人是抽象的人，主要是个体的个人，他们不了解物质生产在社会发展中的作用，从而也就不了解作为物质生产主体的人民群众在历史上的作用。因此，他们的理论也就不可能真正代表最广大人民的根本利益。

我国古代的民本思想源远流长。民为邦本、民贵君轻等思想在许多思想家那里都有论述，其中确实含有某些人民性、民主性的思想精华，在历史上起过一定的缓和阶级矛盾的作用。作为思想资料，我们在今天也应当批判地加以继承。但是，就其思想本质而言，它们不过是剥削阶级的一种统治手段，其目的是巩固剥削阶级的江山，而不是代表人民群众的根本利益。毛泽东同志曾经说："不论是中国还是外国，古代还是现代，剥削阶级的生活都离不了老百姓。他们讲'爱民'是为了剥削，为了从老百姓身上榨取东西，这同喂牛差不多。喂牛做什么？牛除耕田之外，还有一种用场，就是能挤奶。剥削阶级的'爱民'同爱牛差不多。我们不同，我们自己就是人民的一部分，我们的党是人民的代表。"因此，在坚持以人为本的发展理念问题上，必须划清马克思主义观点同非马克思主义观点的界限，不能含混不清，更不能加以混淆。

十 战略思维与领导艺术[①]——访中央党校原副校长杨春贵教授（《中国社会科学报》）

我们党历来重视战略思维。习近平总书记说："战略问题是一个政党、一个国家的根本问题。战略上判断得准确，战略上谋划得科学，战略上赢得主动，党和人民事业就大有希望。"在领导中国革命、建设和改革的长期实践中，我们党形成了一整套具有中国共产党人特色的马克思主义战略思维理论和方法。这是我们党极其宝贵的精神财富。在全面建成小康社会的决定性阶段和全面深化改革的攻坚时期，面对实现"两个一百年"奋斗目标的艰巨历史任务和复杂多变的国内外形势，我们应当切实提高处理复杂问题、驾驭复杂局面的战略思维能力，不断提高领导艺术和领导水平。就这个话题，本报记者采访了中共中央党校原副校长杨春贵教授。

（一）战略思维是领导科学的核心内容

《中国社会科学报》："战略"一词起源于军事领域。近现代以来，它被广泛运用于各种实践领域，特别是运用于治国理政，成为领导科学和领导艺术的核心内容。那么，在您看来，应当如何理解战略思维？领导干部为何应当重视战略思维？

杨春贵：现在研究战略问题的著作很多。但是，应当用什么样的思想方法研究战略问题，即关于战略思维方式的研究，

[①] 原载《中国社会科学报》2015年5月25日，特约记者刘济华，该报记者谢德。

则十分薄弱。真正高水平的科学论述，我认为还是毛泽东的《中国革命战争的战略问题》。其中的第一章第三节，题目叫"战略问题是研究战争全局的规律的东西"。根据毛泽东的论述，我认为可以给战略思维下这样一个定义，即它是关于实践活动的全局性思维。其本质就是通过正确处理实践活动中各方面、各阶段的关系，达到实践整体和长远的最佳效果，即全局的最佳效果。这一思维方式是由事物的本性所决定的。唯物辩证法告诉我们，事物不但作为矛盾而存在，而且作为系统和过程而存在。作为系统，它包含诸多要素；作为过程，它包含诸多阶段。事物的全局，就是由诸多要素和诸多阶段按照一定方式所构成的有机整体。相对全局来说，各种要素、各个阶段都是局部。一切实践活动，由于其本身的复杂性和过程性，决定实践的主体必须具有总揽全局的战略思维能力。对于领导干部来说，这一点尤其重要。因为他们的实践同其他人的实践比较起来，一般总是涉及范围更广、方面更多、内外关系更为复杂、影响更加深远，因而更加需要有全局眼光，更加需要从战略高度去思考问题，处理好各方面之间和各阶段之间的关系。只有具备较高的战略思维能力，才能正确处理战略目标问题、战略布局问题、战略步骤问题、战略转变问题等，才能有正确的战略谋划和战略行动，从而有效地推动事业全局的持续发展。

《中国社会科学报》：有的同志说，战略思维既然研究全局活动规律，那么，它对于党和国家的领导人来说当然重要，因为他们是管全局的；而我们在地方、部门、基层工作，处于局部地位，做的是具体的事，有什么必要要求我们提高战略思维能力呢？对于这种观点，您如何看待？

杨春贵：我认为，战略思维对于各级领导干部都是必要的。

这是因为：

第一，全局和局部的区别是相对的，不是绝对的，每一局部从一定意义上说也都是全局。毛泽东说："世界可以是战争的一全局，一国可以是战争的一全局，一个独立的游击区、一个大的独立的作战方面，也可以是战争的一全局。"相对于全党全国大局而言，你是局部，但相对于你所管辖的部分而言，你又是全局，作为相对而言的全局来说，就涉及一个正确处理各方面、各阶段关系的问题。俗话说："麻雀虽小，五脏俱全。"一个县有工农兵学商，有中心工作和其他工作，有重大问题和一般问题，这就要既统筹兼顾，又区别轻重缓急，不可顾此失彼，也不可平均使用力量。

第二，即使从你所处的局部地位来说，你也需要有战略思维能力，增强大局意识，自觉地服从和服务于全局。毛泽东说："懂得了全局性的东西，才更会使用局部性的东西，因为局部性的东西是隶属于全局性的东西的。"在抗日战争时期，他经常给干部讲课，讲政治、讲军事、讲哲学、讲历史，特别是讲战略，强调"提高战略空气"。他说："只有了解大局的人才能合理而恰当地安置小东西。即使当个排长也应该有个全局的图画，也才有大的发展。"1954年邓小平有一个关于地方财政工作的讲话，一开头就说："毛泽东曾经指出，我们党历来是重视战略的，部队的战士、伙夫都关心战略，只要把战略形势讲清楚，问题就好办了。""我们的一切工作都会涉及全局与局部的关系、中央与地方的关系、集中统一与因地制宜的关系。大道理与小道理必须讲清楚。"全局和局部缺一不可，但是，必须明确以什么为主导。他说："地方是在中央领导下的地方，局部是在全体中的局部，因地制宜是在集中统一下的因地制宜，如果两者之间发生矛盾，

269

地方应服从中央，局部应服从全体，因地制宜应服从集中统一。"1961年邓小平谈到妇女工作，也强调要有大局意识，说："妇女工作一定管本行，议大事。管事要管本行，议事要议大事，要把眼界搞开阔些"，"妇女干部要看世界，农村妇女也要看世界"。一切工作都有局部同全局的关系问题，都应当懂得全局高于局部、局部服从全局的大道理。这就要求每一个干部都具有战略意识和战略思维能力。习近平同志在纪念邓小平同志诞辰110周年座谈会的讲话中说："我们要学习邓小平同志'放眼世界，放眼未来，也放眼当前，放眼一切方面'的世界眼光和战略思维，学习他善于抓住关键、纲举目张的思想方法和工作方法，站在时代前沿观察思考问题，把党和人民事业放到历史长河和全球视野中来谋划，以小见大、见微知著，在解决突出问题中实现战略突破，在把握战略全局中推进各项工作。"毛泽东、邓小平、习近平这些论述，对于各行各业、各级干部特别是领导干部具有普遍的指导意义。

（二）战略思维以全局利益为最高追求

《中国社会科学报》：中国古人说，不谋全局者不足以谋一域，不谋长远者不足以谋一时。其要旨就在于"谋全局""谋长远"，这是战略思维的本质要求。请您具体谈谈这个本质要求的内涵。

杨春贵：战略思维的本质要求是一切着眼全局。具体说包括三个方面。

第一，对工作必须有全局的谋划，不可陷入事务主义。目无全局的军人，即使能争得几城几地，最终难免全军覆没；目无全局的棋手，纵然能谋得几子几目，最终难免满盘皆输。所谓全局的谋划，就是要善于进行三个方面的思考：一是善于把具体问题上升到原则上去思考，不要就现象论现象，要抓住本质和规律，做到纲举目张。这样才能真正抓住全局。二是善于把局部问题放在整体中加以思考，不要只见树木、不见森林，不要零敲碎打，"攻其一点、不及其余"。三是善于把当前的问题放在过程中加以思考，不要急功近利、鼠目寸光。事情要看得远一些。所谓"远见卓识"，远见才有卓识。马克思"两个必然"的结论，毛泽东"星星之火，可以燎原"的预见，我们党关于"两个一百年"的谋划，都是远见卓识，这种思考也就是前瞻性思考。总之，对工作的全局谋划，一定要重视规律性、系统性、前瞻性思考，避免就事论事的事务主义。

第二，以全局利益作为衡量是非得失的根本标准，不可因小失大。世界上的事情总是利弊相伴而生，有其利必有其弊。智者之智在于谋大利而避大害。中国古人说，"有所得有所失"，"小不忍则乱大谋"等，讲的都是着眼全局的大道理。毛泽东说："指挥全局的人，最要紧的，是把自己的注意力摆在照顾战争的全局上面……如果丢了这个去忙一些次要的问题，那就难免要吃亏了。"他批评王明"左"倾冒险主义者在中央苏区反"围剿"时所谓"不丧失一寸土地"的主张，说："他们看问题仅从一局部出发，没有能力通观全局，不愿把今天的利益和明天的利益相联结，把部分利益和全体利益相联结，捉住一局部一时间的东西死也不放。"这就叫因小失大。搞改革、搞建设，搞一切工作，均莫不如此。邓小平说："有些事从局部看可行，从大局看不可行。有些事从局部看不可行，从大局看可行。归根到底，要顾全大局。"有些事处理还是不处理，这样处理还是那样处理，马上处理还是放一放再处理，都不仅要考虑这个事情本身的是非得失，还要考虑对全局可能产生的影响。这是战略家的眼光。

第三，在事关大局的问题上，必须旗帜鲜明，不可随波逐流。全局利益是根本利益，丢掉全局就是丢掉根本，在事关全局的重大问题上，一定要立场坚定、旗帜鲜明，这就是原则性、党性；而模棱两可、摇摆不定、随波逐流，甚至颠倒是非，就是丧失原则、丧失党性。我们历来所主张的妥协、让步、退让等，都是考虑全局需要所采取的策略和手段，是为了实现原则性而实行的必要的灵活性；如果离开了原则性，离开了全局的需要，甚至破坏了全局，那就不是灵活性，而是机会主义，不是策略和手段，而成了目的。这当然是不许可的。细节问题可以讨论，非原则性问题可以让步，但关系全局的大事、要事，决不能含糊和让步，在原则性问题上，要有一种"咬定青山不放松，任尔东西南北风"的坚定和清醒。所谓大智若愚，并不是愚，而是真正的清醒，是大事不糊涂、小事不计较。如果大事糊涂，那就不可救药了。在举什么旗、走什么路的问题上，在事关党的基本原则和国家根本利益问题上，必须立场坚定、旗帜鲜明，敢于发声、敢于担当，决不能当"开明绅士"，决不能含糊其辞、退避三舍。

（三）战略思维应遵循的原则

《中国社会科学报》：为了实现"谋全局""谋长远"这个本质要求，运用战略思维需要正确处理全局所包含的要素与要素、系统与环境、阶段与阶段等之间的关系。处理这些关系，应当坚持和把握哪些重要原则？

杨春贵：处理这些关系，应当遵循以下几个重要原则。

第一，把握重点。全局由局部构成，每一局部在全局中都有其一定的地位和作用。但是，它们的地位和作用各不相同，有的是一般性的，有的是比较重要的，有的是最重要、有决定意义的。我们对于各个局部不可以平均地使用力量，而应当把握重点、突出重点。如毛泽东所说："任何一级的首长，应当把自己注意力的重心，放在那些对于他所指挥的全局来说最重要最有决定意义的问题或动作上，而不应放在其他的问题或动作上。"对于领导人员、管理人员来说，所谓重点，主要有三类：一是主要矛盾和战略主攻方向，二是重大矛盾和战略布局，三是突出的薄弱环节和工作的着力点。

第二，统筹兼顾。强调重点不是否定其他，而是为了更好地带动其他。这就要求在把握重点的同时，对构成全局的各个局部实行统筹兼顾。这是我们历来的方针，也是一项重要的领导艺术。所谓统筹兼顾，一是指对各方面工作要统筹兼顾，不可挂一漏万、顾此失彼。二是指对人民内部各方面利益要统筹兼顾，不可只顾一部分人的利益而不顾其他人的利益，更不可不顾多数人的利益。统筹兼顾不是简单的一二三四五的排列，不是形式主义的甲乙丙丁开中药铺，而是要正确处理各方面的关系，其中最重要的是比例关系和顺序关系。所谓比例关系，就是何者为重、何者为轻的问题，要有一个优化的比例；所谓顺序关系，就是何者为先、何者为后的问题，要有一个优化的顺序。一句话，就是处理好轻重缓急的问题。

第三，开阔视野。系统作为整体，不但在内部存在诸多要素之间的联系，而且在外部也存在与环境之间的联系。系统与环境之间不断进行物质、能量、信息的交换，一切事物的发展都不能不受到周围环境的影响。因此，做好全局工作，一定要有开阔的视野。研究政治离不开经济，研究文化离不开经济和政治，研究党情离不开研究国情，研究城市离不开研究农村，研究本地离不开外地，研究今天离不开历史，如此等等。因此，心胸要非常开阔，眼界要非常开阔，放眼全国，放眼世界，放眼当前，放眼未来，放眼一切方面。

第四，照应阶段。这里有三个要点：一是立足当前，不要超越阶段。马克思主义者是唯物主义者，唯物主义要求我们一切从实际出发，不能用幻想的东西代替现实的东西，不能用抽象的可能性代替现实的可能性。现实情况乃是我们考虑一切问题、制定一切方针政策的根本依据。我们只能去做那些经过努力可以做到的事情，而不要勉强去做那些在现阶段经过努力也做不到的事情。二是放眼长远，不要鼠目寸光。阶段之间既互相区别，又互相联系，在实现今天任务的同时，要为明天的发展准备必要条件，而不是使明天的发展丧失必要条件。这就要求具备长远的眼光。战略思维在本质上是预见思维。战略目标的确立，战略步骤的设计，战略布局的谋划，战略举措的选择，都属于对未来的思考，都是预想的东西。可以说，没有预见就没有战略。三是审时度势，与时俱进。当实践从一个阶段推进到另一阶段以后，主观指导必须随之转变，及时提出新的任务和方针政策办法，实现战略转移。否则就会落后于实践的发展。

第五，抓住机遇。机遇是一种可能性。在事物发展过程中，常常出现一种加速发展或实现质的飞跃的可能性，这种可能性对主体而言，就是机遇。战有战机，商有商机，一切都有机遇。毛泽东要求我们，"要多谋善断"。多谋就是多研究，多思考，多商量，特别是要多跟群众商量（坚持群众路线），多在班子内部商量（坚持民主集中制）。多谋是善断的基础，只有多谋才能善断。但是，多谋不等于就是善断。所谓善断，一要断得正确，二要断得及时。主观武断固然会丧失机遇，优柔寡断也会丧失机遇。当断不断，反受其乱。在多谋的基础上，当机立断，才能抓住机遇。1959年3月在郑州会议上，毛泽东曾经比较三国时期几个主要集团的核心人物在这个问题上的差别，他说，曹操多谋善断，最厉害；刘备也很厉害，却稍逊一筹，"事情出来了，不能一眼看出就抓到，慢一点"；袁绍则根本就是"见事迟，得计迟"，属于不称职的领导。邓小平反复强调："机会要抓住，决策要及时"，"抓住时机，发展自己"，"我就担心丧失机会。不抓呀，看到的机会就丢掉了，时间一晃就过去了。"在任何时候，机遇和挑战都是并存的。机遇只是为我们夺取胜利提供了一种客观可能性，要把这可能性变成现实性，还需要我们用好机遇，善于应对各种挑战，正确和及时地解决我们所面临的各种重大问题。

（四）习近平治国理政的战略思维

《中国社会科学报》：党的十八大以来，习近平总书记关于战略问题有一系列重要论述，这是我们学习他的系列重要讲话的一个重要组成部分。特别是他关于坚持当代中国发展进步的根本方向、实现中华民族伟在大复兴的历史担当、协调推进"四个全面"的战略布局和统筹国内国际两个大局等论述，充分体现了他在治国理政战略思维上的开拓和创新。请您给我们谈谈这方面的情况好吗？

杨春贵：是的，习近平同志十分重视战略思维，强调领导干部一定要努力提高自己的战略思维能力。他说："战略思维能力，就是高瞻远瞩、统揽全局，善于把握事物发展总体趋势和方向的能力。"他要求我们做工作一定要"胸怀大局、把握大事、着眼大事"。在浙江工作时，他曾明确提出："把方向、抓大事、谋全局是一把手的根本职责。"

党的十八大以来，习近平同志反复强调，必须牢牢抓住我们党全部工作的主题或主线，这就是坚持和发展中国特色社会主义。这是当代中国发展进步的根本方向。"党的十八大精神，说一千道一万，归结为一点，就是坚持和中国特色社会主义。"抓住了这一点，就是抓住了全局，抓住了根本，抓住了中华民族的前途和命运。只有社会主义才能救中国，只有中国特色社会主义才能发展中国。在这个根本问题上，我们必须保持清醒的政治头脑和战略定力。既不走封闭僵化的老路，也不走改旗易帜的邪路，必须坚定不移地走中国特色社会主义道路。我们学习习总书记系列重要讲话，一定要紧紧抓住这个主题、主线，牢牢把握这个根本的战略方向。

习近平同志强调，一定要聚焦我们的战略目标，这就是实现"两个一百年"的奋斗目标，实现中华民族伟大复兴的中国梦。"中国梦的本质是国家富强、民族振兴、人民幸福"，这是中国特色社会主义的真正价值所在。我们坚持和发展中国特色社会主义，一定要把亿万人民的思想、智慧和力量聚集到这个伟大的战略目标上来，为实现这个伟大的战略目标而奋斗。

习近平同志提出，一定要实施好战略布局，这就是"四个全面"的战略布局，即全面建成小康社会、全面深化改革、全面依法治国、全面从严治党。"四个全面"协调推进，既包括了发展目标，又包括了发展的动力、法治保障和政治保证，体现了目标与举措、重点与全面的统一。在全面建成小康社会这一点上，他强调，要坚持以经济建设为中心，形成包括经济、政治、文化、社会、生态"五位一体"的建设布局；在全面深化改革中，他强调，要坚持以经济体制改革为重点，全面推进经济、政治、文化、社会、生态、国防和党的建设的各方面改革，强调要加强改革的顶层设计，包括"改革的战略目标、战略重点、优先顺序、主攻方向、工作机制、推进方式"，要制订"改革总体方案、路线图、时间表"。

习近平同志要求，要"站在国内大局和国际大局相互联系的高度审视中国和世界的发展，善于从全局上思考问题，善于在关键时刻做出战略决策"。他关于推动构建人类命运共同体和"一带一路"的倡议充分表明了我们党统筹国际国内两个大局的世界眼光和高瞻远瞩的战略思维能力，它必将把我国的对外开放提高到一个新水平，必将极大地促进世界的和平与发展，为建设人类命运共同体做出中华民族的新贡献。

总之，一个是政治方向，一个是奋斗目标，一个是战略布局，一个是世界眼光，构成了习近平治国理政的宏伟蓝图和战略思维的基本框架，为当代中国的发展进步提供了科学指导和基本理念。对于这些重要论述，我们一定要学习好、领会好、实践好。

十一 阅读原著 把握体系 解决问题[①]——就深入学习习近平系列重要讲话访中央党校原副校长杨春贵（《理论视野》杂志）

当前，如何把学习习近平总书记系列重要讲话引向深入？

---

① 原载《理论视野》2014年第12期，特约记者孟艳。

这是广大领导干部共同关心的问题。清华大学马克思主义学院博士后、《理论视野》特约记者孟艳，就此问题采访了中央党校原副校长、中国辩证唯物主义研究会名誉会长杨春贵教授。

记者：我们知道您发表了不少学习习近平总书记系列重要讲话的体会文章，也经常为党校学员和一些机关干部做有关学习辅导报告，大家反映很好。广大领导干部反映，现在我们面临的一个重要问题，就是如何把当前的学习进一步引向深入？我想请您就这个问题谈谈看法好吗？

杨春贵：你提的这个问题很重要，也很有针对性。最近两年来，广大党员、干部、群众学习总书记讲话的热情很高，取得了显著成效，有力地推动了改革开放和现代化事业的发展。现在的问题是，怎样学得更加深入、更加扎实、更加富有成效？我个人的体会是，需要在三个方面进一步下功夫：一是要在认真阅读讲话原文上下功夫，二是要在科学把握思想体系上下功夫，三是要在勇于和善于解决实际问题上下功夫。下面我分别对此做一点说明。

要在认真阅读讲话原文上下功夫

记者：您曾经说过，重视读原著是我们党的理论武装工作的一个好传统，也是一条重要历史经验。请您给我们讲讲这方面的情况吧。

杨春贵：大家知道，早在1890年，恩格斯针对一些人对唯物史观的曲解和误解，在给约·布洛赫的一封信中就提出："我请您根据原著来研究这个理论，而不要根据第二手的材料来进行研究"。1913年，列宁在《马克思主义的三个来源和三个组成部分》一文中，把《共产党宣言》《反杜林论》《路德维希·费尔巴哈和德国古典哲学的终结》这些著作称作是"每个党悟工人必读的书籍"。毛泽东历来重视干部对马列著作的学习，经常结合不同时期的需要，提出一些书目，称作"干部必读"，要求全党同志学习。中央党校的教学方针中就有一条，叫"两为主，一加强"，即以自学为主、学习原著为主，加强对实际问题的研讨。2011年5月13日，习近平同志在中央党校以"领导干部要重视学习马克思主义经典著作"为题给学员做报告，列出了18篇马列和毛泽东著作，要求大家"专心致志地读、原原本本地读、反反复复地读"。所以，重视阅读原著，是我们党的一个好传统。

记者：那么，学习中国特色社会主义理论体系，应当读哪些原著呢？

杨春贵：中国特色社会主义理论体系的主要内容，集中体现在党的十一届三中全会以来党的主要领导人的重要论著以及党和国家的重要文献中。这些论著和文献是马列主义普遍真理同当代中国实际和时代特征相结合的产物，是我国社会主义历史经验和改革开放以来新鲜经验的科学总结，是对毛泽东思想的继承和发展，是党和人民集体智慧的结晶。它们的科学性、指导性、权威性和影响力，是一般个人著作无法比拟的。

党的十八大以来，习近平总书记的系列重要讲话以及党的十八届三中、四中全会的《决定》等重要文献，深刻回答了新形势下党和国家事业发展的一系列重大理论和现实问题，提出了许多新思想、新观点、新论断、新要求，进一步丰富和发展了中国特色社会主义理论体系，是当代中国马克思主义的最新成果，为我们在新的历史起点上坚持和发展中国特色社会主义、实现"两个一百年"的奋斗目标、实现中华民族伟大复兴的中国梦，提供了根本遵循。用这些讲话和文献精神武装全党、教育干部和群众，是当前理论武装工作的重中之重。

记者： 强调认真读原著，是不是说那些第二手的东西就可以不必学了呢？

杨春贵： 当然不是。一些好的辅导报告、辅导材料和有关体会文章、著作，都有其各自的价值，适当地听一些、看一些都是有益的，有助于我们对讲话精神的理解，有助启发思想、拓展思路，有助于开阔视野、增长知识。但是，所有这些都不能代替我们对原文的阅读。因为显而易见，任何解读都不可避免地带有解读者主体的烙印，解读者的长处和短处在解读的过程中都必然会自觉、不自觉地表现出来。如果你不阅读原文，就难以弄清哪些解读是正确的，哪些解读是不正确的，甚至可能被一些带有明显错误倾向的观点所误导。正如恩格斯所说："一个人想研究科学问题，首先要学会按照作者写作的原样去阅读自己要加以利用的著作，并且不要读出原著中没有的东西。"在意识形态多元化、各种思潮互相激荡、思想领域的矛盾和斗争错综复杂的今天，人们对同一讲话、同一文献做不同的解读甚至完全相反的解读，并不是什么罕见的现象；至于说由于认识能力的局限而出现种种主观、片面和肤浅的解读，更是所在多有。所以，我们必须用主要的时间和精力去阅读、钻研讲话原文，辅之以阅读其他第二手材料，而不能颠倒主次、舍本逐末。这是提高理论素养和政治鉴别力的必由之路。专心致志地、原原本本地、反反复复地阅读习近平总书记的重要讲话，不但可以使我们完整准确地把握其精神实质，而且可以使我们从中受到理想信念的教育、家国情怀的感染、担当精神的启迪，乃至朴实文风的熏陶，这种潜心阅读本身就是一个锤炼党性、丰富知识、开阔视野、增加思想深度和训练能力的过程，是一个培养高瞻远瞩的战略眼光和脚踏实地的工作作风的过程。现在的阅读条件很好，总书记的重要讲话一般很快就会在媒体上发表，我们可以及时阅读；《习近平论治国理政》一书的出版发行，便于我们集中和系统地阅读。尤其是在党校、干校脱产学习期间，把习近平总书记的系列重要讲话和党的十八大以来党和国家的重要文献系统阅读一遍，对于提高自己的理论水平和领导工作水平必将是一个极大的促进。

要在科学把握思想体系上下功夫

记者：学习习近平总书记的系列重要讲话，如同学习整个马克思主义一样，要力求完整、准确，努力把握其科学思想体系。在这方面应当注意一些什么问题，请您给我们谈谈好吗？

杨春贵：我看大体上可以讲四句话：一是抓住基本问题，二是把握主题主线，三是聚焦奋斗目标，四是掌握立场观点方法。

习近平总书记的系列重要讲话内容十分丰富，涵盖了经济、政治、文化、社会、生态等各个领域，涉及发展改革稳定、治党治国治军、内政外交国防等各个方面，是一个完整的科学思想体系，其中包括一系列相互联系的基本问题。中央宣传部组织编写的《习近平总书记系列重要讲话读本》将这些基本问题概括为十二条，即：关于坚持和发展中国特色社会主义，关于实现中华民族伟大复兴的中国梦，关于全面深化改革，关于促进经济持续健康发展，关于发展社会主义政治和依法治国，关于建设社会主义文化强国，关于改善民生和创新社会治理，关于大力推进生态文明建设，关于加强国防和军队建设，关于国际关系和我国外交战略，关于党要管党、从严治党，关于科学的思想方法和工作方法。对于这些基本问题及其内在联系，以及回答这些基本问题时所阐明的基本观点及其内在联系，我们都应当全面、系统地加以把握，不能只知其一、不知其他。不同的工作部门可以而且应当结合自己的实际着重学习某一方面的理论，但不能只学这一方面的理论而忽视其他方面的理论，因为懂得全局性的东西才更会使用局部性的东西。不论研究什么问题，都要注重基本观点之间的关联，不能陷入"非此即彼"的片面性，真理是全面的。总之，我们应当用系统、全面、完整的思想体系武装头脑、指导实践、推动工作，防止理论武装工作的碎片化。

记者： 您所说的主题主线指的是什么？

杨春贵： 以上十二个基本问题之间具有内在的联系，其中贯穿一个主题或者叫作主线，就是坚持和发展中国特色社会主义。这是十二个基本问题中的首先要的基本问题。习近平总书记多次指出，"坚持和发展中国特色社会主义是贯穿党的十八大报告的主线"，"党的十八大精神，说一千道一万，归结为一点，就是坚持和发展中国特色社会主义"，我们要把它作为贯彻党的十八大报告的"聚焦点、着力点、落脚点"。党的十一届三中全会以来，我们党的全部实践活动和理论活动的主题就是坚持和发展中国特色社会主义，这是当代中国发展进步的根本方向。抓住了这一条，就是抓住了根本，抓住了全局，抓住了中华民族的前途和命运。只有社会主义才能救中国，只有中国特色社会主义才能发展中国。我们既不能走封闭僵化的老路，也不能走改旗易帜的邪路，必须毫不动摇地走中国特色社会主义道路，这是实现中华民族伟大复兴的必由之路。习近平总书记指出:"坚持和发展中国特色社会主义是一篇大文章,邓小平同志为它确定了基本思路和基本原则,以江泽民同志为核心的第三代中央领导集体,以胡锦涛同志为总书记的党中央在这篇大文章上都写下了精彩的篇章。现在,我们这一代共产党人的任务,就是继续把这篇大文章写下去。"这就要求我们高举中国特色社会主义伟大旗帜,坚持和拓展中国特色社会主义道路,坚持和丰富中国特色社会主义理论体系,坚持和完善中国特色社会主义制度。我们学习习近平总书记的系列重要讲话,一定要紧紧抓住这个首要的基本问题,这个贯穿全部讲话精神的主题、主线。

记者: 习近平总书记提出并深刻阐述了实现中华民族伟大复兴的中国梦,是个重大战略思想,您所说的"聚焦奋斗目标",指的就是这一点吧?

杨春贵: 是的。如果说,坚持和发展中国特色社会主义是我们的伟大旗帜,实现中华民族伟大复兴的中国梦就是我们的奋斗目标。习近平总书记关于中国梦的论述,把我们党的指导思想和中华民族的共同价值追求更紧密地结合起来,进一步丰富了中国特色社会主义理论体系。我们在学习总书记系列重要讲话中,要把大家的思想、智慧和力量聚焦到这个伟大的战略目标上来,自觉为实现这个伟大战略目标而奋斗。深刻理解"中国梦的本质是国家富强、民族振兴、人民幸福";深刻理解实现中国梦,必须坚持"中国道路"、弘扬"中国精神"、凝聚"中国力量";深刻理解中国梦不仅造福中国人民,而且造福世界人民,中国梦与世界人民的美好梦想是相通的。中国梦凝聚了几代中国人的夙愿,"现在,我们比历史上任何时期都更接近中华民族伟大复兴的目标,比历史上任何时期都更有信心、有能力实现这个目标"。中国梦已经成为全体中华儿女的共同向往和团结奋斗的强大动力。

记者： 最后请您谈谈掌握立场观点方法问题。

杨春贵： 如果说第一句话讲的整体把握，第二句话讲的主题主线，第三句话讲的是奋斗目标，那么，最后一句话讲的就是贯穿一切的活的灵魂，即马克思主义的政治立场、世界观和方法论。2010年3月1日，习近平同志在中央党校曾以"深入学习中国特色社会主义理论体系，努力掌握马克思主义立场观点方法"为题给全体学员做报告，他说，坚持中国特色社会主义理论体系中贯穿的马克思主义立场，就是"始终站在人民大众的立场上，立党为公、执政为民，把服务群众、造福群众作为最大责任"；坚持中国特色社会主义理论体系中贯穿的马克思主义观点，就是"自觉运用辩证唯物主义和历史唯物主义的思想武器改造客观世界和主观世界"；坚持中国特色社会主义理论体系中贯穿的马克思主义方法，就是"用唯物辩证、实事求是、群众路线的思想方法和工作方法武装头脑、指导实践，不断提高领导工作水平"。党的十八大以来他的系列重要讲话充分体现了这些马克思主义的立场观点和方法。他强调，"人民对美好生活的向往，就是我们的奋斗目标"，"我们的执政理念，概括起来说就是：为人民服务，担当起该担当的责任。""要始终与人民心心相印、与人民同甘共苦、与人民团结奋斗"。他强调，"调查研究是谋事之基、成事之道。没有调查，就没有发言权，更没有决策权"，"群众路线是党的生命线和根本工作路线"，离开了人民群众，我们就将"失去根基，失去血脉，失去力量"，要"把政治智慧的增长、执政本领的增强、领导艺术的提高到深深植根于人民群众的实践沃土之中，不断从人民群众中吸收营养和力量"。他强调，要讲辩证法，努力提高"战略思维""辩证思维""创新思维""底线思维"能力，全面深化改革"必须坚持正确的方法论"，"加强顶层设计和整体谋划，加强各项改革的关联性、系统性、可行性研究"，如此等等，都是马克思主义立场观点方法的创造性运用和生动体现。因此，他号召我们，要重视学习马克思主义哲学，努力掌握这个认识世界和改革世界的"看家本领"。

要在勇于和善于解决实际问题上下功夫

记者：理论联系实际是马克思主义的一个基本原则，也是学习马克思主义一个基本方针，在深入学习习近平总书记系列重要讲话中，怎样更好地贯彻这一方针呢？

杨春贵：关键是勇于并善于解决实际问题。这是我们学习的根本目的，也是检验我们学习是否有成效以及成效之大小的根本标准。为此，要有强烈的问题意识和真抓实干的作风。

记者：首先是强烈的问题意识，对吗？

杨春贵：是的。只有提出问题，才能解决问题。要废除孤立、静止的学习方法，废除从概念到概念、从理论到理论的形式主义的学习方法。毛泽东在党的七大结论中提出："要提倡想问题"。他说，早几年前《新中华报》要他写几个字，当时有感而发，就是写了两个字"多想"。想什么呢？他说："想党内的各种问题，想阶级的问题，想国家的问题，想我们民族的问题，等等。"总之，是想那些重大问题。习近平总书记在谈到坚持和发展中国特色社会主义的时候，提出两个"不容置疑"：一个是，我们对社会主义的认识，对中国特色社会主义规律的把握，已经达到前所未有的高度，这一点不容置疑；再一个是，我国社会主义还处在初级阶段，我们还面临很多没有弄清楚的问题和待解的难题，对许多重大问题的认识和处理都还处在不断深化的过程之中，这一点也不容置疑。因此，他要求我们，坚持社会主义一定要有发展的观点，一定要以我国改革开放和现代化建设的实际问题、以我们正在做的事情为中心，着眼于马克思主义理论的运用，着眼于对实际问题的理论思考，着眼于新的实践和新的发展。特别是要着力思考那些事关党和国家事业全局的各种理论问题与实践问题，包括发展、改革、稳定中的重大问题，人民群众反映强烈的突出问题，党的建设面临的迫切问题，等等。不仅要想改造客观世界的问题，而且要想改造主观世界的问题，包括自身的政治立场问题、理想信念问题、思想道德问题、工作作风问题和思想方法问题，等等。通过理论学习与问题研讨相结合，使总书记重要讲话精神内化于心、外化于行，真正达到学以重德、学以增智、学以兴业的目的。这实际上就是一个理论联系实际的学风问题。

记者：那么，您强调的第二点"真抓实干"，主要指的是就是作风问题，是不是可以这样理解呢？

杨春贵：可以这样说。"问题意识"主要指的学风问题，"真抓实干"主要指作风问题。问题研究清楚了，理论、方针、政策、工作蓝图有了，下一步就是干的问题；而且是真抓实干的问题。习近平总书记多次强调，空谈误国，实干兴邦。这是马克思主义实践论的真理，也是古今中外的历史经验的总结。他在中央党校曾经以"关键在于落实"为题给全校学员做报告，指出："抓落实是领导工作中一个极为重要的环节，是党的思想路线和群众路线的根本要求，也是衡量党员领导干部世界观正确与否和党性强不强的一个重要标志。"所谓落实，就是要把中央精神、方针政策、工作部署和措施要求,"落实到实践中去,落实到基层中去,落实到群众中去,使之成为广大党员、干部、群众的自觉行动,以确保党和国家确定的目标任务顺利实现。"党的十八大以来,习近平总书记反复强调:"面向未来,全面建成小康社会要靠实干,基本实现现代化要靠实干,实现中华民族伟大复兴要靠实干。""真抓才能攻坚克难,实干才能梦想成真。""不抓实,再好的蓝图只能是一纸空文,再近的目标只能是镜花水月。"实践证明,抓而不紧等于不抓,抓而不实等于白抓。我们的各项工作一定要在落实上下功夫。这就要求我们善于把中央精神同本地区、本部门、本单位的实际结合起来,使之具体化、项目化、责任化;力戒从原则到原则、从会议到会议,反对一切形式主义和表面文章。"一分部署,九分落实。"我们要以"抓铁有痕、踏石留印"的精神做好各项工作,把我们的理论学习成果转化为改造世界的物质力量。

思想理论界的良师益友[*]

一 向李瑞环同志学习"学哲学用哲学"（两则）

（一）领导干部要重视提高哲学素养[①]——读李瑞环同志《学哲学用哲学》一书的体会

李瑞环同志在从领导岗位上退下来之前，同他身边工作人员做了一次谈话，谈他学哲学用哲学的体会。他说，有人问，你从一个普通的农民、工人成长为党和国家的领导人，奥秘在哪里？李瑞环同志回答说："要我说还是那句老话：是社会主义制度的产物，当然也不能否认个人的努力。光靠努力还不行，还要得法，得法就是要学习哲学。我这一生对我帮助最大的就是马克思主义哲学。"接着他讲了为什么要学哲学、怎样学哲学，并说，这些话我平时跟大家讲过，今天集中讲，"就算我

---

[*] 在我半个多世纪的哲学生涯中，我的大学老师，思想理论界的许多领导、前辈、同人和朋友，都给予了我各种各样的理解、支持和帮助，使我终生难忘。他们的道德文章、言传身教，告诉了我许多做人做事做学问的道理，他们都是我的良师益友。这里收集到的有关13位同志的15篇文章，都是在报刊上发表过的，分别从不同的角度谈了我从他们身上学到的东西，以表达我对他们的深深感念之情。从这里，也许可以了解到我国哲学界的一鳞半爪。

[①] 本文系作者2005年12月24日在中共中央党校哲学教研部召开的"李瑞环同志《学哲学用哲学》一书座谈会"上的发言，《学习时报》2007年9月24日发表。

退下来后对你们的赠言"。真是言如其人，李瑞环同志的退场"赠言"也有其特点，可见他对哲学是何等钟情、何等重视。

在李瑞环同志看来，哲学为什么如此重要呢？他根据自己的体会，用自己富有个性的语言说："哲学是明白学、智慧学，学懂了哲学，脑子就灵，眼睛就亮，办法就多；不管什么时候、干什么工作都会给你方向、给你思路、给你办法"，而且，"哲学这门学问说来也神，你的工作越变化、越新，它越显得有用；你的地位越高、场面越大，它的作用越大；你碰到的问题越困难、越复杂，它的效力越神奇；面对的问题越关键，它发挥的作用越关键"。原因在哪里呢？他说，因为哲学"讲的是事物最根本、最普遍的规律"，"任何事物都逃不出它的范围"。他说，要重视研究特殊规律，然而，学好哲学，掌握了一般规律，"有助于认识特殊规律"。他说，要重视总结经验，然而，正确地总结经验，"离不开马克思主义哲学这个伟大的认识工具"。他说，要重视各种知识的学习，然而，"有了哲学的根底，学其他知识、学科会更便捷、更有成效"。他用党的历史经验证明，特别是用延安整风的经验和党的十一届三中全会前后思想路线拨乱反正的经验证明，"全党哲学水平的提高能够极大地推动党的事业的蓬勃发展"。正是因为有这样深刻的认识，他才不仅自己学哲学、用哲学，而且提倡大家都学点哲学，说"学习哲学意义重大"，"学点哲学，终身受益"，尤其是领导干部，"要把哲学作为一门基本课程"来学习，努力提高自己的哲学素养。

对于广大的干部和群众来说，学哲学主要学什么？李瑞环同志有自己独到的见解。他说："要说学哲学就想让每个人都成为哲学家，这不可能。但对基本原理、基本观点，人们都有所了解，这是应该和可以办得到的。"有人主张学哲学就要学

2000年10月,杨春贵与中央党校常务副校长郑必坚(左)在云南省昆明市滇池畔交谈

哲学史,学马列哲学原著,李瑞环同志说,这些主张当然都是有道理的,对于一些人来说也是完全必要的,"但对一般搞实际工作的人来说,我主张主要学习马克思主义哲学的基本观点。哲学家应当下点力量,为搞实际工作的同志编写一些适合于不同层次的学习资料,为他们能够较快地学懂学好马克思主义哲学的基本观点服务"。在李瑞环同志看来,人的一生,时间是有限的,精力和实践的范围也是有限的,再聪明的人也只能做有限的事。我们提倡学马克思主义哲学,归根结底,还是为了搞好我们自己从事的某方面工作,所以,就大多数人讲,学哲学主要是学好基本观点,如唯物的观点、实践的观点、辩证的观点、发展的观点、生产力的观点、群众的观点,等等。下大

力量把基本观点真正弄懂，并且能和自己的实际工作相结合，不断提高认识水平，增强工作能力，这就是我们学习哲学的目的。李瑞环同志的这个主张同邓小平同志"学马列要精，要管用的"主张是完全一致的。邓小平同志说："长篇的东西是少数搞专业的人读的，群众怎么读？要求都读大本子，那是形式主义的，办不到。"具体到学习哲学，李瑞环同志说："如果有人在学习和掌握了基本观点之后，还有兴趣继续学原著或者研究哲学史，这当然更好。"但是，"我们不可能使每个人都成为哲学家，因此没有必要也不可能使每个人都像哲学家那样研究哲学"。这些话，对我们怎样从事干部哲学教育工作，是非常富有启发的，看来我们的干部哲学教育也有一个进一步解放思想的问题。现在，中央正在实施的马克思主义理论研究和建设工程，一个重要任务就是编出一系列理论教材，其中包括马克思主义哲学教材，我想这对于广大干部学习和掌握马克思主义的基本观点、基本原理，将是非常有帮助的。

李瑞环同志认为，学习哲学能不能开展起来，坚持下去，引向深入，取得扎扎实实的效果，关键的一点在于端正学风。不能从书本到书本，从概念到概念，要坚持理论同实际相结合的马克思主义学风。他说："如果把学习与自己熟悉的工作结合起来，拿实践的经验同理论相印证，就容易懂；把基本的观点与具体的形象的东西相联系，印象就会比较深刻，就容易记；把书本的东西融入丰富生动的现实生活，干什么就从什么里头学、就在什么里头用，就容易活。"我们听李瑞环同志讲话，看李瑞环同志的文章，总有一种理论感，又有一种新鲜感、现实感，原因就是他把理论同实际结合得好，"讲原则而不空泛，讲具体而不琐碎"。他的许多话充满哲学智慧，又富于生活气息，使人听起来爱听，用起来管用。例如他说："如果只研究中国，不研究世界，就会落后世界潮流；如果只研究世界，不研究中国，就会脱离中国国情。""改革不可能每一步都使每一个人得到利益，但无论如何不能损害多数人的利益；改革从总体上提高了人民的生活，但无论如何不能忘记暂时遭遇困难的人；改革必须依靠精明的领导者、依靠科学技术，但无论如何不能忽视劳动人民的作用"。"许多事情我们可以讲一千个理由、一万个理由，但老百姓吃不上饭，就没有理由。""只有心中有人民，人民心中才有你。""群众最可敬，他们有无穷无尽的力量，社会的财富靠他们来创造；群众最可爱，只要你真心实意地为他们服务，他们就真心实意地支持你；群众最可怜，他们确有许多实际困难，而对我们的要求并不高；群众最可畏，不管什么人，惹怒了他们就可以使你垮台。""现在是百业待兴，百事待举，要把所有的事都找出来，分分类，排排队。不加选择，眉毛胡子一把抓，核桃栗子一齐数，其结果必然是螃蟹吃豆腐，吃得不多，抓得挺乱。""脑袋长在自己的肩膀上，不能放在别人的胳膊上。""有些文章写得不好，不是词汇不够多、句子不够美，而是动机上、内容上、方法上有毛病，在鼓捣字儿上花的时间太多，在研究事儿上下的功夫太少。""不要光看别人赚不赚钱，还要看自己赚不赚钱；不要光看眼前赚不赚钱，还要看长远赚不赚钱；不要光看某个具体项目赚不赚钱，还要看总体上赚不赚。"如此等等。你看，这里没有几个哲学概念和术语，但是，充满哲学的智慧，这就叫理论同实际相结合，就叫真学会用。

总之，李瑞环同志的《学哲学用哲学》一书，为我们学哲学、用哲学提供了一个范例。我相信，每一个认真读它的人，都会从中受益。特别是在学习、贯彻党的十六届五中全会精神的过程中,我们尤其需要重视马克思主义哲学的学习和运用。树立和落实科学发展观,说到底,就是要以马克思主义哲学为指导,正确处理发展中的各种重大关系问题,如手段与目的的关系,中心与全面的关系,非平衡与平衡的关系,当前与长远的关系,中国与世界的关系,等等。各门具体科学都要研究科学发展观,但侧重点是不同的,例如经济学着重研究效率,社会学着重研究公平,政治学着重研究民主,法学着重研究法治,环境科学着重研究生态,而哲学应当着重研究"关系"、研究"协调"、研究"统筹"、研究科学发展观的思想体系。研究"体系",就要求完整、准确、系统,防止和克服任何一种片面性,努力提高辩证思维能力。广大干部和群众,特别是各级领导干部,应自觉地学哲学、用哲学,正确理解和把握科学发展观,这是落实科学发展观的思想前提。

(二) 弘扬务实求理的良好文风[①]——读李瑞环同志《务实求理》一书的体会

李瑞环同志将他在中央和天津工作期间的部分文稿汇编出版,取名《务实求理》,看来是经过了一番认真琢磨的。正如该书编辑组在后记中所说,"务实求理"这四个字,"既是本书的主要特点,也是作者人生经历、经验的主要体会,同时又表明了作者对写文章的基本要求和对文风的某种希冀与倡导"。拜读全书之后,深受启发和教育。下面仅就该书在文风方面给我们的启示,谈几点体会。

---

① 本文系作者2010年7月6日在李瑞环同志《务实求理》一书出版座谈会上的讲话,原载2010年7月9日《人民日报》。

文风问题，已经引起全党上下、干部群众的广泛关注。胡锦涛同志在党的十七大报告中明确提出，要"改进学风和文风"，党的十七届四中全会《决定》进一步要求，要大力"整治文风会风"；前不久，习近平同志在中央党校又做了《努力克服不良文风，积极倡导优良文风》的讲话；许多学者、干部、群众也纷纷发表文章、谈话，呼吁切实抓一下文风问题。在这种情况下，我们阅读李瑞环同志《务实求理》一书，重温他那些要言不烦、朴实无华、富有个性、生动活泼的讲话、文章，以及他对优良文风的大力倡导，显然是一件十分有益的事情。

我们听瑞环同志讲话，看他写的文章，一个突出的感受就是"务实"，即他所提倡的"知实情、想实招、说实话、求实效"。他说，空谈误国，实干兴邦，我们应当大力提倡务实精神，"执行中央指示时要务实，运用书本知识时要务实，学习别人经验时要务实，坚持自己经验时也要务实"，"讲空话、大话、套话，既不了解实际也不联系实际，既不从实际出发，也不解决实际问题"，"看起来热热闹闹，实际上毫无用处"。谈到一些文章的文风不好，他说："我们有些文章写得不好，不是词汇不够多、句子不够美，而是动机上、内容上、方法上有毛病，在鼓捣词儿上花的时间太多，在研究事儿上下的功夫太少。为文章而文章，从文章到文章，这种方法，永远写不出好文章。"谈到一些会议的会风不好，他说，主要是"空话套话、似是而非的话、没有错也没有用的话"太多，而结合实际、回答问题、具体管用的话太少。所以，文风问题，实际是学风问题，是思想路线问题，是如何处理主观与客观、理论与实践、普遍与特殊、内容与形式等的关系问题。瑞环同志在《面对现实，深入调研》这篇讲话中深刻阐明了"怎样看待本本""怎样看待文件""怎样看待经验""怎样看待权力""怎样看待公认"等一系列的认识论问题，强调"各级领导干部必须重视实践，重视群众，重视基层，重视现实，而不能脱离实践固守理论，轻视群众盲从领导，不顾基层只看上级，离开现实专讲过去。"就是说，我们重视本本但不能搞本本主义，我们重视文件但不能照抄照转，我们重视学习别人但不能简单照搬别人，我们重视自己的经验但不能固执己见。我们讲话、写文章都要以正在做的事情为中心，以解决实际问题为原则，创造性地而不是刻板地运用已有的理论、原则、知识、经验等，努力讲符合实际的话、具体管用的话、与时俱进的话。这样的话，才是生动活泼和富有生命力、感染力、说服力的话。这是为人之道，成事之道，也是作文、讲话之道。

我们听瑞环同志讲话，看他写的文章，又一个突出的感受是他重视"求理"，即重视理论思考，特别是哲学思考，因而有思想深度，富有启发性。他务实，但不是就事论事，而是就事论理。他有一个形象的说法，叫"不占糊涂便宜，不吃糊涂亏"，要重视总结经验。对于成功的经验，"要从理论高度进行概括，使其具有普遍意义，借以指导其他，不能占糊涂便宜"；对于失败的经验，"要以辩证唯物主义态度，找出内在的原因，使之成为成功的先导，不能吃糊涂亏"。这就要求重视理论思考，而且要"具体地思考，深入地思考，连贯系统地思考，思考现在、过去和未来，思考自己、他人和整个世界，思考实践、理论和理论与实践的结合"。这种思考越深刻、越系统、越超前，对事物本质和规律的认识就越正确，在实践中就越加主动和自由。瑞环同志关于发展、改革、稳定的论述，关于民主、统战、政协工作的论述，关于宣传、文化、艺术工作的论述，关于城建和"三农"的论述，关于对外关系和党的建设的论述等，都体现了务实与务虚、实际与理论、材料与观点的有机结合，使他的论述"讲原则而不空泛，讲具体而不琐碎"，既有助于实际问题的解决，又有益于人们思想理论水平的提高。他特别重视哲学思考，追求哲学之理，使他的著作具有很高的哲学智慧，闪耀着唯物论和辩证法的思想光芒。我们随手翻阅，就可以发现大量这样的话："研究当前的问题，必须服从于长远的发展目标；而研究长远的问题，又必须从现实出发"；"如果只研究中国，不研究世界，就会落后世界潮流；如果只研究世界，不研究中国，就会脱离中国国情"；"普遍存在的问题要在方针政策上找原因，反复出现的问题要从发展规律上找原因"；"讲政治人民至上，求真理实践第一"；"改革不可能每一步都使每一个人得到利益，但无论如何不能损害多数人的利益；改革从总体上提高了人民的生活，但无论如何不能忘记暂时遭遇困难的人"；"只有心中有人民，人民心中才有你"；"与民同乐，民亦乐其乐，与民同忧，民亦忧其忧"；如此等等。这里虽然没有使用多少哲学术语，但体现着深刻的哲学理念，读过之后，给人以深刻的哲学启迪，令人回味无穷，甚至终身受益。

我们听瑞环同志讲话，看他写的文章，还有一个突出的感受就是"生动"，即他善于讲理，深入浅出，通俗易懂，言简意赅，富有文采。许多看似深奥的道理，经他一讲往往一语破的；许多困惑疑虑，经他一点拨往往豁然开朗。他能用三言两语抓住事情的要害，使人印象深刻，久久难以忘怀。例如：他谈到政协工作，说："政协不立法，但可以立论"。一个"立论"，抓住了政协工作的本质。谈到统战工作干部的素质要求，他说，同其他干部一样，要具备许多基本条件，但还应具备一些特殊的条件，"其中很重要的一条，就是要形象好、人缘好、富有人格的力量"。一个"人缘好"，道出了统战干部应当具备的特殊形象。谈到改革，他说，当然要遵守许多原则，但最重要的是人民群众"总体受益原则和总体承受能力原则"，这是最根本的原则。谈到国外有人散布"中国威胁论"，他说，这实际上是"威胁中国论"，可谓一针见血，一语中的。像这样思想深刻、言简意赅、发人深省的话，绝不是依赖秘书和写作班子就能够写出来的，而是李瑞环同志独特风格的体现。他学历不高，但学习刻苦，"几十年来一直在补课，有时简直是恶补"，学习使他广见博闻、视野开阔、思想深邃。他工作很忙，但是忙而不忘"多思"，每次睡觉以前都要想一个题目，"碰到大的难的问题，不是趴在桌上想，而是躺在床上想"，许多讲话、文章的提纲都是在床上想出来的。"多思"使他高瞻远瞩、见解独到、智如泉涌。他的讲话、文章不仅深入浅出、言简意赅，而且语言生动、资料丰富、引人入胜。这得益于他丰富的生活阅历和实践经验。他来自基层，了解实际，熟悉群众，又长期从事各级领导工作，生活不仅使他增长才干，而且教会了他丰富多彩的语言。他的许多真知灼见一旦和群众的语言相结合，就立刻变得生动起来、鲜活起来。面对国外某些人毫无根据的非议，他说："听喇喇蛄叫，还能不种庄稼？"面对一些无谓的抽象争论，他说："先生孩子后起名"，"关键是孩子要养好！"面对一些同志唯上唯书不唯实，他说："脑袋长在自己的肩膀上，不能长在别人的胳膊上"。面对一些同志不分轻重缓急、眉毛胡子一把抓的工作作风，他说，这就好比"螃蟹吃豆腐——吃得不多，抓得挺乱"。你看，多么生动、多么深刻、多么风趣！短短的几句话，甚至一句话，有时比某些长篇大论更解决问题。可见，要真正转变文风，学习是何等重要，思考是何等重要，生活积累是何等重要。

从李瑞环同志的著作中，我们看到，文风问题不只是一个语言文字的表达问题，它首先是一个思想路线、思想方法问题，也是一个人的学习态度、工作态度问题。"务实求理"应当成为我们人生的座右铭，也应当成为我们作文说话的座右铭。

二 艾思奇：人民的哲学家[①]——在《人民日报》纪念"人民的哲学家"艾思奇诞辰100周年笔谈会上的发言

艾思奇被誉为人民的哲学家，对于这一崇高称号，他当之无愧。一本《大众哲学》，在白色恐怖中虽屡受查禁而竟能在十余年间连续出版三十多版，许多知识青年读了它看到光明和希望，进而走向进步、走向革命、走向延安，以致在几十年后，有的老同志仍然深情地回忆说，《大众哲学》"是我青年时代学习马克思主义哲学的启蒙老师"；有的著名学者评论说，《大众哲学》"是中国学者把马克思主义哲学大众化、通俗化的开山之作"，艾思奇"是马克思主义哲学大众化的第一人"。一本十几万字的小册子，影响如此广泛、深刻、久远，在马克思主义哲学传播史上堪称理论奇观。其中的奥秘，就是因为艾思奇是人民的哲学家，他的哲学活动与人民同呼吸、共命运，他把人民的实践、人民的解放、人民的幸福追求作为自己哲学思考的

[①] 刊于《人民日报》2010年3月2日。

主题；而对于这种哲学思考的理论成果，又总是力求以人民喜闻乐见的形式，深入浅出、通俗易懂地传达给人民，使之变成人民手中的锐利思想武器。他的理论与实践活动雄辩证明了一条颠扑不破的真理：哲学关注人民，人民才关注哲学；哲学植根实践，实践才赋予哲学以生命。哲学与人民共命运。在大力推进马克思主义中国化、时代化、大众化的今天，我们纪念艾思奇，学习艾思奇，最根本的就是要积极促进马克思主义同人民群众相结合，这是马克思主义阶级性、实践性的根本要求，也是马克思主义中国化、时代化、大众化的精神实质之所在。

三　黄枬森：我心中做学问的一面旗帜（两则）

（一）学风是第一重要的事情[①]——在"21世纪哲学创新暨庆祝黄枬森教授80华诞学术讨论会"上的发言

黄枬森教授是我国著名的马克思主义哲学家，他为我国的哲学研究、哲学教育和哲学理论宣传事业做出了重大贡献。在他80华诞和从教50年的时候，举行"21世纪哲学创新暨庆祝黄枬森教授80华诞学术讨论会"，是一件很有意义、令人欣喜的事情。作为黄先生的后学晚辈，我对他的80华诞表示热烈的

---

① 黄枬森同志是北京大学哲学系教授，当年我在北大读书时念的是中文系新闻专业，没有听过他的课。1962年我到南开大学哲学系任教，主讲列宁的《哲学笔记》，四处找参考资料，中文资料一本也找没到。我的老同学吴泰昌听说后，给我送来一本黄先生的《〈哲学笔记〉注释》，真有一种久旱适甘霖之感，使我深受教益。改革开放后，在学术活动中，常常见到黄先生，他的深厚学养和谦谦君子之态，给我留下深刻印象，在一次会上，我发言说："在我的心中，黄先生是一面做学问的旗帜。"此说得到许多同志的赞同，据说也有一些同志在不同场合加以引用，我甚为高兴。本文是我2001年11月29日在北京大学召开的"21世纪哲学创新暨庆祝黄枬森教授80华诞学术讨论会"上的发言，曾经收入2001年由中央党校出版社出版的我的《论思想方法》一书。

庆贺,对他丰硕的学术成就和高尚的师德表示崇高的敬意!

1999年6月6日,在《北京日报》召开的"走向21世纪的哲学研讨会"上,杨春贵(右)与北京大学黄枬森教授在一起

黄先生的治学之道给我们的启发和教育是多方面的。集中到一点,就是他始终坚持和发扬理论联系实际的马克思主义学风。他矢志不渝地坚持马克思主义的政治方向,不管是在顺境中还是在逆境中,都认真刻苦地钻研马克思主义经典著作,因而具有深厚的马克思主义理论功底和坚定的马克思主义立场,特别是他在逆境中对列宁《哲学笔记》的研究,在我国可以说独树一帜,产生了相当广泛的影响;他对马克思主义经典著作的研究,不是简单地注经解经,而是独立思考,实事求是地予以评价,正如他自己所说,不能认为经典作家的言论句句是真理,不能认为马克思主义哲学的发展就是真理加真理,没有什么功过是非可言,我们立论的根据应当是"事实、实践、科学

思想理论界的良师益友

以及对它们的深入细致的分析"；他勇于开拓进取，不断在新的领域中进行探索和创新，特别是关于马克思主义哲学史的研究，取得了具有开创性的重要成就，为我国这门学科的建设和发展做出了奠基性的突出贡献；他始终坚持自己独立的学术见解，不为时论所左右，特别是在马克思主义哲学体系的讨论中，他旗帜鲜明地主张坚持和完善辩证唯物主义的科学体系，尽管在这个问题上迄今众说纷纭，但黄先生的见解显然言之有据而自成一家之言。

在庆祝黄先生80华诞和从教50年的时候，我们集中讨论哲学创新问题，是很有意义的。江泽民同志在"七一"重要讲

2000年6月24日，应《求是》杂志社之邀，参加该社首届优秀文章评审委员会。前排左一为《求是》杂志社总编辑戴舟，左二为中国人民大学校长李文海，左三为中央文献研究室副主任金冲及，左四为中央党校副校长龚育之，左五为北京大学校长吴树青，左六为杨春贵，左七为北京大学教授黄枬森，左八为中国人民大学副校长罗国杰

话中指出："马克思主义具有与时俱进的理论品质。"马克思所说"哲学是时代精神的精华"这一命题本身就意味着哲学必然随着时代的发展而发展。马克思主义发展史证明,没有马克思的哲学创新,便没有科学社会主义理论及其指导下的社会主义运动;没有列宁的哲学创新,便没有列宁主义理论及其指导下的俄国十月革命的胜利;没有毛泽东的哲学创新,便没有毛泽东思想及其指导下的中国革命的胜利;没有邓小平的哲学创新,便没有邓小平理论和我国改革开放、现代化建设的胜利。哲学变革历来是政治变革、社会变革的思想前导。面对新世纪的新形势和新任务,江泽民同志提出要大力进行理论创新、制度创新、科技创新和其他各方面的创新。而哲学创新是一切理论创新、实践创新的思想基础。因此,在创新的事业中,我们哲学工作者担负着特殊重大的历史责任。实现哲学创新,第一重要的是发扬理论联系实际的马克思主义学风。

实践是哲学生命之源,哲学创新的根本途径是对实践经验和实践问题进行哲学概括和哲学思考。党的十五大报告指出,学习和研究马克思主义,必须以我国改革开放和现代化建设的实际问题为中心,以我们正在做的事情为中心,着眼于马克思主义理论的应用,着眼于对实际问题的理论思考,着眼于新的实践和新的发展。这是包括哲学在内的整个马克思主义理论发展的一般规律。脱离当前的实践,脱离我们正在做的事情,脱离时代提出的重大历史课题,不可能有任何真正意义上的创新。对于当代中国共产党人和中国人民来说,正在做的事情就是建设中国特色的社会主义。这是我们最基本的实践活动,是一场极其广泛而深刻的社会变革。它向我们提出了并不断地提出涉及世界观、自然观、社会观、发展观、价值观等各方面的哲学问题。我们应当关注这些问题、研究这些问题、回答这些问题，从对这些现实问题的思考和回答中努力进行哲学创新。当然，"研究问题"并不排除对于哲学体系的探索。随着一个一个问题的解决，必然会引起人们根据解决问题所取得的成果重新做体系性的思考，从而致力于体系的完善和创新。这两方面的研究工作都是必要的，应该统一起来，也完全能够统一起来。这一点，只要我们回顾一下邓小平理论形成和发展的过程，就不难理解了。邓小平不是一开始就去构造一个什么体系，而是着眼于解决当时最紧迫、最需要解决的问题。随着解决问题的积累，便逐渐形成了一个科学体系；而这个科学体系在解决问题的过程中又不断得到丰富和发展，因此有党的十四大对这个体系的概括，又有党的十五大对这个体系的进一步概括。我想，这就是"问题"突破和"体系"创新的辩证关系。

建设有中国特色社会主义的实践，涉及极其广泛的领域。社会主义的根本任务是发展生产力，而科学技术是第一生产力，因此我们必须总结当代世界科学技术的发展，努力回答科学技术发展中所提出的种种哲学问题；生产力的发展离不开体制的改革和观念的创新，这样，我们的哲学研究就不能不研究新的历史条件下社会基本矛盾的运动及其规律，不能不研究人们之间物质利益关系的处理以及各种思想观念的碰撞及其规律；中国的发展又离不开世界，面对世界政治多极化、经济全球化、科技信息化的大趋势，我们的哲学研究就必须具有世界眼光，关注时代的发展，关注世界的变化，关注人类所取得的一切成果，关注各种文明之间的交往和碰撞。诸如此类等等。总之，面向实际、面向现代化、面向世界、面向未来，这是我们哲学创新的必由之路。当然，站在时代的高度，重新审视中外思想史、哲学史，发掘一切有益的东西，也是哲学创新的一个重要方面。

哲学创新如同一切创新一样，是一项探索性的工作，而任何探索都不能保证百分之百成功。失误总是难以完全避免的，不允许失误实际上就等于不允许探索，不允许创新。因此，要努力营造一种鼓励探索的氛围，自由讨论的氛围，百家争鸣的氛围。没有学术自由，就没有理论创新，这是我们多年实践所证明了的一条客观真理。

马克思主义哲学的创新是对马克思主义哲学的丰富和发展，而不是对马克思主义哲学的否定。列宁说，沿着马克思的理论道路前进，我们将会越来越接近客观真理，而沿着别的道路前进，除了谬误，我们将什么也得不到。因此，必须把坚持马克思主义哲学和发展马克思主义哲学统一起来，用黄枬森教授的话来说，就是把变与不变统一起来。我们鼓励创新，但并不是肯定一切新观点都是创新，戈尔巴乔夫的"新思维"就谈不上什么创新，它不过是资产阶级腐朽思想的新包装而已。因此，在创新的过程中，我们应当提高辨别力，在政治上、在重大基本理论的大是大非问题上不能放弃我们的批判武器。

（二）马克思主义哲学体系的新探索[①]——在《马克思主义哲学创新研究》出版座谈会上的发言

黄枬森教授主持的"马克思主义哲学创新研究"课题，作为国家哲学社会科学"十五"规划重点项目，集中40多位学者、历时10年攻关，终于成就这套四部五册、200多万字的鸿

---

① 原载《理论视野》2011年第9期。

篇巨制，这是一件值得祝贺的事情。它的出版，对于推进马克思主义哲学体系创新和马克思主义哲学学科建设，必将产生积极的影响。

在本课题成果中，《马克思主义哲学体系的当代建构》一书分量最大、内容也最为重要，可以说是核心部分。它的主要创新之点，是本着"坚持、发展与创新相统一"的原则，对马克思主义哲学体系进行新的探索，构建了一个"一总五分"的马克思主义哲学体系，即一个总的世界观——辩证唯物主义，五个部门哲学——辩证唯物主义历史观、辩证唯物主义人学、辩证唯物主义认识论、辩证唯物主义价值观、辩证唯物主义方法论。这在国内外关于马克思主义哲学体系的理解中，是独树一帜的，表明了作者不拘一格的独立思考和勇于创新的可贵精神。作者认为，"哲学的核心是世界观"，而马克思主义的世界观就是辩证唯物主义，"辩证唯物主义足以代表马克思主义的全部哲学"，"马克思主义哲学的最确切的名称是辩证唯物主义"；明确表示不赞成把马克思主义哲学称为"历史唯物主义""新唯物主义""实践唯物主义""辩证的历史的实践的唯物主义"等，尤其不赞成"以历史唯物主义取代辩证唯物主义的世界观地位"，不赞成"以实践唯物主义，甚至以实践本体论或实践一元论取代辩证唯物主义的地位"。在这些见解中，尽管有值得商榷之处，如将唯物史观理解成部门哲学等，但也确实有许多真知灼见，特别是在一些重大原则问题上旗帜鲜明地表明了自己的立场，它的提出和系统阐述，必将引起学界的重视，促进人们对马克思主义哲学体系的深入思考，从而有助于推动有关体系问题研究的深入。

哲学体系不仅仅是一个名称问题，也不仅仅是个范畴、原理之间的逻辑结构问题，而首先是个内容的问题，即本书作者所主张的如何充分反映时代精神的问题。这个指导思想是正确的。课题的总体设计，除核心部分《马克思主义哲学体系的当代建构》以外，还包括《时代精神与马克思主义哲学创新》《中西哲学的当代研究与马克思主义哲学创新》三本著作，表明作者的研究方向是对头的，尽管如黄枬森教授在总序中所说，由于种种原因，后三本书的研究成果在《体系》一书中体现得还不够充分。我相信，在今后哲学体系的研究中，这三本书所提供的思想资料将会是十分有用的。生活是哲学之母，哲学创新的根本途径是对实践经验和实践问题的总结和思考。离开当前实践，脱离时代课题，不可能有任何真正意义上的哲学创新。在当代中国，我们最基本的实践是建设中国特色社会主义、实现中华民族的伟大复兴，这场极其广泛而深刻的社会大变革，向我们提出了并不断提出涉及世界观、自然观、历史观、人生观、价值观等诸多问题，我们应当结合对这些问题的回答努力进行哲学创新。这就要求我们不断强化问题意识。强化问题意识并不是否定哲学体系研究的必要性。事实上，随着一个一个问题的解决，必然会引起人们根据研究问题所取得的成果进一步做体系性思考，从而致力于体系的完善和创新。"问题"研究和"体系"研究都是必要的，应该统一起来，也完全能够统一起来。这一点，只要我们回顾一下邓小平理论形成和发展的过程，就不难理解了。邓小平并不是一开始就想构造一个什么理论体系，而是着眼和致力于解决实践提出的重大迫切问题，随着一个一个问题的解决，逐渐形成了一个科学体系，而这个科学体系在尔后解决新问题的过程中又得到不断的丰富和发展，因而有党的十四大对邓小平理论体系的概括，又有党的十五大对邓小平理论体系的进一步概括。这就是"问题"研究和"体系"研究相互促进的辩证法。

对马克思主义哲学体系的研究是没有止境的。因为我们所说的体系乃是一种解释性的体系，即对马克思主义经典作家及其继承者哲学思想的一种体系性理解，一方面它要忠实于经典作家的"文本"和思想本身的逻辑；另一方面它又要体现马克思主义哲学与时俱进的品质。无论前者还是后者，都不可避免地打上解释者主体的烙印。在不同的历史时期、不同的解释者那里，对体系的理解和表述不会完全相同。有的解释是科学的或基本科学的；有的解释是不科学的或基本不科学的。这样，每一体系的阐释都必然要在实践和历史的发展中接受检验，从而使人们对体系的理解越来越接近客观实际。改革开放以来，我国哲学界对传统哲学教科书进行再认识，提出许多关于马克思主义哲学体系的不同见解，也编出了许多各具特色的马克思主义哲学教材，大大推进了人们对马克思主义哲学体系的研究和认识。特别是去年出版了"马工程"的《马克思主义哲学》，这本哲学教材强调："马克思主义哲学在哲学史上所完成的革命性变革，集中体现为：与旧哲学掩盖其阶级实质并局限于抽象的理论主题不同，马克思主义哲学的主题是无产阶级和人类的解放；与旧哲学只是'解释世界'不同，马克思主义哲学的核心观点是实践观点，它不仅要求在理论上解释世界，更强调在实践中改变世界；与旧哲学的唯心主义、不彻底的唯物主义以及形而上学观点不同，马克思主义哲学在科学实践观的基础上实现了唯物主义和辩证法的统一、唯物主义自然观和历史观的统一，从而创立了辩证唯物主义历史唯物主义。"这就从理论主题、核心观点、基本内容三个方面即阶级性、实践性、科学性三个方面概括了马克思主义哲学体系的本质和特征。特别是对"实践的观点在马克思主义哲学体系中的核心地位"做了系统说明，指出："在自然观中，它在确认自然界的先在性和客观实在性的同时，确认实践是人与自然相互作用的基础；在历史观中，它确认实践是人类社会得以存在的基础，认为全部社会生活在本质上是实践的，而历史无非是人类实践活动的展开；在辩证法中，它在确认自然界普遍联系和发展变化的同时，确认实践本身就是一种丰富性的辩证运动，而思维的辩证运动是以之为基础的；在认识论中，它确认实践是认识发生和发展的基础，认为认识是主体在实践基础上对客体的能动反映，实践是检验认识真理性的唯一标准；在价值论中，它确认实践是价值形成和发展的基础，认为真理与价值在实践活动中实现其具体的和历史的统一。总之，科学的实践观犹如一根红线，贯穿于马克思主义哲学的各个基本环节，把它的组成部分联结成一个有机的整体。"这本哲学教材同黄本的"当代建构"，都是改革开放以来我国哲学界关于马克思主义哲学体系研究的新成果。二者有许多相同的见解，例如：都不赞成对以往的哲学教科书（包括20世纪30年代苏联哲学教科书）采取全盘否定的态度，都不赞成否定哲学基本问题，都不赞成否定实践活动的唯物主义前提，都认为应当重视关于人的研究和价值论的研究，等等。但是，二者之间也有一些不同的理解，其中一个重要问题，可能就是关于实践范畴在马克思主义哲学体系中的地位的理解问题。这是需要进一步加以讨论的。我很赞成黄枬森教授在总序中所说的一句话："不存在一劳永逸的一成不变的绝对完美的哲学体系，我们只能不断地探索更加真实、更加完整、更加严密的哲学体系。"这一探索永无止境，让我们共同努力前行。

四 肖前教授对马克思主义哲学教材建设的贡献[①]——在"马克思主义哲学的当代发展研讨会暨肖前教授八十华诞纪念会"上的讲话

尊敬的肖前教授，哲学界的朋友们，同志们：

今天，我们怀着喜悦的心情，在这里聚集一堂，参加中国人民大学哲学系召开的"马克思主义哲学的当代发展研讨会暨肖前教授八十华诞纪念会"，作为肖前教授的一名学生，我的心情格外激动。请允许我在这里向肖老师表示热烈的祝贺，祝贺他八十大寿幸福安康，祝贺他五十年学术生涯硕果累累，祝贺他半个世纪从教桃李满天下！

作为我国著名的马克思主义哲学家和哲学教育家，肖前同志的理论贡献是多方面的。其中一个重要方面，是他几十年来孜孜不倦地参与和主持编写了多本有广泛影响的马克思主义哲学教材，为马克思主义哲学的学科建设，为马克思主义哲学的宣传和普及，为马克思主义哲学人才的培养做出了重大贡献。

20世纪50年代末，中央决定编写能够反映中国革命经验和中国马克思主义哲学研究成果的马克思主义哲学教科书。肖前同志作为主要撰稿人之一，自始至终参加了这一工作。其研

---

① 本文系作者2004年5月9日在中国人民大学召开的"马克思主义哲学的当代发展研讨会暨肖前教授八十华诞纪念会"上的讲话。收入《肖前教授80华诞文集》（高等教育出版社2000年出版）。

1995年7月5日,在宝钢参加宝钢发展道路研讨会期间,杨春贵(右)与中国人民大学肖前教授(左)合影

究成果,就是1961年由人民出版社出版的艾思奇主编的《辩证唯物主义历史唯物主义》。"文化大革命"结束后,1978年他又和韩树英等同志一起对这本教材进行修订,出了新的版本。这本书是中国哲学界力图摆脱苏联教科书框框的第一次尝试,尽管就体系而言还说不上有多大创新,却比较充分地反映了中国革命的基本经验、毛泽东哲学思想的科学成果,可以说是当时中国共产党人努力把马克思主义哲学中国化的一部精品力作。它不仅成为高等学校哲学课的规范教材,而且成为广大干部学习马克思主义哲学的重要参考书,在马克思主义哲学体系中国化的建设上和马克思主义哲学的普及上,发挥了巨大作用,产生了深远影响。

党的十一届三中全会以后,我国的社会主义建设进入了一个新的历史时期。随着拨乱反正的进行、对1949年以来历史经验的总结和改革开放的起步,重新编写阐述马克思主义理论教材的任务提到我们的面前。邓小平在1979年理论工作务虚会上的讲话中要求:"思想理论战线的同志们一定要赶快组织力量,定好计划,在尽可能短的时间里陆续写出并印出一批有新内容、新思想、新语言的有分量的论文、书籍、读本、教科书来,填补这个空白。"[①] 正是在这种情况下,根据教育部组织编写哲学专业教材的要求,肖前同志和李秀林、汪永祥同志主编了《辩证唯物主义原理》和《历史唯物主义原理》两本教材,分别于1981年和1983年由人民出版社出版。这两本教材在体系上大致继承了艾本的体系,但在论述上更充分、更展开了。在思想观点上,纠正了20世纪60年代以来特别是"文化大革命"中的许多错误的、"左"的观点;增加了改革开放以来形成的许多新观点,如关于真理标准的新论述,关于科学及其在历史发展中的地位和作用的新论述以及关于社会进步和人的解放的新论述,等等。这两本教材是我国新时期出版最早和影响最大的哲学专业教材,《辩证唯物主义原理》第一版印刷了25万册,《历史唯物主义原理》第一版印刷了11万册,在我国哲学专业人才的培养上发挥了很大作用。

20世纪80年代末90年代初,世界格局发生重大变化,我国改革开放和现代化建设进入一个新的发展阶段。马克思主义理论工作面临新的发展机遇和挑战,哲学教育的改革任务提到日程。1985年,国家教委把"马克思主义哲学原理体系改革"确立为"七五"规划重点课题,翌年此课题又被提升为国家

---

① 《邓小平文选》第2卷,人民出版社1994年版,第180页。

"七五"规划重点课题，由全国高校马克思主义哲学专业博士点共同承担，肖前同志任主编，黄枬森、陈晏清同志任副主编。课题的最终成果就是1994年由中国人民大学出版社出版的《马克思主义哲学原理》（上下册）。这本书在哲学体系上进行了新的探索，取得了突破性进展，其基本特点就是力图把实践观点作为中心线索贯穿于全书。作者认为，马克思主义哲学的产生是哲学史上的伟大变革，而实现这一变革的关键在于科学实践观的确立；实践的观点是全部马克思主义哲学的首要的基本的观点，实践范畴是马克思主义哲学整个体系的核心范畴；只有立足于社会实践的观点，才能把握和阐明马克思主义哲学的精神实质，才能理解和说明马克思主义哲学在它产生之后100多年里的生气勃勃的新发展。这一新的指导思想，反映了党的十一届三中全会以来我国哲学界对马克思主义哲学实质的新认识，其中也凝结了肖前同志在这个问题上长期研究的心血。

几十年来，肖前同志忠诚于马克思主义哲学的研究、宣传和教育事业，为建立具有中国特色和时代特点的马克思主义哲学体系呕心沥血、坚持不懈、与时俱进，取得了重大成就，也积累了丰富的经验，其基本经验就是1993年2月12日他在《马克思主义哲学基本原理》"前言"中所说的："哲学教科书体系只是马克思主义哲学的一种解释系统。作为一种解释系统，它既要忠实于马克思主义哲学的'原本'，又要反映这一哲学在现代条件下发展的新成果。忠实于马克思主义哲学的'原本'，并不是要停留于马克思主义哲学的某些原则、某些本本的教条式的理解，而是要准确把握马克思主义哲学的精神实质。同样地，反映马克思主义哲学在现代条件下的新发展，也决不是任意地模糊或改变马克思主义哲学的精神实质，而是要结合新的实践经验，结合哲学和科学发展的新成就，去阐明体现马克思主义哲学精神实质的基本原理和基本原则。这种理解，用现在大家所熟悉的话来说，就是对马克思主义哲学既要坚持又要发展。"这段话表明，在肖前同志看来，"坚持"要抓住"精神实质"，否则就是教条主义；"发展"也要体现"精神实质"，否则就是"离经叛道"。这种理解，是十分深刻的，是他几十年哲学教学和研究工作的经验之谈，值得我们深长思之。

最后，让我再一次向肖前同志表示生日祝贺，祝他健康长寿，为党的思想理论事业继续做出新的贡献！

五 韩树英主编的《通俗哲学》是一本优秀的"新大众哲学"[①]——在"繁荣哲学社会科学暨纪念韩树英教授从事党校教育五十周年研讨会"上的发言

韩树英教授哲学著述的一个重要成果，是他主编了《通俗哲学》一书。这本书1981年由中国青年出版社出版，1983年获全国通俗政治理论读物一等奖，一直到1996年还在重印，估计总印数在200万册以上，民族出版社还出版了维吾尔族、朝鲜族、蒙古族、藏族四种文字的译本。这是继艾思奇《大众哲学》之后，又一本影响广泛的哲学普及读物，是一本优秀的"新大众哲学"。

这本书的编写要求是很高的。韩树英同志对我们编写组同

[①] 本文系2003年12月8日作者在中央党校哲学教研部召开的"繁荣发展哲学社会科学暨纪念韩树英教授从事党校教育五十周年研讨会"上的发言，收入《让哲学引导社会进步》一书（中共中央党校出版社2004年出版）。

1998年4月21日，出席首都理论界纪念"实践是检验真理唯一标准大讨论"二十周年研讨会。右二为中央党校原副校长韩树英教授，右一为江苏省政协副主席胡福明教授，右三为中国社科院副院长刘吉教授，右五为北大校长吴树青教授，左三为杨春贵

志反复强调，要按照邓小平的"三新"要求去写，这就是要有"新内容、新思想、新语言"。① 每一章从标题到观点，从行文到事例，从逻辑到语言，都反复推敲，力求在科学、准确的基础上，深入浅出，通俗易懂，引人入胜，较好地体现科学性、现实性、知识性、趣味性的统一，使抽象的哲学思想体现在生动有趣的叙述当中，通过分析古今中外的历史事件、天文地理的各种知识，乃至诗词歌赋、成语典故、名言警句，使读者受到哲学的启迪。这本书在文字上的功夫，引起语文专家的注意，其中的第十五章《黑海风暴和天气预报的产生》被选为中等专

---

① 《邓小平文选》第2卷，人民出版社1994年版，第180页。

业学校的语文教材。这本书还请著名漫画家方成同志配了二十余幅漫画，实现了哲学这种抽象思维与漫画这种形象思维的奇妙结合，真正做到了图文并茂。后来这些漫画在《中国青年报》上选登出来，引起很大的社会反响。所有这些，都为哲学通俗化工作提供了有益的经验。

哲学的通俗化是哲学普及的重要条件。现在有些哲学文章和著作晦涩难懂，或生吞活剥域外的一些名词术语，或从概念到概念，不光普通群众看不懂，就是同行也感到云遮雾罩，这样的哲学怎么能普及、怎么能变为群众手中的武器、怎么能转化为物质力量呢？所以，普及哲学，提高中华民族的哲学素质，必须重视哲学的通俗化工作。早在延安时期，毛泽东就十分重视哲学的通俗化。他结合中国革命的具体实际，用深入浅出的语言和鲜明生动的实例，为干部做哲学报告；亲自倡导成立普及马克思主义哲学的"延安新哲学会"；重视哲学通俗读物的出版和宣传。1936年10月22日他在致叶剑英、刘鼎（时在西安）的信中说："要买一批通俗的社会科学自然科学及哲学书……要经过选择真正是通俗的而又有价值的（例如艾思奇的《大众哲学》、柳湜的《街头讲话》之类）……作为学校与部队提高干部政治文化水平之用。"[①] 对艾思奇的《大众哲学》，毛泽东倍加赞赏，多次提及并向一些同志推荐。对艾思奇的《哲学与生活》，毛泽东也很重视，1937年阅读时摘录了19页之多，并写信予以鼓励。中华人民共和国成立后，毛泽东继续关心哲学普及工作。1950年6月6日，他在党的七届三中全会的讲话中提出，对知识分子要进行社会发展史、历史唯物论的教育，讲

---

① 《毛泽东书信集》，人民出版社1983年版，第80页。

"从猿到人"。1951年3月27日,毛泽东看了李达的《〈实践论〉解说》第一、二部分以后,给李达写信说:"这个《解说》极好,对于用通俗的言语宣传唯物论有很大的作用。待你的第三部分写完并发表之后,应当出一单行本,以广流传。"又说:"关于辩证唯物论的通俗宣传,过去做得太少,而这是广大工作干部和青年学生的迫切需要,希望你多多写些文章。"[1] 1954年12月28日,他在致李达的另一封信中,再一次强调:"你的文章通俗易懂,这是很好的。在再写文章时,建议对一些哲学的基本概念,利用适当的场合,加以说明,使一般干部能够看懂。"[2] 正是在毛泽东的倡导下,使马克思主义哲学在中国得到广泛传播,成为广大干部、群众认识世界和改造世界的强大思想武器。

当然,哲学的通俗化并不等于简单化,更不等于庸俗化。1958年以后的工农兵学哲学特别是"文化大革命"运动中的所谓哲学的"活学活用",在这方面有深刻的教训,不能忘记。我们应当发扬延安时期毛泽东普及哲学的传统,发扬《大众哲学》的传统,发扬《通俗哲学》的传统,把严格的科学精神和通俗的阐述结合起来,使马克思主义哲学真正变为人民群众手中的锐利武器。

六 龚育之在哲学上的三大贡献[3]

龚育之同志是我们党的著名理论家,他学识渊博,在哲学

---

[1] 《毛泽东书信集》,人民出版社1983年版,第407页。
[2] 《毛泽东书信集》,人民出版社1983年版,第487页。
[3] 本文系作者2007年在龚育之同志追思会上的发言,刊载于《光明日报》2007年8月5日,收入《回忆龚育之》一书(中央文献出版社2007年出版)。

社会科学的众多学科都有很深造诣、重大建树和广泛影响。他是著名的毛泽东思想研究专家，邓小平理论研究专家，中共党史研究专家，科学社会主义理论研究专家，也是著名的马克思主义哲学家。他的逝世，是中国理论界也是中国哲学界的重大损失，他对中国马克思主义哲学研究和宣传所做出的重大贡献，值得我们永远怀念。

1994年10月30日，在广东东莞参加全国党校教学工作会议时，杨春贵（右）同苏星副校长（中）、龚育之副校长（左）合影

就我个人的感受来说，我认为龚育之同志的哲学贡献突出地表现在以下三个方面。

（一）关于自然辩证法的研究

早在20世纪60年代初，当我还在中国人民大学哲学系读研究生的时候，就读到了龚育之同志1961年出版的第一本关于

2001年8月23日，在"发展与创新理论研讨会"上与中国辩证唯物主义研究会名誉会长赵凤岐教授、副会长庞元正教授及常务理事姜文赞教授合影

自然辩证法和科学学的论文集《关于自然科学发展规律的几个问题》，并且认真做了读书笔记。当时我还不认识龚育之同志，仅仅是他的文章引起了我的阅读兴趣。这些文章既有很高的学术性，又有很强的政策性，把深刻的哲学思想、广博的自然科学知识、党的科技方针政策融为一体，使人受到多方面的启发。恰好这时我们十几位研究生正在集体编写《恩格斯〈自然辩证法〉简释》一书，龚育之同志的这本论文集便成了我们学习和研究恩格斯《自然辩证法》的一本重要参考书，书中关于科学与社会、科学与生产、科学家与群众、科学与哲学等一系列关系的论述，不仅在当时为我们编书提供了重要参考，而且至今留有深刻的印象。据我所知，这本文集多次印刷，1978年又出

版了增订本，累计印数达到十万册以上，对于一本专业性很强的著作来说，达到这个印数是十分难能可贵的，可见其影响之广泛。"文化大革命"结束后，龚育之同志的工作岗位发生变化，重点研究党的文献，但他对自然辩证法的研究一直没有中断。1987年他出版了关于自然辩证法和科学学的第二本论文集《科学·哲学·社会》，分为三辑，即《自然辩证法和自然科学》《科学前进中的肯定与否定》《中国共产党的科技政策史》。其中小部分是"文化大革命"以前的文章，大部分是党的十一届三中全会以后的文章。1996年他又出版了关于自然辩证法和科学学的第三本论文集《自然辩证法在中国》。这是一本关于自然辩证法和科学学研究在中国的历史发展情况和历史经验教训的书。其中的历史篇，包括自然辩证法在中国、自然辩证法在苏联、自然辩证法在北大3篇文稿；毛邓篇，包括论述毛泽东、邓小平科学技术思想的8篇文稿；时论篇，包括22篇文稿，主要论述党的科技政策、捍卫科学尊严、发扬科学精神、促进科学与人文相结合等方面的内容。龚育之同志在从事自然辩证法理论研究的同时，还为这门科学的发展做了大量的组织工作和人才培养工作。他参与了中国科学院哲学研究所自然辩证法组的创建工作，从这里发展起一个现在已有几十年历史的自然辩证法研究集体；他参与创办了《自然辩证法研究通讯》这个曾经引起毛泽东关注的专业刊物；他从20世纪60年代初就开始指导自然辩证法专业研究生；他长期担任中国自然辩证法研究会会长。正是他在这方面有重大影响的著述和富有成效的组织工作与人才培养工作，使他成为中国自然辩证法界公认的领军人物之一。

2008年12月27日，在清华大学参加龚育之励学基金成立暨《龚育之自述》出版座谈会。会前与参加会议的中央文献研究室原主任逄先知（中）、中共中央文献研究室原常务副主任金冲及（右二）、中共中央党史研究室原副主任石仲泉（右一）、中共中央党史研究室副主任李忠杰（左一）合影。左二为杨春贵

（二）关于毛泽东哲学思想的研究

1981年10月，在桂林召开第一届全国毛泽东哲学思想讨论会。我参加了会议的筹备工作。龚育之、吴江、韩树英、温济泽等同志，应我们之邀，在会上做了主题报告。这是我第一次面见龚育之同志。他很谦虚，一再说没有准备好，只是有一些想法、一点材料，还没有条理化形成文章，并且郑重地说不代表哪个工作机构，也没有同其他同志商量，作为参加学术会议的一个学术工作者和大家一起讨论。这种谦谦君子的学者风度，给我和许多与会同志留下了深刻印象。他这次发言的题目是"从历史决议谈毛泽东哲学思想的学习和研究"。在这篇发言

思想理论界的良师益友

1981年10月6日至15日，第一届全国毛泽东哲学思想讨论会在广西桂林召开。图为时任中央党校副教育长、中国人民大学哲学系原副主任吴江同志应邀与参加会议的中国人民大学哲学系历届毕业生合影。前排中间为吴江，前左一为杨春贵，前右二为湘潭大学仓南同志

2000年3月5日，出席全国政协九届三次会议的社会科学界委员合影（北京京丰宾馆）。二排右八为杨春贵，一排左一为中央党校党史部主任朱乔森教授，一排左五为中央文献研究室常务副主任金冲及研究员，一排左八为中国社科院党组书记王忍之，二排左一为中央党校副教育长王瑞璞教授，二排左七为中央党校副校长龚育之教授，三排右一为中央党校文史部主任刘景禄教授，三排右三为中央党史研究室副主任陈威研究员

中，他结合学习党的十一届六中全会《关于建国以来党的若干历史问题的决议》对毛泽东思想的最新阐述，对毛泽东哲学思想的科学内涵和根本特点做了具有独到见解的论述。他说，会上有不少文章说毛泽东哲学思想是马列主义哲学的普遍原理和中国革命具体实践的结合，我赞成这个提法的精神，但是，建议把这个提法修改一下，改为"马列主义普遍原理和中国革命具体实践相结合的经验的哲学总结和概括"。并且具体地说，毛泽东哲学思想对这种结合的必要性，做了哲学的论证；对否认这种结合的主观主义特别是教条主义，做了哲学的分析和批判；对如何实现这种结合，从哲学上教给我们方法。龚育之同志的这种概括更准确地说明了毛泽东哲学思想同毛泽东思想之间的关系，毛泽东哲学思想同中国革命经验之间的关系，毛泽东哲学思想同党内两条路线斗争之间的关系，听了以后给人以耳目一新之感。它既坚持了"决议"阐述毛泽东思想根本特点所使用的科学方法，又将这种科学方法在研究毛泽东哲学思想上做了创造性的发挥和发展。据我所知，后来许多毛泽东哲学思想教材和研究专著，都采取了龚育之同志这个提法，我和几位同志合作撰写的中国大百科全书哲学卷"毛泽东哲学思想"这一长条，也采取了这一提法。可见这个提法影响之深远。龚育之同志不但对毛泽东哲学思想在总体上有很好的把握，而且在具体研究中十分重视资料的占有和研究，十分重视对毛泽东哲学著作与其他著作的贯通研究，十分重视结合党的历史经验作哲学研究，十分重视对各种思潮作批判性研究。他的《从〈实践论〉谈毛泽东的读书生活》《关于毛泽东读哲学书的几封信》《论实事求是》《从整个〈毛泽东选集〉中学习毛泽东哲学思想》《听毛泽东谈哲学》等，都体现了这样一些特点，因而总是引起学界的关注。可以毫不夸张地说，称他为中国研究毛泽东哲学思想的大家，他是当之无愧的。

（三）关于邓小平理论哲学基础的研究

我和龚育之同志真正在一起共事，是1994年他来中央党校任副校长以后。那时作为副校长的我分管教学工作，经常向他请教。他对党校教学工作十分重视，承担了许多重要讲题，为党校教材撰写了许多重要篇章。他和苏星、我共同主编了《建设有中国特色社会主义理论教程》。他参与了"三基本""五当代"教材的编写组织领导工作，并同郑必坚、李君如、我一起主编了其中的《邓小平理论基本问题》一书。在纪念邓小平诞辰100周年前夕，龚育之同志同石仲泉、周小文和我共同写作出版了《重读邓小平》一书。在这期间，听他讲课，听他发言，我总有一种面对智者的感觉，使自己深受教育和启迪——不论在学问上还是做人上。在这期间，他研究的重点是邓小平理论，其中包括邓小平理论的哲学基础。如果说他的哲学研究，在起步阶段重点是研究自然辩证法，在20世纪80年代重点是研究毛泽东哲学思想，那么，到了20世纪90年代以后，重点便是邓小平理论的哲学基础了。他的这种研究可以说贯彻于他对邓小平理论研究的各个方面和全过程。1992年10月27日他在《经济日报》发表的《精髓·前提·哲学基础——论解放思想、实事求是的思想路线》一文，可以说是他这种研究的一篇代表作。在文章中他指出，党的十四大报告把"解放思想、实事求是"的思想路线同"走自己的道路，建设有中国特色的社会主义"的政治要求结合起来，富有新意，这个新意就是表明："解放思想、实事求是的思想路线，是建设有中国特色社会主义理论的精髓、前提和哲学基础。""精髓"的提法文件上说了,讲"前提""哲学基础",这些话是龚育之同志讲的。尤其是他的关于"两篇解放思想的宣言书"的新概括,更是极富创造性。龚育之同志说:邓小平的《解放思想,实事求是,团结一致向前看》"是标志新时期开端的一篇解放思想的宣言书";"而今年初他视察南方的重要讲话,……是标志新时期的发展进入新阶段的又一篇解放思想的宣言书。"这个重要提法在1997年被正式写入了党的十五大报告。在这篇文章中,龚育之同志不仅对邓小平理论的哲学基础做了明确概括,而且对这个哲学基础在中国特色社会主义理论与实践发展全过程中的作用做了系统阐述。他首次明确提出:"解放思想、实事求是"思想路线的重新确立,是中国特色社会主义理论的"历史起点和逻辑起点";他在具体分析我国改革开放的历史进程以后提出,改革开放的深入就是解放思想的深入;他鲜明地提出,新的历史阶段要求新的思想解放;最后他强调,解放思想必须坚持三个"有利于"和两个"一切"。三个"有利于"是邓小平讲的,两个"一切"是龚育之同志根据党的十三大报告强调的。党的十三大报告指出:"一切有利于生产力发展的东西,都是符合人民根本利益的,因而是社会主义所要求的,或者是社会主义所允许的。一切不利于生产力发展的东西,都是违反科学社会主义的,是社会主义所不允许的。"龚育之同志强调两个"一切"是为了回答有的人不赞成两个"一切",即不赞成"各项工作""各个方面"都必须坚持三个"有利于"的判断标准,而实际上只有坚持两个"一切"才能把党的解放思想、实事求是的思想路线贯彻到底。除了这篇讲邓小平理论哲学基础的代表性著作之外,龚育之同志在论述邓小平理论体系、邓小平理论形成和发展的历史过程的著作，以及其他许多有关著作中，都对邓小平理论的哲学基础、精髓做了多方面、深入的阐述。他的许多文章仅仅从标题上就可以看到他对解放思想的强调，如：《经济改革与思想解放》《解放思想的新起点》《解放思想，解放生产力》《市场经济问题与思想路线问题》《思想更解放一点，理论更活跃一点》《新的革命 新的理论 新的旗帜》等。龚育之同志的论著在推进贯彻党的"解放思想、实事求是"思想路线的过程中发挥了重大的历史作用。他是中国邓小平理论研究的权威，也是作为邓小平理论哲学基础的党的思想路线理论研究的权威。

七 袁贵仁主持编写的"马工程"哲学教材是一本富有中国特色和时代精神的马克思主义哲学教材[①]

在党中央的亲切关怀下，在中宣部和教育部的具体指导下，中央马克思主义理论研究和建设工程马克思主义哲学教材编写组，集中全国哲学界的集体智慧，历经五年艰苦攻关，终于完成了《马克思主义哲学》教材的编写任务，并于去年9月正式出版。这是一本富有中国特色和时代精神的马克思主义哲学教材。

---

① 中央马克思主义理论研究和建设工程重点教材《马克思主义哲学》编写组的工作，自始至终是在首席专家袁贵仁教授的主持下进行的。参加编写的有：中国社会科学院李景源、北京大学丰子仪、中国人民大学陈先达、国防大学侯树栋、南京大学张一兵、北京师范大学杨耕、吉林大学孙正聿、南开大学王南湜、复旦大学吴晓明、北京师范大学吴向东等教授。我作为首席专家之一，参加了编写工作，从贵仁同志和其他各位专家那里学习到许多东西。本文是2010年7月10日我在国家教育行政学院为高校教师所做的报告，也是我参加课题组工作向各位同人学习的心得体会，原载社会科学文献出版社2010年出版的《马克思主义哲学论丛》总第2期。

（一）教材充分反映了我国哲学界对马克思主义哲学体系的新认识，突出了科学实践观在马克思主义哲学体系中的核心地位

编写具有中国特色和时代精神的马克思主义哲学教材，首先遇到的一个问题是体系问题。而体系问题中最重要的一个问题，是实践范畴在马克思主义哲学中的地位问题。

说实践的观点是马克思主义认识论的首要的和基本的观点，我国哲学界一般都是赞同的。如果说实践的观点是整个马克思主义哲学的首要的基本的观点，人们的看法就很不一样了，赞成者有之，反对者有之；这样赞成者有之，那样赞成者亦有之。反映在教材体系上，其面貌就很不相同。

20世纪二三十年代，苏联哲学家所编写的哲学教材，以西洛可夫、爱森堡等合著的《辩证法唯物论教程》，米丁等著的《辩证唯物论与历史唯物论》以及斯大林所著的《辩证唯物主义和历史唯物主义》为主要代表，其体系大体上都由辩证唯物主义和历史唯物主义两大块组成，辩证唯物主义又由唯物论、辩证法、认识论三大部分组成。实践的观点仅仅被理解为认识论的首要的基本观点，实践线索仅仅被当作认识论的中心线索而贯穿于全部认识论。因此，在讲唯物论和辩证法的时候，都是同实践不相干的。这样讲唯物论就很难与旧唯物论划清界限，这样讲辩证法就排除了实践活动的辩证法。这显然是不够科学的。而且由于缺乏一条贯穿全部马克思主义哲学的中心线索，也就不能正确说明辩证唯物主义与历史唯物主义之间的关系。斯大林说："历史唯物主义就是把辩证唯物主义的原理推广去研究社会生活，把辩证唯物主义的原理应用于社会生活现象，

应用于研究社会，应用于研究社会历史。"这种"推广"说，不符合马克思主义哲学创立的实际历史进程，不了解科学实践观的创立对马克思主义哲学产生的决定性意义，从而也就不能准确把握整个马克思主义哲学的科学体系。

对于苏联哲学教科书的体系，东欧一些原社会主义国家的一些学者曾经表示异议。1967年民主德国以A.科辛为首的七名哲学家共同编写了一本《马克思主义哲学——教科书》，这是冲破苏联教科书模式的一次重要尝试，它的基本思想是主张以实践活动作为马克思主义哲学研究的中心内容，指出："马克思主义哲学最重要的是研究人在革命实践中如何变革自己的周围世界和他们自身"，"马克思和恩格斯的新的世界观、马克思主义的唯物主义是把人类和人类活动，即社会生活过程作为联系点和中心点的"，"辩证唯物主义如果撇开这个内容，是完全不可能的"。可惜的是，这一探索后来由于外来的政治干预而被否定和禁止了。

中国的马克思主义哲学教材长期因袭苏联哲学教材体系，1961年出版的由艾思奇主编的《辩证唯物主义历史唯物主义》，曾经是我国最具权威和最有影响的一本教材。它的一个很大的优点是力求比较充分地反映中国革命和建设的基本经验以及毛泽东思想对马克思主义哲学的丰富和发展。但是，就体系而言，它与苏联哲学教材仍然大同小异，也是辩证唯物主义和历史唯物主义两大块，依次是唯物论、辩证法、认识论、唯物史观。实践的观点仍然仅仅被理解为马克思主义认识论的首要的和基本的观点。

改革开放以后，我国哲学界对马克思主义哲学教材体系进行了新的探索，总的趋势是有越来越多的同志更加强调实践的地位和作用，其中一些同志明确提出，实践的观点不仅是马克思主义认识论的首要的和基本的观点，而且是整个马克思主义哲学的首要的和基本的观点。反映在教材建设上，1994年出版的由肖前任主编、黄枬森和陈晏清任副主编的《马克思主义哲学原理》，鲜明地表明了这一主张。该书前言说："实践的观点是全部马克思主义哲学的首要的和基本的观点，实践范畴是马克思主义哲学整个体系的核心范畴，只有立足于社会实践的观点，才能把握和阐明马克思主义哲学的精神实质，才能理解和说明马克思主义哲学在它产生之后100多年里的生气勃勃的新发展。因此，这部教科书是力图把实践的观点作为中心线索贯穿于全书的。"作为一种新的探索，这种努力难能可贵，它给我们编写新的哲学教材提供了一个可资借鉴的新的思路。但是，实事求是地说，这一指导思想在他们所编写的教材中并未得到很好的贯彻。其逻辑结构还是先讲世界的物质统一性、物质世界的联系和发展等，到了第七章才讲"人类社会生活的实践本质"。也就是说，在第七章之前的唯物论、辩证法等篇章都还没有也不可能真正触及实践问题，这就很难说体现了以实践为中心线索而贯穿全书的指导思想了。看来作者们自己已经意识到了这一点，所以，在该书的前言中坦诚地说："究竟如何做到真正把实践的观点贯穿于马克思主义哲学教材的整个体系，这不论在理论上还是表述上都还存在不少的矛盾和困难，需要经过哲学界同志们进一步的共同探讨，才能逐步地加以解决。"因此，实践范畴在马克思主义哲学教材体系中的地位问题，还是一个需要深入研究的问题。

在对以往哲学教材体系研究的基础上，"工程"课题组取得了这样的共识："马克思主义哲学在哲学史上所完成的革命性变革，集中体现为：与旧哲学掩盖其阶级实质并局限于抽象的理论主题不同，马克思主义哲学的主题是无产阶级和人类的解放；与旧哲学只是'解释世界'不同，马克思主义哲学的核心观点是实践观点，它不仅要求在理论上解释世界，更强调在实践上改造世界；与旧哲学的唯心主义、不彻底的唯物主义以及形而上学观点不同，马克思主义哲学在科学实践观基础上实现了唯物主义和辩证法的统一、唯物主义自然观和历史观的统一，从而创立了辩证唯物主义和历史唯物主义"。（教材第35页）这段话高度概括了马克思主义哲学的理论主题、理论核心、理论内容。理论主题就是无产阶级和人类解放，体现了马克思主义哲学的阶级性；理论核心就是科学的实践观，体现了马克思主义哲学的实践性；理论内容就是科学实践观基础上的辩证唯物主义历史唯物主义，体现了马克思主义哲学的科学性。本书的结构就是力图按照这个理解展开马克思主义哲学体系及其基本内容。

全书一共十五章，第一章是哲学概论，第二章是马克思主义哲学概论。从第三章开始，一直到第十四章，以科学实践观为中心线索，分别论述马克思主义哲学唯物论、实践论、辩证法、历史观、价值观，最后落脚到第十五章人类解放和人的自由全面发展。"实践的观点在马克思主义哲学中的核心地位体现在马克思主义哲学的各个方面。在自然观中，它在确认自然界的先在性和客观实在性的同时，确认实践是人与自然相互作用的基础；在历史观中，它确认实践是人类社会得以存在的基础，认为全部社会生活在本质上是实践的；在辩证法中，它在确认自然界普遍联系和发展的同时，确认实践本身也是一种否定性的辩证运动，而思维的辩证运动是以之为基础的；在认识论中，它确认实践是认识发生和发展的基础，认为认识是主体在实践基础上对客体的能动反映，实践是检验认识真理性的唯一标准；在价值论中，它确认实践是价值关系形成和发展的基础，认为真理与价值在实践活动中实现其具体的和历史的统一。总之，科学的实践观犹如一根红线，贯穿于马克思主义哲学的各个基本环节，把它的组成部分联结成一个有机整体。"（教材第40页）在科学实践观的基础上，正确解决了思维与存在、主体与客体的关系问题，实现了唯物主义与辩证法的统一、唯物主义自然观与历史观的统一，使哲学唯物主义成为辩证唯物主义历史唯物主义，使马克思主义哲学真正成为一门科学。

（二）教材充分反映了中国革命、建设和改革的基本经验，突出了毛泽东思想和中国特色社会主义理论体系对马克思主义哲学的新贡献

这本教材的中国特色和时代精神，不仅表现在体系的创新上，而且还表现在它凝聚了中国革命、建设和改革的基本经验，充分反映了毛泽东思想和中国特色社会主义理论体系对马克思主义哲学的新贡献。

毛泽东思想是马克思主义中国化的第一个重大成果。新教材联系中国革命的基本经验，对毛泽东思想的哲学基础即毛泽东哲学思想，做了充分反映。

首先，在本书的第二章对毛泽东哲学思想做了一个总体性的概括，指出："毛泽东哲学思想是马克思主义普遍真理同中国革命具体实践相结合的经验的哲学总结和概括，是在同否认这种结合的主观主义特别是教条主义的斗争中产生和发展起来的，它对结合的必要性作了充分的哲学论证，对实现结合的方

法作了系统的阐述。"指出:"毛泽东哲学思想是整个毛泽东思想的哲学基础,是贯穿毛泽东思想各个组成部分的活的灵魂,是具有中国共产党人特色的立场、观点、方法。其独特的哲学理论贡献,突出表现在三个基本方面,即实事求是、群众路线、独立自主。""三者统一于中国革命、建设实践之中,为实现马克思列宁主义普遍真理同中国革命具体实践相结合奠定了坚实的世界观和方法论基础,具有长远和普遍的指导意义。"(教材第48—50页)这些论述,体现了十一届三中全会以来我国毛泽东哲学思想研究的新水平,体现了十一届六中全会《关于建国以来党的若干历史问题的决议》中关于毛泽东思想活的灵魂的新概括,对于我们学习和掌握中国化的马克思主义哲学,具有重要的指导意义。

新教材不仅对毛泽东哲学思想做了总体性论述,而且对毛泽东哲学思想中一些具有独创性的理论观点,在有关章节做了具体阐述。例如:关于哲学基本派别中唯物主义和唯心主义、辩证法和形而上学"两个对子"的科学概括;关于矛盾的普遍性和特殊性的关系问题是矛盾问题的"精髓"的科学论断;关于生产力与生产关系、经济基础与上层建筑的矛盾是"社会基本矛盾"的科学概括;关于两类不同性质矛盾和正确处理人民内部矛盾的学说;关于群众观点和群众路线的科学理论;关于实践、认识、再实践、再认识,循环往复以至无穷的认识论总公式的科学概括,等等,都在相关章节中得到较为充分的反映,丰富和发展了马克思主义哲学的基本原理。

中国特色社会主义理论体系是继毛泽东思想之后,马克思主义中国化的又一重大成果。新教材联系中国改革、建设的基本经验,对中国特色社会主义理论体系的哲学基础和哲学贡献,做了较为充分的反映。这既体现在第二章关于中国特色社会主义理论体系的哲学贡献的总体论述中，又渗透在全书各个有关章节之中。其中主要有以下四个方面。

关于思想路线的理论。强调思想路线是否正确对我们事业的兴衰成败具有决定性的意义；实事求是是"马克思主义的精髓"，是"毛泽东思想的精髓"，要坚持一切从实际出发、理论同实际相结合、在实践中检验真理和发展真理的实事求是的思想路线；解放思想"是发展中国特色社会主义的一大法宝"，要把我们的思想从那些错误的和过时的思想的束缚中解放出来，使思想和实际相符合，使主观和客观相符合；与时俱进"是马克思主义的理论品质"，要根据现在的情况认识、继承和发展马克思主义，不断推进马克思主义中国化、时代化。总之，解放思想、实事求是、与时俱进，是我们建设社会主义的思想路线，是中国特色社会主义理论体系的精髓，也是我们党对马克思主义认识论的创造性运用和发展。

关于科学发展的理论。强调发展是解决中国一切问题的关键，是党执政兴国的第一要务，必须聚精会神搞建设，一心一意谋发展；发展首先是发展经济，要始终扭住经济建设这个中心不放，大力发展生产力，以能否促进生产力的发展作为衡量社会进步的最高标准；发展必须正确处理经济与社会、城市与农村、东部与中西部、人与自然等之间的关系，实现全面、协调、可持续的科学发展。这是唯物史观和唯物辩证法在发展问题上的创造性运用和发展。

关于改革开放的理论。强调改革开放是推动经济社会发展的强大动力，是发展中国特色社会主义的必由之路；革命是解放生产力，改革也是解放生产力，是社会主义制度的自我完善，是中国的第二次革命；开放也是改革，是我们必须长期坚持的一项基本国策；只有改革开放，才能发展中国、发展社会主义、发展马克思主义。这是对社会主义社会基本矛盾学说和社会主义社会发展动力理论的创造性运用和发展。

关于以人为本的理论。强调以人为本是中国特色社会主义的根本出发点和落脚点，必须以人民利益作为衡量各项工作是非得失的根本标准；科学发展观的核心是以人为本，即发展为了人民、发展依靠人民、发展的成果由全体人民共享；必须以改善民生为重点全面加强社会建设，着力解决人民最关心、最直接、最现实的问题。这是唯物史观和党的群众路线在新的历史条件下的创造性运用和发展。

（三）教材充分反映了我国哲学界学术研究的新成果，以一系列新的学术观点丰富和发展了马克思主义哲学基本原理及其科学体系

党的十一届三中全会以来，我国哲学界学术研究活跃，克服了过去那种一味注经解经的研究方法，在注重文本研究的同时，更加注重总结国内外社会主义历史经验和改革开放以来的新鲜经验，更加关注当代世界科技革命和生产力革命所引起的重大历史变化，更加注意吸收人类文明的优秀成果和中华民族传统文化的思想精华，在哲学学术研究上取得了许多新的成果，这些新成果，在这本教材中得到了比较充分的反映。

关于世界的物质性问题。本书第三章《世界的物质性》，在标题上与传统教科书没有差别，但在具体内容上却有了很大的变化。物质的唯一特性是客观实在性，而这种客观实在既包括自然存在——不以人的意志为转移的无机界和生物界；也包

括社会存在——不以人的意志转移的社会物质生活过程,其中主要是物质资料生产方式及纳入其中的地理环境和人口因素。因此,这里讲的唯物论已经不是半截的唯物论,而是包括社会生活在内的彻底的唯物论。根本原因是由于我们把实践的观点引入了唯物论。这就是本章导语所说的,马克思主义哲学从人对世界的实践关系出发,对世界物质统一性问题做出了完全科学的回答,从这个意义上说,实践的观点已经成为本书的逻辑的起点,而这样的论述,在以往的教科书中是不曾有过的。

关于实践问题。第三章讲了马克思主义的唯物主义是实践的唯物主义。第四章便对实践的本质、类型、结构、过程、作用等做了系统阐述,指出:实践作为人的存在方式,其本质是"人能动地改造世界的社会性的物质活动",其基本类型有物质生产实践、社会政治实践、科学文化实践;其基本结构是主体、客体、中介三者的统一;其过程就是实践目的的确立、实践主体通过中介对客体的作用、实践结果的检验和评价;实践使世界发生了革命性的变化,即使世界区分为客观世界和主观世界、自在世界与属人世界、人化自然与人类社会。这些论述,集中体现了改革开放以来我国哲学界关于实践问题研究的新成果。

关于"系统"问题。20世纪80年代以来,我国哲学界的一些学者吸收现代系统科学研究成果,提出"系统"也应该成为一个哲学概念。1983年韩树英主编的《马克思主义哲学纲要》第一次将"系统"作为哲学范畴引入哲学教科书。这次新编的哲学教材吸收了这一研究成果,在第五章辩证法问题的阐述中,专门写了一个目《普遍联系与系统》,对系统的基本特征如相关性、整体性、有序性等进行了阐述,并在《整体与部分》一目中对系统思想的方法论意义做了发挥。这对于提高人们的战略思维能力有重大指导意义。

关于历史的决定性与选择性问题。第七章专门写了一节《历史规律的作用方式》，指出：历史规律的实现过程表现为预期性与非预期性的统一，必然性与偶然性的统一，决定性与选择性的统一。前两个统一，过去的教科书都讲得很充分，而对于第三个统一，则讲得不够充分。新教材对第三个统一的阐述加重了分量，强调历史规律的决定性是通过历史主体的选择性来实现的，即历史规律的决定性初始只是作为一般的趋势而存在，只有通过历史主体的选择和活动，才能使趋势变为现实；而且实现趋势的具体道路有多种可能，究竟哪一种可能变为现实，也取决于主体的选择。在这个过程中，能否抓住机遇，至关重要。这就不是单讲历史决定性所能奏效的。

关于正确处理人民内部矛盾问题。在阶级社会或有阶级存在的社会，社会基本矛盾在人际关系上表现为敌我矛盾和人民内部矛盾。在社会主义社会则大量表现为人民内部矛盾。这种人民内部矛盾既表现为思想上的是非矛盾，又表现为利益上的得失矛盾，还表现为文艺上的不同风格、学术上的不同学派等之间的矛盾。因此，对人民内部矛盾要做具体分析。凡属是非矛盾，主要用"团结—批评—团结"的方法去解决；凡属利益矛盾，主要用经济方法去解决；凡属复杂矛盾，应当用综合的方法去解决。构建社会主义和谐社会，实质是正确处理人民内部矛盾，特别是正确处理人民内部的各种利益矛盾。今天我们对人民内部矛盾的认识比50年前的认识是大大地深化和丰富了，这一点在教材中得到了比较好的反映。

关于科学技术的功能和作用问题。新教材在这方面的分量比较重，凸显了当代世界正在经历深刻的科学技术革命的时代特征。关于科学技术的社会功能，新教材从五个方面做了比较全面的阐述，即科学技术促进生产方式的变革、促进生活方式的变革、促进交往方式的变革、促进思维方式的变革、促进社会组织方式的变革。关于科学技术成为第一生产力，教材从三个方面做了较为充分的论证，即现代科学技术成为生产力发展的突破口、对生产力的发展具有主导作用、对其他生产要素具有强大的渗透作用。因此，科学技术创新对于实现生产力的跨越式发展具有决定性意义。

关于文化在社会发展中的作用问题。把文化专门作为一章来阐述，这是本教材的一个特点，主要是考虑文化同经济、政治一起构成社会发展的基本内容，这样安排有利于全面理解社会发展的历史进程，也有利于贯彻我们党的代表先进文化前进方向的指导思想。教材吸收了改革开放以来我国文化研究的丰硕成果，对文化的科学内涵、文化的社会功能、文化与民族精神等有关文化的基本理论做了系统阐述，强调"在当代，文化越来越成为民族凝聚力和创造力的重要源泉，越来越成为综合国力竞争的重要因素，丰富精神文化生活越来越成为人民群众的热切愿望"。这对于我们建设社会主义先进文化即建设社会主义精神文明有重大理论和实践意义。

关于认识过程问题。教材中关于认识过程的阐述更深入、更具体、更丰富了。在从实践到认识的飞跃过程中，不仅讲到理性因素的作用，也论述到非理性因素即人的知、情、意等的作用，表明了认识过程的复杂性。在从认识到实践的飞跃过程中，讲到必须经过一系列中间环节，包括形成实践理念、制订实践方案、进行中间试验、动员组织群众开展大规模实践等，进一步表明了认识过程的复杂性。这些都进一步丰富了传统教科书关于认识过程的阐述。

关于价值问题。把价值和价值观作为一章专门来阐述,这也是这本教材的一个特点。过去的教材或者对价值问题不讲,或者讲的分量不够。这是伴随强化实践与主体性而兴起的一个热点哲学问题。人不仅通过实践把握真理,而且通过实践创造价值;人不仅认识事物是什么,而且认识事物有什么用处。价值是在实践的基础上所形成的主体和客体之间的一种意义关系。真理和价值这两范畴体现了人们认识世界、改造世界的两个尺度——事物的客观尺度和人的内在尺度,二者是相互渗透、相互作用地体现在各种思想、观点、意见、方案等之中,对每个思想的实践检验都是真理与价值的双重检验。马克思主义哲学作为科学的世界观,既是科学的真理观,也是科学的价值观;作为价值观,它揭示了价值的本质、特性、评价标准,以及价值的形成、功能、选择等,这些都是对马克思主义哲学研究的新开掘和新发展,在新编教材中得到了比较集中的反映。

八　吴仁宝:中国杰出的农民思想家[①]

华西村出了一个吴仁宝,这是华西村的光荣,也是我们党的光荣。他以自己的华彩人生,为我们这个世界创造了巨大的物质财富,也创造了丰富的精神财富。他是中国农民思想家,是一个有理想的人,有境界的人,有智慧的人,与时俱进的人,是一个高尚的永远值得我们学习和怀念的人。

他有崇高的社会理想,坚信只有社会主义才能救中国,只

[①] 本文系作者2014年3月18日在江苏省江阴市华西村召开的"学习吴仁宝同志,践行群众路线"座谈会上的发言。原载2014年4月5日出版的《华西月刊》。

2010年3月6日，杨春贵（右）在华西村会见吴仁宝同志（左）

有中国特色社会主义才能发展中国。他满怀深情地撰写了《华西村歌》："华西的天是共产党的天，华西的地是社会主义的地，社会主义定能富华西。"他对社会主义、共产主义有独特而深刻的理解。他说，"人民幸福就是社会主义，全人类幸福就是共产主义"。他一辈子追求的是共同富裕，他说，"个人富了不算富，集体富了才算富；一村富了不算富，全国富了才算富"。在他的带领下，华西村五十多年沧桑巨变，一个原来温饱不足、负债累累的华西村，一步一个脚印地变成了亿元村、十亿元村、百亿元村、五百亿元村，变成了一个欣欣向荣、享誉海内外的天下第一村。吴仁宝不仅带富了小华西，而且带富了由周围村子组成的大华西，还帮助宁夏、黑龙江各建了一个"省外华西村"，想尽其所能地为全国农民共同富裕做出自己的贡献。

思想理论界的良师益友

2016年3月18日，在江苏华西村参加吴仁宝逝世三周年座谈会，在吴仁宝旧居前与张全景（中组部原部长）（左三）、陈耀邦（农业部原部长）（右三）、中央农办原主任段应碧（左二）、江苏省人大原副主任凌启鸿（左一）合影。居中者为杨春贵。右一为杨春贵的女儿杨光

他志存高远、心忧天下、胸怀宽广，是一个有境界的人。心里总是装着百姓，装着他人，而严于律己。他说，"家有黄金数吨，一天也只能吃三顿；豪华房子独占鳌头，一人也只占一个床位"。他坚守"有福民先享、有难官先当"，追求人民利益最大化、最大值，自己享受最小值，这是他做人做事的原则。从20世纪70年代起，他就给自己立下了"三不"规矩：不住全村最好的房子，不领全村最高的工资，不拿全村最高的奖金。村民都住上了别墅，他还住在20世纪70年代的旧房子里。上级给他的各种奖金，他分文不取，全部留给了集体。客人来了他安排得十分周到，象征性地喝一口酒，回家吃他的煮面条，

· 339 ·

从不陪客人吃饭。他的一言一行都令人肃然起敬,具有极高的人格魅力。"老书记"三个字,凝聚了华西村百姓对他的无限深情。

他是一个有智慧的人,真懂马克思主义,最讲实事求是,善用唯物辩证法。他说,"华西村是靠实事求是,始终走自己的特色之路发展起来的",中央讲马克思主义要中国化,他说,"中国化马克思主义要华西化"。他的名言是抓好两头,即吃透上头,摸清下头,结合两头。他把华西的经验概括为三句话:听中央的不走样,听国外的不走神,听百姓的不走偏,一切实事求是,从实际出发,走自己的路。他有一系列的辩证法名言:不管公有私有反正得有,就怕公私都没有;不但要口袋富,还要脑袋富,两富一起富,才是真正富;国家一头依法交足(税收),集体一头积累留足,百姓一头保持富足;管理有统有分,大的管住,小的放活。如此等等,真是炉火纯青的辩证思维。

他是一个重视并善于学习的人。几十年如一日,早晨听中央人民广播电台的新闻和报纸摘要,中午听电台的午间新闻,晚上看中央电

2018年3月11日,参加吴仁宝诞辰90周年座谈会纪念,两代人的相聚,友谊万古长青,前排右为胡福明,左为杨春贵,后排为吴仁宝的子女,胡福明的儿子,杨春贵的女儿

视台的新闻联播,白天一有空闲,就阅读各种报刊,联系实际加以思考。他说,"报纸看头版,广电早中晚;注重看海外,坚持把好关"。所以他讲话总有新思想,新语言。

他是一个与时俱进的人,永不知足,永不停步,不断向新的高峰攀登,几十年来始终昂扬向上,积极进取。他说,"当干部就要做到困难面前难不倒,压力面前吓不倒,成绩面前夸不倒"。他抓发展,一个规划接着一个规划,一个目标接着一个目标,扎扎实实,一步一个脚印地前进。穷的时候,他立志不拔穷根誓不为人。富了以后,他提出富而思变、富而思进。他总是不断地为华西提出更高的奋斗目标。前几年,他提出要努力实现农业现代化,工业国际化,环境生态化,建设更加名副其实的"天下第一村"。2003年,他以76岁高龄退居二线。但他年龄虽大,壮心不已,一如既往为华西的发展而日夜操劳,每天工作仍然长达十三四个小时,用实际行动实践了他"生命不息、服务不止"的誓言。

在吴仁宝身上,凝聚着中华民族的优良品德和共产党人的崇高风范。吴仁宝精神,值得我们永远学习和发扬!

九　张江明:我国社会主义社会辩证法研究的一位领军人物[①]

尊敬的江明同志,尊敬的各位专家、各位朋友,同志们:

阳春三月,来自广东省内外的一百多位专家学者在这里隆重集会,庆祝张江明同志90华诞、从事学术研究60周年并召

[①] 本文系作者2010年3月7日在广东省召开的庆祝张江明同志从事学术研究60周年暨当代中国科学发展辩证法研讨会上的讲话。收入2010年内部出版的会议论文集。

开当代中国科学发展辩证法研讨会,作为江明同志的老朋友,我应邀前来参加会议,感到十分荣幸和高兴,请允许我向江明同志表示热烈祝贺,向会议的发起单位表示衷心感谢!

江明同志是我国著名的马克思主义理论家。他在许多学科领域,包括马列主义、毛泽东思想、中国特色社会主义理论体系、哲学、中共党史、广东近现代史以及孙中山研究、叶剑英研究等诸多方面,都有很深造诣,成就卓著,广受赞誉。尤其是在社会主义社会辩证法理论研究方面,做出了开创性、奠基性贡献,取得了骄人业绩,被公认为是这一学科领域有重要影响的领军人物。他不仅发表了大量有影响的学术论著,而且做了大量学术组织领导工作,发起创立了广东省社会主义社会辩证法研究会、中国社会主义社会辩证法研究会,并长期领导和指导研究会的研究工作;发起创办了在全国有较大影响的第一份省级哲学刊物《现代哲学》和省级社科联第一所大学——广东社会科学大学;倡议并参与创办了叶剑英研究会和《叶剑英研究》杂志。他对广东乃至全国哲学社会科学的发展做出了令人瞩目的贡献。

江明同志不仅是一位有60年学术生涯的老专家,而且是一位有74年党龄的老党员,一位经过长期战争洗礼的红军老战士,一位富有多方面领导经验的老干部。他的这种丰富的人生经历造就了他身上那种鲜明的革命加科学的优秀品质。他德高望重而又谦虚谨慎,学识渊博而又勤奋好学,奋发有为而又淡泊名利,认真读书而又思想解放,尊重历史而又与时俱进。在他的学术理论活动中,总是力求与党和人民的事业同呼吸共命运,与实践和时代的变革、发展共进步。他的这种革命加科学的优秀品质,值得我们每一个理论工作者学习。

最后，让我们衷心祝福江明同志健康长寿、生活幸福，祝愿他学术青春永驻，为我们党的理论事业的发展不断做出新贡献！

谢谢大家！

十 张式谷：一位执着坚定的马克思主义理论工作者[①]

张式谷同志是我国著名学者，长期从事理论教育工作特别是党的干部理论教育工作，为宣传马克思列宁主义、毛泽东思想、邓小平理论付出了毕生心血，写作和发表了大量有影响的论文和著作。尤其是在科学社会主义理论研究方面，功底深厚，学识渊博，论著丰富，造诣很深。1995年，武汉出版社出版了他的第一部自选文集《艰难玉成》，收录了他20世纪80年代中期至90年代中期发表的主要著作。现在，在他逝世两周年前夕，中共中央党校出版社又决定出版他的第二部文集《季秋学案》，收录他生前自选的90年代中期以来发表的文章，以及他的夫人范玉传同志补充的式谷同志在80年代和逝世后发表的若干篇文章，这样，两个文集大体包括了式谷同志除专著以外的主要著作。我想，它的正式出版，对于我们学习和研究科学社会主义理论特别是邓小平理论，一定会有诸多启迪和帮助，同时它也是我们对把一生献给党的理论教育事业的式谷同志最好的纪念。

式谷同志是执着、坚定的马克思主义理论工作者。苏东剧

---

① 本文系作者2000年9月10日为张式谷教授《季秋学案》一书所写的序（中共中央党校出版社2000年12月出版）。

变之后，他在自己的日记中写道："在坚定社会主义、共产主义信念上，经过认真思考，可以用三句话勉励和要求自己：不改初衷（1978年入党誓词）；义无反顾（在任何情况下中途绝不变节）；奋斗到底（尽所能为党工作）。"为了反击"马克思主义过时论"的鼓噪，他以深沉的理性思考和饱满的政治激情写作和发表了一系列捍卫马克思主义的论文，如《关于共产主义理想的断想》《是"丧钟"还是"晨钟"》《世纪之交的回顾与展望》《坚定社会主义必胜信念》《怎样认识资本主义的历史命运》等，都有很强的理论说服力和政治感染力。以《关于共产主义理想的断想》为例，此文一开头就说："在《共产党宣言》发表150周年之际，抚今追昔，可谓心潮澎湃，思绪万千，要说的话实在太多了。"寥寥数语，一个共产党员面对历史的跌宕起伏、沧桑巨变，那种"心潮澎湃，思绪万千"、忧党忧国忧民之态，跃然纸上。而他要讲的"许多话"中最重要的一句话是："共产主义理想，对于共产党人实在是太重要了，它是我们的精神支柱，是我们安身立命的依托。"共产主义理想为什么是"人类社会理想之光中最辉煌的光谱"而使得许多先烈为之"九死而不悔"呢？因为"过去的一切运动都是少数人的或者为少数人谋利益的运动。无产阶级的运动是绝大多数人的、为绝大多数人谋利益的独立的运动"。式谷同志强调："为人民的利益而奋斗——这就是共产主义理想的精髓；用这样的理想教育和团结人民——这是共产党人最重要的历史使命。学习和掌握邓小平理论，绝不能忽视这一点。"他深有感触地说："树立共产主义理想、马克思主义信念，虽属不易，但更为难得的是：终其一生，义无反顾，不为物移，不为己忧，始终如一地坚持这种理想和信念。"这不正是他在日记中对自己提出的要求吗？真是文如其人哪！这篇文章以其旗帜鲜明、有理有据、言简意赅、声情并茂而获得《求是》杂志优秀论文奖，实在是当之无愧。

式谷同志是紧跟时代、与时俱进的马克思主义理论工作者。他的理论研究紧贴世界大势和中国的发展。他长期从事社会主义思想史、马克思主义发展史、国际共产主义运动史的研究，不仅熟读马克思主义经典作家的著作和传记，收集和整理了大量史料，而且密切关注国内外在这些领域的最新成果，并以今天的实践重新认识、检验和评价历史上重大的理论与实践问题，因此，他所主编和参与编写的这方面著作如《社会主义思想史》《二十世纪社会主义的回顾与前瞻》等总是富有新意和时代精神，受到学术界广泛的好评。他尤其关注中国的改革与发展，认真学习和研究邓小平的著作、党的十一届三中全会以来党的重要文献和江泽民同志的重要讲话。在他阅读过的这些著作上，密密麻麻地写下许多旁注、眉批，书页里还夹着许多字条，对章、节、段的重要内容、特别是新的思想观点都用自己的话写出概述或评价。有些经过整理还写成文章发表，如《十五大报告的新思想、新观点、新概括》一文，系统地阐述了以江泽民同志为核心的党中央对邓小平理论的丰富和发展，有些具体提法他都经过仔细推敲，比如他注意到党的十五大第一次提出"从严治党的方针"；党的十五大突出强调了"依法治国"，而党的十四大则讲"法制建设"；党的十五大讲"不照搬西方政治制度的模式"，而党的十四大则讲"绝不是搞西方的多党制和议会制"等。这不仅表现了他治学态度的严谨，尤其表现了他注重研究和解决新问题的政治敏锐性。对于改革和发展中的新情况新问题，他总是重视从理论的高度进行思考，其研究领域广泛，涉及建设有中国特色社会主义经济、政治、文化等诸多方面，如《现代化进程与中国特色社会主义》《论社会协调发展》《我国民主政治发展之路》《当前我国社会主义精神文明建设面临的形势》《商品经济意识·民主法制意识·人文文化意识》等，都是他的潜心之作，有许多深刻而独到的见解。

式谷同志是忠诚党的教育事业的优秀的马克思主义理论课教师。他说，一个有作为的理论课教师，"面对国际国内风云变幻的大是大非，要有使命感、责任感、正义感"，"应该具有充沛的革命和正义之激情"，"这种激情，来源于对真理的信仰，对社会主义事业的忠贞和对反社会主义势力的义愤"。正是因为有这种强烈的使命感和政治激情，式谷同志对教学工作极端地负责任，备课一丝不苟，反复思考，再三推敲；讲课时讲稿烂熟于心，高屋建瓴，深入浅出，声情并茂，有很强的说服力和感染力。晚年他患有严重的冠心病，但是讲起课来他已完全置之度外，出现"险情"时，他总是不动声色地含上一片药，坚持把课讲完。直到去世的前几天，他还带着病体为函院一位误课的高级干部学员单独补课。可以说，式谷同志是为党的干部教育事业呕心沥血、奋斗到最后一息，今天说起这件事，知情的同志无不为之动容。式谷同志不幸过早地逝世，确实是我国理论界和党校教育事业的一个重大损失！

在式谷同志第二部文集即将出版的时候，他的夫人范玉传同志邀我作序，作为式谷生前的同事和朋友，我感到义不容辞，而且非常荣幸。写出以上几段话，表达我对式谷同志的崇敬和怀念之情。这里我还要特别说明一点：式谷同志那篇《关于共产主义理想的断想》一文,在今年6月,即式谷同志逝世一年半以后,被《求是》杂志编辑部邀请的二十多位专家评为十五大以来该刊发表的优秀论文。作为评委之一,我可以告慰于式谷同志的是:理论界的同志们没有忘记你。

十一　金春明教授对"文革"史研究的贡献[①]

金春明教授是我国著名的党史学家,毛泽东思想研究专家和"文革"史研究专家,在国内学术界享有盛誉,在国外学术界也有很大影响。作为他的老同事、老朋友,我对他的八十华诞表示热烈祝贺,对他60年理论生涯取得丰硕成果表示热烈祝贺。

金春明教授从事理论研究和教学工作60年,成果累累,在许多领域都取得骄人业绩,为党的思想理论建设、干部教育事业和党史人才培养工作做出了重大贡献。他主持完成了两项国家社科规划课题:《毛泽东思想发展史》和《评剑桥〈中华人民共和国史〉》;他写作出版了两本《中华人民共和国史》,一本由香港出版,一本在内地出版;他与人合作撰写出版了多本学术专著,如《不平凡的七十年》《刘少奇与毛泽东思想》《中华人民共和国编年史》等;他主编出版了一套共九本"中华人民共和国史小丛书",亲自撰写了其中的《"四人帮"浮沉记》;他参与主编了中央党校重点教材和全国干部读本《毛泽东思想基本问题》。与此同时,他还发表了大量有关毛泽东思想、邓小平理论、党史国史方面的研究论文。

---

① 本文系作者在"金春明教授八十华诞暨学术思想研讨会"上的讲话。原载《学习时报》2012年10月1日。

1999年9月30日，杨春贵（右三）与金春明教授（右二）、赵曜教授（左三）、张绪文教授（左二）、陈雪薇教授（右一）、张淑兰同志（中央党校进修部主任）在什刹海合影

在他的理论生涯中，研究时间最长、用力最多、最富有特色和最引人注目的是关于"文革"史的研究，他是这方面我国为数不多的权威专家之一。他的"文革"史研究有如下几个特点：

一是起步早。在粉碎"四人帮"以后刚刚一年，即1977年秋季，时任中央党校副校长的胡耀邦提出，在党史教研室成立一个专门小组研究"三次路线斗争"问题，金春明教授被任命为组长。研究所谓"三次路线斗争"，实质就是研究"文革"十年史。胡耀邦强调，要重点研究："在20世纪60年代，在社会主义的中国，在共产党领导下，为什么会出现这么一场文化大革命？""要把来龙去脉搞清楚，要总结应当吸取的经验教训。"他特别强调，不要泡在文件堆里，不要就文件解释文件，不要以文件作为判断是非得失的标准。金春明教授认为,"这是真理标准大讨论的一支前奏曲",这一研究为他从事"文革"史研究奠定了基础。当时的中央党校,在胡耀邦的直接领导下,形成了一个很强的"文革"史研究团队,包括冯文彬、吴江、缪楚璜以及研究成员于南、谭宗级、许迈扬等。金春明教授作为研究组组长,发挥了重要的骨干作用,可以说,他是这一领域研究的开拓者之一,而且持续至今,成为他进行理论研究的主要课题。

二是成果多。在20世纪80年代"文革"史研究起步阶段的十年,金春明教授发表文章150多篇,其中半数以上是研究"文革"的,他在校内外讲课的主要内容也是讲"文革"的。在这个基础上,他连续出版了两本书:一本是以讲稿为基础修改而成的《谈彻底否定"文化大革命"》,1985年由辽宁人民出版社出版;一本是论文集《"文化大革命"论析》,1986年由上海人民出版社出版。这是全国最早出版的同类题材著作,具有首开先河的意义。此外,由他主持、全组集体编写的《彻底否定"文化大革命"十讲》,也于1985年由解放军出版社出版。进入90年代,他又连续出版两本有关"文革"的专著:一本是《"文化大革命"史稿》,1995年由四川人民出版社出版;一本是与席宣合著的《"文化大革命"简史》,1996年由中共党史出版社出版。在写作这两本专著的同时,他还发表了若干有关"文革"的研究论文。如此众多有影响的研究成果连续问世,这在我国研究"文革"的学者中是不多见的。

三是影响大。在中央党校学习的学员都是来自全国各地和中央国家机关的中高级领导干部和理论工作骨干。在"两个凡是"思想严重束缚人们头脑的情况下，从中央党校这里首先开展以实践为标准讨论"文革"中的路线是非问题，其影响之大是不言而喻的。用金春明教授后来的一句话说："这里虽然没有提否定文化大革命的问题，但却为认真地研究和重新评价文化大革命的问题，开启了闸门，迈出了勇敢的第一步。"随着解放思想的深入，"文革"史的研究不但走上了中央党校的课堂，而且在全国掀起高潮，金春明教授和其他教授一起，"应邀到很多部门和地区去讲课"，"几乎四处奔走，应接不暇"，而且"稿约不断"，"催稿电话几乎无日无之"。这种情况印证了马克思的一段名言："理论在一个国家实现的程度，总是取决于理论满足这个国家的需要的程度。"金春明教授的讲课和论著不但在国内产生很大影响，而且引起国际学术界的关注。他和席宣合著的《"文化大革命"简史》，被译成日文和韩文，分别在东京和汉城（首尔）出版，他还被邀请到哈佛大学等校进行学术交流，与施拉姆、麦克法夸尔等学者保持密切的学术交往。在学术人才培养方面，他开辟了一个新的研究方向——"文革"史研究，1986年他被国家学位委员会批准为唯一的"文革"史研究方向的博士生导师，现在已经培养出十名这个研究方向的博士。

四是方向对。"文革"史研究作为中国现代史研究的一个分支，十分重要而又相当特殊，具有很强的政治性和敏感性，把握好方向是至关重要的。金春明教授本着"解放思想、实事求是""对人民负责、对历史负责"和"只有忠于史实，才能忠于真理"的科学态度，严谨治学，一丝不苟，不看风、不随俗，既坚持彻底否定"文化大革命"、纠正毛泽东的晚年错误，又自觉维护毛泽东的历史地位和毛泽东思想的指导作用，总是

思想理论界的良师益友

2005年9月6日，参加中宣部第二批"四个一批"人才（理论界）评审委员会召开的评审工作会议。评审委员有中宣部副部长雒树刚（右四），杨春贵（右三），中国人民大学哲学系陈先达（左五），中央编译局局长韦建桦（左四），《求是》杂志副总编张晓林（左三），中国社科院李汉林（右二）、刘树成（左二）、陈祖武（左一）

力求实事求是地总结历史经验，恰如其分地评价历史人物和历史事件。这就使得他的研究在政治上保持了正确方向，在学术上保持了很高的水准。这是他的"文革"史研究所以能够取得重大成就的根本原因。

"文革"史研究，在我国任重而道远。只能加强，不能淡化，更不能停步。这是防止历史悲剧重演的一个重要条件。金春明教授立志在有生之年"写出一部百万字的、翔实的文革史"，我听了以后，感到非常高兴。我们预祝他成功，期待他的这本鸿篇巨制早日问世！

十二　赵剑英的一部接地气有新意的哲学文集[①]

赵剑英同志的文集《时代的哲学回声——赵剑英学术自选集》于近期出版，该书收录了他从事哲学研究三十余年的成果精华。认识赵剑英同志近三十年，他给我的印象是关注现实、勤于思考、思维敏锐、视野开阔。他的文章总是紧扣时代主题和重大现实问题，以实践需要激发理论思考，探究马克思主义哲学和中国特色社会主义理论的前沿问题。这本文集亦鲜明地体现了这些特点。

实践创新与哲学创新交相辉映

实践的观点是马克思主义哲学的理论基石，从"实践是检验真理的唯一标准"大讨论开始，实践概念及实践问题的研究就已经展开并贯穿我国马克思主义哲学研究的始终。在这本书中，作者对实践的概念内涵、实践形态、实践逻辑等进行了考察和分析。如《实践概念内涵及形态的历史考察》一文根据马克思关于社会生产方式概念的思想，提出实践形态的概念，即实践方式和实践内部关系结构两者的统一，并分析物质生产、精神生产和人的生产等主要实践形态在新时代条件下的新特点。《论人类实践形态的当代发展》一文阐释了知识实践这一新的实践形态。《试析实践活动运行机制》《从实践的合目的运行模式看中国社会主义建设问题》等文章，概括和分析了实践的动力机制、控制调节机制、规范运行机制和纠错机制，并运用这

[①] 原载《光明日报》2017年7月26日。

思想理论界的良师益友

杨春贵先生与中国社会科学出版社社长赵剑英讨论书稿

一理论剖析了我国社会主义现代化建设经验教训。实践问题的研究彰显了马克思主义哲学的主体性原则,强调了充分发挥人的主动性、创造性和能动性,强调了认识和尊重实践的逻辑和规律以提高人的活动效能,这与改革开放的客观要求和历史进程是一致的,体现了人类社会发展的客观规律,体现了解放和发展生产力这一历史唯物主义原则。

随着实践问题研究的不断深入,哲学界对马克思主义哲学传统教科书体系进行了再认识。根据对马克思、恩格斯文本的全面深入解读以及时代变化和我国改革开放实践发展,重新理解马克思主义哲学的实质,构建新的马克思主义哲学理论形态成为哲学界共同关注和讨论的一个热点问题。作者在书中指出,传统教科书的一个缺点是"忽视了实践观之于马克思主义哲学的根本的基础意义,忽视了人的自由全面发展、价值和价值观问题对于马克思主义哲学的重要意义,忽视了当代科技革命的新变化、新成果、新问题给马克思主义哲学带来的新挑战"。《从价值批判到科学批判》一文探讨了价值批判方法在马克思创立唯物史观过程中的积极作用。《论中国化马克思主义哲学形态的当代建构》深入分析了如何构建中国化马克思主义哲学新形态,一是要坚持马克思主义的"总体性特征",从马克思主义理论内部的有机联系和马克思主义与其历史实践的内在联系中把握马克思主义的精神实质;二是要凸显民族性,包括吸收中华民族传统文化中的优秀成分并予以创新,研究中国特色社会主义理论蕴含的哲学思想,总结和提升"中国经验"的哲学智慧;三是要体现开放性,吸收借鉴西方马克思主义对当代资本主义的审视和批判,以及理论建构方面合理的成分;四是体现时代性,回答当代社会形态发展问题、生产理论问题、文化理论问题、价值共识问题、现代性和中国现代性建构问题以及当代科学技术发展带来的新哲学问题,等等。这些视角和方法在十多年后的今天来看仍具有十分重要的价值。建构中国化马克思主义哲学新形态是我国社会主义现代化建设历程中现代性建构的集中反映,体现了我国经济社会发展取得巨大成就的背景下我们的民族意识、民族精神的自觉。

民族文化认同危机的解决之道

在经济全球化、市场化、信息化背景下,中国社会主义市场经济的发展和社会转型对中国人的传统思想观念造成冲击,民族文化认同危机再次凸显,解决这一危机具有十分重要的战略意义。书中《现代性与近代以来中国人的文化认同危机及重构》《文化认同危机与建构社会基本价值观的紧迫性》两篇文章对此做了深入研究。文章指出，近代以来，面对西方列强的入侵使我国一次次遭到失败，导致一些人把西方技术和制度认定为"先进"，这种对"现代性"的识别就产生了一种认同，从而对自己的文化传统进行完全彻底的清算，文化认同危机由此产生。通过对近代以来中国政治精英和知识精英，包括康有为、陈独秀、李大钊、孙中山以及中国共产党等对中华民族文化认同危机的反应和解决方式的历史考察，赵剑英同志指出，解决这一危机的核心是利用自身文明创造新的价值观。由此，赵剑英同志对中国共产党解决民族文化认同危机——建设中国特色社会主义文化并进而形成体现中国现代性内涵的制度文明进行了深入研究。《从新民主主义文化到有中国特色社会主义文化》一文梳理了中国共产党从建设新民主主义文化到建设中国特色社会主义文化所做出的努力和贡献。《论中国特色社会主义文化发展观》一文，阐释了中国特色社会主义文化发展观的基本内涵：文化是一种硬实力，是生产力；又是一种"软实力"，是民族国家的凝聚力；同时也是一种创新力，是民族国家发展的强大动力。文章还分析这一文化发展观丰富了马克思主义生产力形态理论，拓展了唯物史观对社会动力观的理解。《论中国特色社会主义文化理论的基本内涵》较为系统地梳理了中国特色社会主义文化理论形成的历史和脉络，阐释了其丰富内涵，包括中国特色社会主义文化是"五位一体"总体布局的重要一极；既是一种软实力，又是一种硬实力，具有强大的导向力、凝聚力和创新力；目标是培育人，促进人的全面发展；核心内容是社会主义核心价值观；在属性上可以分为"文化事业"和"文化产业"；以及高度重视意识形态工作和推动中华文化走出去、提升国际影响力和话语权的重要性。作者还敏锐地指出，要从历史维度和发展实践相统一的角度寻找分析解决民族文化认同危机的途径，最根本的就是要解决以马克思主义为指导的意识形态与中华优秀传统文化相结合的问题，这一判断非常准确地把握了当前我国文化发展的症结所在。

中国特色社会主义的独特思考

长期以来，作者对中国共产党在推进中国特色社会主义事业进程中的理论创新给予关注和深入思考。例如《对马克思主义全面而精辟的阐释——学习习近平总书记关于马克思主义的重要论述》系统梳理了习近平总书记关于马克思主义的新观点，包括从科学性、有效性、信仰上阐释坚持以马克思主义为指导的重要性，从整体上全面地把握马克思主义的基本内涵，以及对马克思主义的价值追求、批判本质和理论创新的强调。再如《一种崭新的社会形态——论中国特色社会主义的独特价值和伟大意义》运用马克思主义社会形态理论分析中国特色社会主义的伟大意义，指出中国特色社会主义道路、理论、制度三者统一构成中国特色社会主义社会形态，它是科学社会主义理论逻辑和中国社会发展历史逻辑的辩证统一。通过与其他国家的社会主义模式如苏联模式、古巴模式等的比较研究，通过对资本主义的多种社会形态如民主社会主义、自由资本主义、国家垄断资本主义、官僚资本主义的批判性研究，总结出中国特色社会主义的基本特征，深刻阐明了其科学性和有效性，并从对世界文明贡献的角度阐释了这一新型社会形态的伟大意义。这一独特的视角和观点，对于如何理解和定位中国特色社会主义具有重要的理论价值和现实意义。

正如书名《时代的哲学回声》所示，在阅读此书的过程中，能深切地感受到剑英同志作为一名理论工作者心系中华民族伟大复兴的家国情怀和为此而付出努力的责任担当，这不仅明显地体现于《从衰落走向复兴——中国现代化的百年追求与展望》一文中，而且自然流露于中国化马克思主义哲学新形态的建构、民族文化认同危机、作为一种新型社会形态的中国特色社会主义等诸多文章中。该书是赵剑英同志学术研究的一个阶段性总结，祝愿他在今后的学术道路上再接再厉，取得更加丰硕的成果。

附录　本人作品的学界评论

一　中华人民共和国哲学发展历程的理论再现[①]
——《中国哲学四十年（1949—1989）》评介

杨春贵教授主编的《中国哲学四十年（1949—1989）》已由中共中央党校出版社出版。该书以翔实的材料、缜密的分析，从理论与实践相结合的高度生动再现了中华人民共和国哲学四十年的发展历程，是国内第一部全面系统地评述当代中国哲学发展的学术著作。该书有以下几方面的特色：

第一，采取逻辑和历史相统一的原则，全面揭示了各个历史时期哲学发展的基本特点和规律，生动地再现了中华人民共和国哲学四十年的进程。全书按照历史分期，将四十年的哲学发展划分为四个阶段：第一阶段为新中国成立初期至20世纪50年代中期，即1949年至1956年，这是马克思主义哲学在新中国初期的普及时期，也可以说是全国范围内的马克思主义哲

[①]　原载《党校科研信息》1990年12月第98期，作者姚休。

学的启蒙教育时期；第二个阶段为50年代中后期至"文化大革命"前，即1956年至1966年，这是马克思主义哲学有了较深入发展的时期，同时也是哲学研究中开始出现"左"的错误偏差的时期；第三个阶段是"文化大革命"时期，即1966年至1976年，这是哲学发展停滞、倒退的时期，是马克思主义真理在许多方面被禁锢、窒息的时期；第四个阶段是党的十一届三中全会到现在，即1977年至1989年，这是马克思主义哲学复苏、繁荣的时期，也是哲学在反思的基础上重新开始开拓前进的时期。

第二，坚持理论联系实际的方针，系统地评述了中华人民共和国成立以来各个时期的重要哲学思潮、哲学争论和哲学理论探讨，如实记录了当代中国哲学进程中的历次重大事件和学术争论。同时，该书还对新中国不同历史时期哲学理论研究概况做了全面的介绍。不仅描述了马克思主义哲学理论研究的基本情况、新的进展和学术成就，而且还介绍了马克思主义哲学史、中西哲学史、毛泽东哲学思想以及逻辑学、伦理学、美学、自然辩证法等学科所取得的研究成果。尤其是该书用较大的篇幅对党的十一届三中全会以来我国哲学理论的新探讨以及重大现实问题的研究（如对社会主义社会矛盾的认识与社会主义改革问题等），做了比较详尽的阐述，因而使全书具有强烈的现实感和时代气息。

第三，本着实事求是的科学精神，对40年来我国哲学发展的重大问题和哲学研究工作的基本经验进行理论的反思，力求做出合乎实际的再评价。对有些一时难以做出准确评价的问题，诸如思想文化战线上几次大批判以及关于人、人道主义和异化问题的讨论等，该书则采取科学、求实的态度，尽可能客观地

2001年4月17日，杨春贵在上海讲学期间参观党的一大会址

1991年7月24日，杨春贵在参加全国党校系统哲学研讨会期间，参观毛泽东在延安的旧居

1991年7月24日，在延安召开全国党校系统哲学研讨会，此间访问延安时期的中央党校校舍。右五为杨春贵，右四为中央党校高光教授，右三为中央党校张绪文教授

叙述历史过程，没有仓促地做出结论。

第四，主题鲜明，脉络清晰，文字表述简洁明快。全书共分五编，按上述四个历史阶段划分法构思展开（其中第四、第五编合为改革开放时期的哲学）。每一编根据逻辑与历史相一致的原则，力求全面准确地再现每一历史时期哲学发展的基本概况，做到先述后评，评述结合，因而使全书总体布局疏密有致，融为一体。

当然，《中国哲学四十年（1949—1989）》并非完美无缺，还存在着一些不足的地方，如对有些问题的评述尚欠展开，论证不够充分；有些资料的占有不甚全面，难免有纰漏之处，等等。但是，该书仍不失为一部有重要学术价值和史料价值的哲学专著。

二 全方位研究毛泽东哲学思想的一部力作[①]
——《哲学家毛泽东》评介

毛泽东集革命家、政治家、军事家与思想家、哲学家、诗人于一身，他的巨大身影覆盖了我国的整个一个时代，同时将影响以后几代人，并对全世界产生广泛的影响。毛泽东哲学思想，是我们时代精神的精华，不论今人和后人，要了解我们这个时代，都必须学习和研究毛泽东哲学思想。要了解毛泽东哲学思想的秘密，又必须掌握毛泽东哲学思想的显著特点。毛泽东哲学思想最显著的特点是什么？他是怎样从一个非马克思主义者成长为一个杰出的马克思主义哲学家的呢？杨春贵、李火林合著的《哲学家毛泽东》以丰富翔实的资料，透彻有力的论述，回答了广大读者所关心的这一问题。

目前，研究和宣传毛泽东哲学思想的著作，可以说汗牛充栋。《哲学家毛泽东》这一专著的特点在于：（1）不但重视毛泽东哲学思想内容的阐述，而且力求叙述毛泽东哲学研究的活动，揭示其思想酝酿、形成和发展的过程；（2）不但重视毛泽东哲学思想理论的探讨，而且重视这些理论又如何地被运用于实践之中；（3）不但重视作为科学体系的毛泽东哲学思想的研究，而且注意到毛泽东个人哲学思想的形成和发展脉络，包括他早期哲学探索的历程和意义，以及晚年他的哲学思想的是非得失；（4）不但重视毛泽东本人的哲学活动，而且说明了他又

[①] 此文作者为中央党校出版社编审吉勇夫。

附录　本人作品的学界评论

1996年11月27日，在广东中山市参观孙中山故居
右起：罗归国、王太辰、杨春贵、庞元正、尤元文

是如何指导广大干部、群众从事哲学活动的。本书全方位、多侧面、多角度地揭示了毛泽东作为中国人民的伟大领袖是如何重视研究哲学、运用哲学和发展哲学的，是如何善于从哲学的高度总结经验、研究实际情况，制定党的路线、方针、政策的，是如何从世界观和方法论的高度提出和解决中国革命的理论和策略问题的。通读全书以后，你可以深深地感受到重视从哲学高度解决问题，是毛泽东成功的重要秘密之一，也是最值得我们继承和发展的精神财富之一。善于从哲学上提出和解决问题，是毛泽东理论与实践活动最显著的特点，也是我们党的一个优良传统。

当前，我们全党和全国人民正在建设有中国特色的社会主义，在深入学习邓小平建设有中国特色社会主义理论的同时，结合学习毛泽东的哲学思想和他的哲学实践，必将会对广大群众，特别是广大干部有新的启迪。

三 《邓小平理论与社会主义的历史命运》一书的专家鉴定意见（2000年10月20日）

由杨春贵教授主持，有中央党校15位教授、副教授参加的国家社会科学基金项目"邓小平理论与社会主义历史命运"，现已完成并由黑龙江人民出版社正式出版。

该项目研究成果已分别送中国社会科学院哲学研究所研究员徐崇温、陈中立，中国人民大学教授杨耕，中央党校哲学部主任、教授庞元正五位专家评审鉴定。专家们一致认为，该成果已达到项目申请的设计要求，成果优秀，可评为一等。

该项目研究成果，以深邃的历史眼光和宽广的世界眼光，系统地阐述了150年来社会主义理论从空想到科学、从一国实践到多国实践，从世界社会主义遭受挫折到中国特色社会主义理论蓬勃兴起的历史进程，深刻地总结了社会主义实践中的正面经验和反面教训，生动展示了马克思主义、社会主义的客观真理性和强大生命力，以无可辩驳的事实和逻辑力量向世人证明：作为马克思列宁主义同时代特征和中国国情相结合的邓小平理论，是当代中国的马克思主义，是对毛泽东思想的继承和发展，它的形成和发展，它在实践中所取得的伟大胜利，不仅对中国的社会主义事业，而且对全人类的进步事业和社会主义事业，都有不可估量的重大现实意义和深远的历史意义。这项研究成果，有助于人们正确认识社会主义发展的历史进程，有助于人们坚定社会主义的信念和建设有中国特色社会主义的信心。

该项目研究成果注重从哲学高度总结社会主义的历史经验，强调思想路线正确与否，对于建设社会主义有决定性的意义。它具体论述了科学社会主义理论的产生及其实践，都离不开马克思主义辩证唯物主义和历史唯物主义的指导。离开了正确的思想路线，社会主义理论就不可能从空想变成科学，即使是科学社会主义理论，一旦离开正确的思想路线，它也会在实践中重新陷入空想。它特别具体分析了在邓小平理论的形成与发展中，每前进一步，都是坚持解放思想、实事求是的结果，从破除僵化的社会主义模式观念，到破除超阶段的"左"的思想，到破除抽象谈论社会主义的历史唯心主义观念，都是以解决思想路线为先导的。因此，围绕"什么是社会主义，怎样建设社会主义"这个根本问题，不断地解放思想、实事求是，是巩固和发展社会主义的根本思想保证。

2003年8月31日，杨春贵在绍兴参观鲁迅故居

2004年3月14日,在广州讲学期间,在广州报业集团董事长汤应武教授(右三)的陪同下,参观黄埔军校校址。右二为中央党校办公厅李作钦,右四为杨春贵,右五为杨春贵的夫人刘玉琪

该项目研究成果还注重历史的分析,以当代社会主义的基本问题为线索,分别叙述了马克思、恩格斯、列宁、斯大林、毛泽东、邓小平在这些基本问题上的基本思想,指明了他们之间的继承与发展的关系,揭示了在处理这些基本问题上的经验教训,从而有助于人们深刻理解马克思列宁主义、毛泽东思想、邓小平理论是一脉相承的统一的科学体系,深刻理解,在当代中国,坚持邓小平理论,就是真正坚持马克思列宁主义、毛泽东思想;高举邓小平理论伟大旗帜,就是真正高举马克思列宁主义、毛泽东思想伟大旗帜。

总之,该项目研究成果是邓小平理论研究中一项具有独特视角的新成果,它对哲学与社会主义的关系,对社会主义取得胜利的经验和遭受挫折的教训,对社会主义基本理论发展的来龙去脉，对社会主义最终必将取代资本主义的历史必然性等，都做了令人信服的分析和论证，体现了理论与实践、逻辑与历史相统一的科学方法，既有很强的学术性，又有很强的现实性，是科学社会主义理论和邓小平理论研究中的一项优秀成果。

该项目研究成果的不足是，由于参加写作的成员较多，各章之间的质量和水平不太平衡，有的部分较弱，有待今后进一步加工、修改和提高。

四　邓小平理论研究的新开拓[①]——《邓小平理论与社会主义的历史命运》评介

中央党校副校长杨春贵教授和中央党校哲学部张峰教授主编的《邓小平理论与社会主义的历史命运》一书已由黑龙江人民出版社出版。该书作为国家社会科学基金资助的国家哲学社会科学研究课题——"邓小平理论与社会主义的历史命运"的研究成果，在研究的思路上作了新的开拓，在研究的深度和广度上达到了新的水平，是我国理论界研究邓小平理论的一项新成果。

（一）立意高远、气势宏大

该书作者站在社会主义历史命运的高度，深刻地阐明了邓小平理论的历史意义。该书的上篇系统地回顾了科学社会主义理论与实践的150年曲折发展的历史进程，总结了社会主义的历史经验，特别强调了两条基本经验：一是搞社会主义一定要

[①] 此文原载《中国党政干部论坛》1999年第5期，作者承志。

2004年10月19日,中央马克思主义理论研究与建设工程考察团到江西考察。杨春贵在邓小平落难地"小平小道"留影

坚持马克思主义的辩证唯物主义和历史唯物主义;二是必须搞清楚什么是社会主义和怎样建设社会主义。邓小平理论正是在这两个基本问题上做出了科学回答,形成了一个比较完备的科学体系,从而也使社会主义焕发出蓬勃的生机和活力。这种历史的回顾和总结证明了列宁在《马克思学说的历史命运》一文中的科学预见:"即将来临的历史时期,定会使马克思主义这个无产阶级的学说获得更大的胜利。"同时,作者也富有说服力地指明:科学社会主义诞生150年以来,经历了从理论变为实践,从一国实践变为多国实践,从无到有、从小到大、由弱到强不断上升的前进的过程。在这一发展的总过程中,局部的挫折,暂时的倒退,一时的低潮,都是在所难免的。清醒地认识到人类社会发展规律的马克思主义者不会为这些外在的表象所迷惑,始终不渝地坚信社会主义、共产主义必定胜利,以蓬

勃高昂的姿态面对严峻的现实，迎接艰难的挑战。

（二）史论结合，以史立论

邓小平理论是在和平与发展成为时代主题的历史条件下，在我国改革开放和现代化建设的实践中，在总结了我国社会主义胜利和挫折的历史经验并借鉴其他社会主义国家兴衰成败历史经验的基础上逐步形成和发展起来的。因此，研究邓小平理论要坚持史论结合，以论带史，以史立论。该书作者坚持史论结合的原则，一方面阐明了社会主义150年理论与实践的历史发展是邓小平理论形成和发展的实践基础和理论基础，清晰地展示了邓小平理论与马列主义、毛泽东思想一脉相承的历史发展脉络，使邓小平理论具有了强烈的历史感；另一方面，又通过对马克思主义理论在每个历史发展阶段所取得的理论成果的历史考察，阐述了邓小平理论在一系列基本理论问题上如何继承和发展了马克思主义，生动地体现了邓小平理论既坚持了"老祖宗不能丢"，又讲了"老祖宗没有说过的新话"。

（三）体系创新，独具特色

邓小平理论是贯通哲学、政治经济学、科学社会主义等领域，涵盖经济、政治、科技、教育、文化、民族、军事、外交、统一战线、党的建设等方面比较完备的科学体系，又是需要从各个方面进一步丰富和发展的科学体系。该书作者以党的十五大报告为指导，以当代社会主义的基本问题为主线，系统地论述了建设社会主义的思想路线与解放思想、实事求是的理论，社会主义的根本任务与社会主义本质理论，社会主义发展阶段与中国社会主义初级阶段理论，社会主义发展动力问题与社会主义改革理论,社会主义对外关系问题与对外开放理论,社会主义经济建设问题与经济发展战略理论,社会主义经济体制问题与社会主义市场经济理论,社会主义政治体制问题与社会主义民主法制建设理论,社会主义文化问题与社会主义精神文明建设理论,社会主义领导力量问题与新时期党的建设理论,等等。这就完整、准确地展现了邓小平理论作为一个比较完备的科学体系所应包括的内容,以及这些内容如何继承和发展了马列主义、毛泽东思想。

总之,《邓小平理论与社会主义的历史命运》一书具有立意高远、新颖,体系建构独特和理论分析方法缜密等特色,从而开拓了邓小平理论研究的新思路和新视野,必将对邓小平理论的学习、研究起到积极的推动作用。

五 一套反映干部教育新要求的佳作[①]——读杨春贵教授主编的"重大理论与实践100例"系列读物

当人类社会跨入 21 世纪的时候,我国进入了全面建设小康社会、加快推进社会主义现代化的新的发展阶段。党的十六大提出了全面建设小康社会的奋斗目标。完成这个奋斗目标,发展要有新思路,改革要有新突破,开放要有新局面,各项工作要有新举措。中国的建设和改革离不开世界。国际局势正在发生深刻变化。世界多极化和经济全球化的趋势在曲折中发展,科技进步日新月异,综合国力竞争日趋激烈。这对我国来说,

---

[①] 此文原载《理论视野》2004 年第 2 期,作者满良、作钦。

既是机遇,又有挑战。党的建设也面临着一系列新课题。我们党已经从领导人民为夺取政权而奋斗的党,成为领导人民掌握全国政权并长期执政的党;已经从受到外部封锁和实行计划经济条件下领导国家建设的党,成为对外开放和发展社会主义市场经济条件下领导国家建设的党。中国的事情能不能办好,关键在于党,在于党的各级领导干部。新的形势和任务,迫切要求我们的干部努力提高马克思主义理论水平,不断增强科学判断形势的能力、驾驭市场经济的能力、应对复杂局面的能力、依法执政的能力和总揽全局的能力。在这方面,作为轮训和培训各级领导干部主渠道的各级党校,肩负着重要的使命。

面对新形势、新任务提出的新挑战,党校如何肩负起自己的历史使命,充分发挥"三个阵地、一个熔炉"的作用,为党在新时期的干部教育做出应有的贡献?中央领导同志明确提出,要把"实事求是、与时俱进、艰苦奋斗、执政为民"的教育渗透到党校全部教学中去,并对如何坚持实事求是的思想路线、弘扬与时俱进的创新精神、继承艰苦奋斗的优良传统、实现执政为民的根本宗旨做了深刻阐述。这是对各级党校贯彻"三个代表"重要思想和党的十六大精神的要求,也是对全党干部教育工作的要求。这"十六个字、四个方面"作为干部教育的要求,继承了党的建设长期积累的基本经验和优良传统,又具有很强的现实针对性,是党的干部教育事业面对新情况、迎接新挑战、取得新胜利的重要方针。

为了贯彻落实"十六个字、四个方面"的党校办学要求,阐明"实事求是、与时俱进、艰苦奋斗、执政为民"的理论内涵和历史底蕴,由中央党校教授杨春贵牵头主编,中央党校几十位专家学者合力完成的《马克思主义与时俱进100例》《中国共产党实事求是 100 例》《中国共产党艰苦奋斗 100 例》《中国共产党执政为民 100 例》四本书，由中央党校出版社出版了。

这四本书是将要陆续推出的"重大理论与实践 100 例"系列读物的首批作品。编撰以"实事求是、与时俱进、艰苦奋斗、执政为民"为主要内容的"重大理论与实践 100 例"系列读物，其目的，就是用我们党的理论创新、光辉业绩、历史经验、优良传统诠释"十六个字、四个方面"的办学新要求的丰富内涵，说明其重大理论意义和现实指导意义。这是一套集理论性、政治性、资料性、可读性于一身的系列读物。

该读物有以下显著特点：

（一）突出了贯彻"三个代表"重要思想的根本要求

党的十六大报告指出：贯彻"三个代表"重要思想，关键在坚持与时俱进，核心在坚持党的先进性，本质在坚持执政为民。本系列所包括的四本读物正是根据这个根本要求确定选题的。这套读物，以实例说明了"三个代表"重要思想，是对我们党成立以来奋斗历程和基本经验的深刻总结。展望新世纪新阶段的艰巨任务和光明前途，我们党要继续站在时代前列，带领人民胜利前进，归结起来，就是必须始终代表中国先进生产力的发展要求，代表中国先进文化的前进方向，代表中国最广大人民群众的根本利益。可以说，这是一套适应新世纪新阶段理论教育工作新要求、突出贯彻"三个代表"重要思想的读物。

（二）概括了马克思主义及其在中国发展的历史经验

《马克思主义与时俱进 100 例》根据 150 多年马克思主义发

附录　本人作品的学界评论

2002年8月10日，杨春贵在青岛市参观康有为旧居

展的历史进程，选取了各个历史时期理论、政策、实践创新的重大实例加以具体分析，说明马克思主义是一脉相承而又与时俱进的科学。《中国共产党实事求是100例》根据中国共产党80多年的奋斗历程，选取了各个历史时期实事求是处理各种理论和政策问题的重大实例，按照"一切从实际出发""理论同实际相结合""在实践中不断开辟认识真理的道路""为真理而奋斗"等专题，做了阐述。这样，用历史经验说明了实事求是是我们党的科学的思想路线，正是在这条科学思想路线的指引下，我们党领导全国人民战胜了一个又一个敌人，克服了一个又一个困难，取得了革命、改革和建设的一个又一个胜利。

（三）展示了中国共产党人的优良传统作风

这四本书不仅从理论的演进方面展示了中国共产党的先

· 373 ·

进性，而且从实践活动的原则性和创造性方面展示了中国共产党的先进性。《中国共产党实事求是100例》《中国共产党艰苦奋斗100例》《中国共产党执政为民100例》集中地展示了自建党以来涌现的大批优秀共产党员为实现党的理想和奋斗目标而英勇奋斗、务实创新、为民造福、艰苦创业的感人事迹，说明了中国共产党所以受到中国最广大人民的拥护和爱戴，不仅在于其理论的先进性，而且在于它的广大党员言行一致、身体力行，具有理论同实际相结合、密切联系人民群众的优良作风。这套读物集中提供的大量优秀共产党员的感人事迹，为我们在新世纪新阶段加强党的思想作风建设提供了十分有益的启迪。

（四）体现了理论同实际相结合的马克思主义学风

该套书理论阐述系统，资料丰富翔实，历史线索清晰，现实感强。编撰者避免了空泛的议论，而是以重大实例为立论依据，理论与实际紧密结合，观点与材料有机统一，寓理于事、就事论理，具有很强的可读性，是别具一格的读物。每一本书又都由三部分内容组成：经典作家的有关论述；概括全书主题的"绪论"；按照逻辑与历史相统一的原则所编写的思想理论和实践资料。既有理论高度，又有历史眼光；既有宏观分析，又有具体材料；既有逻辑说服力，又有事实感染力。

（五）揭示了马克思主义与时俱进的历史脉络

马克思主义是我们立党立国的根本指导思想，是全国各族人民团结奋斗的共同思想基础。然而，马克思主义并不是一成不变的教条，而是活生生的发展着的科学。恩格斯说：

"我们的理论是发展着的理论,而不是必须背得烂熟并机械地加以重复的教条。解放思想、实事求是、与时俱进、开拓创新,是马克思主义的精髓,是马克思主义保持其科学性和生命力的真正奥秘,因而也是最可宝贵的理论品质。正是这种理论品质,使马克思主义保持旺盛的生命力和对实践的伟大指导作用。该套系列读物中的《马克思主义与时俱进100例》,用浓墨重彩把马克思主义自创立以来的100个重大理论创新、政策创新和实践创新的实例进行了系统归纳,可以说是一部马克思主义的创新史。通读这些马克思主义发展史上鲜活的创新实例,可以使读者重温马克思主义与时俱进的内在机理,为我们在新形势下进行理论创新、制度创新、科技创新和其他各方面创新提供理论的指导和事实的启迪,避免把创新流于空谈。

(六) 展现了理论读物编写体例的创新

以例为史,寓史于例,不追求框架和体系而框架体系自成,不追求逻辑和法度而逻辑、法度自现,简洁明快,活泼自然,直指本源。这是一种相信读者而又期待读者的编写理念。这种编写理念为避免时下有的理论读物那样板着面孔训人、摆大架子说空话的不良风气,把理论读物从"天上的云雾"中放到鲜活的生活世界和社会实践中,增加理论读物的可读性和与读者的亲近感,放大了理论读物的社会效益,这种探索是十分有益的。

这个系列读物的首期四本现在已与读者见面,我们期待作者有更多的"重大理论和实践100例"的读物出版。

六　总结宝贵经验 弘扬优良学风[①]——读"重大理论与实践 100 例"系列丛书

2006 年 5 月，杨春贵在安徽省安庆市陈独秀墓前

由中央党校原副校长杨春贵教授主编、我校几十位教研人员参与编撰的"重大理论与实践 100 例"系列丛书——《马克

[①]　此文原载《理论前沿》，作者为中央党校科学社会主义教研部主任、教授严书翰。

思主义与时俱进 100 例》《中国共产党实事求是 100 例》《中国共产党艰苦奋斗 100 例》《中国共产党执政为民 100 例》，近日已由中央党校出版社出版并和读者见面。这套丛书的问世，对于广大党员干部深入学习邓小平理论和"三个代表"重要思想，对于中央党校教研人员落实"实事求是、与时俱进、艰苦奋斗、执政为民"的办学新要求（简称"十六字"办学要求），具有重要的参考价值。

这套丛书有它鲜明的特点。首先突出了党的实事求是的思想路线和马克思主义与时俱进的理论品质。丛书以马克思主义的实事求是的思想路线为指导，以大量的、客观的事实为依据说明，中国共产党是建设中国特色社会主义的领导核心，马克思列宁主义是我们党的指导思想。《马克思主义与时俱进 100 例》运用逻辑与历史相统一的研究方法，对马克思主义基本原理的来龙去脉进行了深入浅出的论述，从而令人信服地说明，一代又一代的马克思主义者和共产党人通过不断的社会实践和理论创新，不断为马克思主义增加了鲜活的内容，从而使马克思列宁主义永葆青春和活力。马克思主义与时俱进的理论品质在这本书中得到了生动的体现。

其次，这套丛书具有"三贴近"的特点。丛书用翔实的史料、生动感人的事例，再现了中国共产党的光辉历史，从理论与实践的结合上揭示了党的思想路线与群众路线的统一、思想与行动的统一、目标和纲领的统一。广大党员、干部和群众可以从这些熟悉的、发生在身边的感人事实中看到中国共产党是他们的主心骨。

再次，这套丛书从新的角度阐述了"三个代表"重要思想。丛书从分析精选出来的马克思主义与时俱进 100 例中总结出马克思主义发展的一般规律。从而说明了"三个代表"重要思想和马克思列宁主义、毛泽东思想、邓小平理论既一脉相承又与时俱进的关系，因此，马克思主义与时俱进 100 例对广大党员干部和群众学习马克思主义，尤其是学习"三个代表"重要思想有着重要的参考价值。中国共产党实事求是、艰苦奋斗、执政为民这三个"100例"，则从总结历史经验的角度，论证了贯彻"三个代表"重要思想关键在于坚持与时俱进，核心在于坚持党的先进性，本质在于坚持执政为民。为此提供了许多生动感人的资料。广大党员干部可以从党的重大决策形成过程中，从党的曲折奋斗的经历中，从一个个有血有肉的优秀党员干部的形象中，汲取营养，获得智慧。

最后，需要特别指出的是，这套丛书在总结多年来党校宝贵的教学经验基础上，实际上提出了要用案例来进行理论教学和理论宣传的好思路。党校教学的特点和要达到的目的就是增强针对性和提高实效性。这套丛书回答了当前党政干部关注的重大理论与实践问题。丛书虽然不是一般的理论著作，探讨的也不是很深的学术问题，但丛书结合了党校教学的特点，有针对性地回答了党政干部尤其是高中级干部从实践中带来的难点热点问题和急需从理论上加以回答的深层思想理论问题。同时，丛书所举的案例都是党校学员自身、或身边发生的事情，或者是他们熟悉和了解的事情。这种用案例来论述重要结论的方法说到底是一种良好的学风，值得我们搞理论教学和理论宣传的同行借鉴。当前中央党校教学和科研正面临着新一轮的改革。改革的目的就是使"三个代表"重要思想更好地进课堂、进教材、进学员头脑。这套丛书所使用的案例分析法为我们提供了很好的参考。

当然，由于丛书篇幅有限，不可能把所有典型事例都纳入其中。重要的是，我们从中可以受到启发，认识到建设中国特色社会主义实践没有完结，马克思主义中国化的进程也没有完结。中国共产党人必须在这个过程中，自觉为马克思主义理论宝库增添新内容，为中国共产党的自身建设做出新贡献。这也是这套丛书给我们的另一重要启示。

七 一部研究党校教学的力作[①]——《党校教学论》评介

中央党校原副校长杨春贵教授的新著《党校教学论》，最近已由中央党校出版社正式出版。作者长期从事马克思主义理论

1984年7月10日，杨春贵全家于中央党校校园内

[①] 原载《学习时报》2003年4月13日，作者赵理文，中央党校教务部副主任、教授。

的研究、宣传和教育工作，1978年以来一直在中央党校的课堂上为党的高中级领导干部和研究生上课，有着丰富的教学经验和高超的讲课艺术。1994年起又担任中央党校副校长，主管教学工作。他在教学和教学管理实践中，对党校教学的方方面面特别是党校教学的特点和规律进行了深入的思考和研究，形成一系列思想成果。本书将作者近十年来特别是担任主管教学的副校长以来关于党校教学的讲话和文章分类编辑，形成一个比较全面的教学理论体系，内容包括教学指导思想、教学方针、教学内容、教学方法、教学管理、教材建设、队伍建设、分校工作、地方党校工作等。

本书根据中央关于党校教育的一系列指示，以多年教学实践为基础，结合近年来党校教育的新情况、新特点和新经验，就党校教育问题提出了许多富有创造性和重要价值的新见解。现列举一二，以飨读者。

关于贯彻理论联系实际的方针。作者认为，具体到党校教学上，就是要坚持"两为主、一加强"的教学方针。坚持"两为主"，就是要求学员认真读书，特别是认真阅读马克思主义经典原著、党和国家的重要文献，努力在党校造成一种认真学习的风气；在教学安排上要保证学员有足够的自学时间。坚持"一加强"，就是要加大研讨的分量，提高研讨的质量，使学员通过研讨，开拓解决问题的思路，提高解决问题的能力。理论联系实际，既包括联系改造客观世界的实际，也包括联系改造主观世界的实际。理论联系主观世界的改造，要实现两种转化：一是理论转化为能力，二是理论转化为品德。在党校的课堂教学中，"马克思列宁主义基本问题"和"毛泽东思想基本问题"教学阶段如何联系实际要做到"四个结合"：一是结合历史实际，了解经典作家在什么历史条件下，针对什么历史课题，回答了什么基本问题，从中学习马克思主义的立场、观点、方法，掌握具有普遍意义的科学原理，用以思考、分析、解决我们所面临的现实问题；二是结合总结历史经验和教训，澄清对马克思主义的误解和曲解，提高辨别真假马克思主义的能力；三是结合干部思想实际，解惑释疑，澄清模糊认识，提高干部的思想理论水平；四是结合马克思主义的历史进程，阐述科学的马克思主义观和对待马克思主义的科学态度，提高干部坚持和发展马克思主义的自觉性。

关于提高党校课堂讲授质量。作者认为，党校教师应该做到"五个必须具备"和打好"五个基础"，即必须具有较高的政治素质，扎扎实实地打好思想基础；必须具备深厚的马克思主义理论素养，扎扎实实地打好理论基础；必须具备科学合理的知识结构，扎扎实实地打好知识基础；必须具备理论联系实际的能力，扎扎实实地打好实践基础；必须具备较强的科研能力和教学能力，扎扎实实地打好能力基础。在本书中作者还就如何讲好"毛泽东思想基本问题"的课程，如何讲好哲学课、党史课、党建课、科技课等提出了自己的看法和经验。

关于教学相长和学学相长。作者认为，教学相长、学学相长是群众路线在党校教育中的体现，也是党校教育的一大特色。党校学员是一座宝贵的人才资源库，他们有丰富的实践经验、一定的理论水平和专业知识，有的还是某一方面的专家。他们既是学员，在一定意义上又是我们的老师，应当把学员在教学中的主体作用和教员在教学中的主导作用有机结合起来。在他看来，搞好教学相长和学学相长，应该做好四个方面的工作：

一是虚心向学员请教。教员要自觉地和有计划地向学员请教，如课前征求意见、课后个别交流和阶段性教学评议等。二是广泛开展双向交流。这是教学相长和学学相长的一种好形式。三是办好学员论坛。学员论坛可以弥补课堂不足，也有利于开发学员资源，活跃校园学术气氛。四是提高讨论和研讨的质量。要选好题，要多讲新话。

关于教材建设。作者认为，教材建设是党校的一项基本建设，是衡量党校教学水平高低的一个重要标准，也是党校科研成果的重要体现。为了适应培养高素质各级领导干部和理论工作者的需要，必须形成一整套具有严格科学性和时代精神的，多层次、高水平和系列化的党校教材体系。党校教材建设，要达到三个方面的要求：一是系列化。即根据全面提高干部素质的要求，编写出包括理论、知识、战略、党性各个方面的党校教材。其中，基本理论教材是教材建设的重点，包括马克思主义基本著作及其辅导教材、马克思主义基本问题教材（即"三基本"教材）和马克思主义基本学科教材（哲学、经济学、科社、政法、党建、党史等）；基本知识教材包括"五当代"教材和管理学、领导科学、社会学、文化学等方面的教材；战略思维教材包括战略思维理论、改革和发展中的重大问题研究、中外历史上的战略思想等方面的教材；党性教育教材除党建基本理论教材外，还包括典型案例分析等参考教材。二是分层次。他认为班次不同、学员对象不同，使用的教材也应该有所不同。全国党校系统应该分工合作，发挥各自优势，陆续编写出适合各级党校、各级干部需要的各个门类和学科的教材。三是高标准。他认为教材建设应当坚持质量第一的原则，努力体现党性与科学性、理论和实践、基本原理的系统性与时代性的统一，既适合党校教学需要，又具有较高学术理论水平，在国内外有一定地位和影响。

关于教学管理和教学队伍建设。作者认为，从严治校，加强管理，要处理好四个方面的关系：一是正确处理管理制度的制定和管理制度的落实的关系，做到有章可循和有章必循并举；二是正确处理思想政治工作与制度管理相结合；三是正确处理学校管理与学员自律的关系，做到学校管理与学员自我管理有机统一。在教学管理方面，要继续坚持和完善集体备课制度、教学"三到位"制度、教学评估制度等行之有效的制度，逐步形成规范化、制度化、现代化的教学管理体系，同时要不断提高教学管理人员的素质，加强管理的思想性和创新性。在学员管理方面，既要严格管理和大胆管理，继续坚持和完善入学教育制度、生活管理制度、计划外活动报批制度，使学员管理制度科学规范、有章可循，同时又要充分发挥学员自我管理、自我服务的作用，尤其是发挥学员支部的核心作用。

作者认为，加强师资队伍建设，要把提高师资队伍的政治素质放到首位，同时要大力提高师资队伍的理论素质和运用理论解决实际问题的能力，还要采取切实有效的措施，建立和完善有利于人才脱颖而出的管理机制和适应党校教学科研需要的合理学科结构等。

总之，正如有的同志所说的那样，"这是一本专门论述党校教育的，有权威性的、不可多得的好书"，相信它的正式出版，对研究党校教学的特点和规律，深化教学改革，推动教学工作，必将有所补益。

八 实现"步步高"要求的可喜成果[①]
——《马克思主义与社会科学方法论》评介

对高校青年学生,从专科生、本科生到硕士生、博士生,普遍进行马克思主义思想政治理论教育,是我国社会主义教育的本质特征,是我国社会主义现代化建设人才培养的根本要求,也是青年学生自身健康成长和成才的内在需要。然而,高校中不同学历层次的思想政治理论课的教学内容如何根据学生的实际情况和需要加以必要的区分和界定,则是深化高校思想政治理论课教学改革中需要着力研究和解决的一个重大课题。全国高校的思想政治理论课在实施"05方案",对本科生和专科生进行新一轮课程设置改革的基础上,中宣部、教育部又于2010年8月6日颁发了《关于高等学校研究生思想政治理论课课程设置调整的意见》,提出在硕士研究生中开设选修课"马克思主义与社会科学方法论"。这是高校思想政治理论课课程设置改革的又一项重要举措。作为高校思想理论教育战线上的一名老兵,我有幸应邀参加了"马克思主义与社会科学方法论"这门新课程教学大纲编写研讨和教材审读的全过程。我认为,这门新课程的设置和相应的教学大纲、教材的编写、出版及应用,有力地深化和推进了高校思想政治理论课的教学改革,在探索实现中央领导同志提出的关于高校不同学历层次的思想政治理论课应该"步步高"要求上,取得了十分可喜的成果。具体说

[①] 原载《思想理论教育导刊》2013年第4期,作者杨瑞森,教育部社科司原司长,湘潭大学毛泽东思想研究中心特聘教授。

来，大致有以下几个方面：

其一，课程设置的合理性与青年学生健康成长成才实际需要的适应性。就高校思想政治理论课程设置的改革而言，应该说，在对本科生普遍进行马克思主义基本原理课程教育的基础上，为硕士研究生专门开设关于马克思主义社会科学方法论的选修课课程，是高校思想政治理论课程设置改革的一种创新。众所周知，马克思主义的世界观和方法论是一致的，有什么样的世界观就会有什么样的方法论。但是，世界观和方法论又不是完全等同的，二者又有所区别，侧重点有所不同。原理是方法的基础，方法则是原理的实践运用。在马克思主义理论体系中，实践性是其根本特征，马克思主义的伟大历史作用正在于它为人类认识世界和改造世界提供了科学方法论。我们党在领导和推进马克思主义中国化的整个历史过程中，始终十分重视对马克思主义科学方法论的学习、研究、把握和运用。毛泽东强调，学习马克思主义"重要的是要注意研究其方法"；在我国社会主义建设新时期，邓小平在谈到广大干部学习马克思主义问题时，也特别强调"很需要从思想方法、工作方法上提高一步"。他在1992年的"南方谈话"中还提出了"学马列要精，要管用"的重要命题，这其中就深刻地蕴含了对学习和把握马克思主义方法论的高度重视。就青年学生自身健康成长与成才的客观需要而言，应该说，青年学生在其世界观、人生观和价值观的形成时期，特别需要加强对科学思想方法、思维方式和研究方法等素质和能力的学习与培养。高校思想政治理论教育的历史经验表明，青年学生对马克思主义基本理论的深刻把握，对党的路线、方针、政策的深入理解和认同，对现实生活和实际工作中遇到诸多复杂问题或矛盾的科学认识与分析，对各种社会思潮的辨析与澄清等，都离不开对马克思主义社会科学方法论的深刻理解和把握。所以，在普遍学习马克思主义基本原理的基础上，进一步深入学习和把握马克思主义社会科学方法论是完全必要的。

其二，教材基本内容和理论框架设计的创新性和整体风貌的时代性。本教材把马克思主义社会科学方法论的丰富内容概括为四个方面和七条基本方法。四个方面是：实践基础、辩证思维、主体活动和世界眼光；七条基本的研究方法是：以实践为基础的研究方法，社会系统研究方法，社会矛盾研究方法，社会过程研究方法，社会主体研究方法，社会认知和评价方法，以及社会科学研究的世界视野。这样的概括具有创新意义，是以往的学术研究和教材建设中不曾有过的。这样的概括，把马克思主义的世界观和方法论高度统一起来，把马克思主义的社会历史观很好地转化为社会科学研究的方法论，并同时代特征和科技发展的最新成果结合起来，从而使教材具有鲜明的时代感。这样的概括和深入阐发，对于帮助青年学生运用马克思主义的科学世界观和方法论认识世界和改造世界、推进我国社会主义现代化建设事业的发展、廓清一些思想理论是非，有着重要意义。

比如，关于社会系统研究方法问题。大家知道，自20世纪30—40年代美籍奥地利生物学家冯·贝塔朗菲提出有机系统论和一般系统理论之后，到20世纪60年代系统科学逐步兴起和形成，至今仍在蓬勃发展，方兴未艾。系统科学的兴起和发展不但对传统科学的发展给予巨大推动和影响，而且对人类思维方式也产生了深刻影响。这样，就提出了系统论等现代科学同马克思主义科学世界观和方法论的关系问题。人们会注意到，在国际和国内的科学界和学术界，确也存在着某种利用现代科学的发展否定或替代马克思主义世界观、方法论的学术倾向。这一倾向对青年学生有着重要影响。针对这一情况，本教材不但正面地阐明了系统科学等现代科学产生的历史必然性和对社会科学研究的方法论意义，而且引用我国著名科学家钱学森的重要论点，强调指出：辩证唯物主义体现的物质世界普遍联系及其整体性的思想，也就是系统思想。系统思想是辩证唯物主义的内容，绝不是外国一些人所说的那样是20世纪中叶的新发展和现代科学技术独有的内容。与此相对应，本教材不但把马克思在《〈政治经济学批判〉序言》中关于唯物史观的那段经典表述作为对社会历史研究的方法论指导，而且还以这段论述为中心，具体地从方法论上对社会这个复杂大系统的主要构成要素及其相互关系展开深入分析。显然，这样的研究和分析，既深入地揭示了马克思主义作为世界观和方法论的科学性和当代价值，也鲜明地阐明了马克思主义的新发展和时代性。

又如，关于社会科学研究的世界视野问题。大家知道，近代以来随着经济全球化和市场经济在全球范围内的迅猛发展，资本主义的发展和社会主义的运动出现了许多错综复杂的新情况、新问题和新特点，人类的生产方式、生活方式和思维方式也发生了深刻变化。在这种背景下，如何运用马克思主义的科学世界观和方法论分析和把握人类社会发展的规律与趋势，正确认识和处理经济全球化条件下的各种重大关系，这就需要深入学习、研究和把握马克思主义关于世界历史的理论，以及与此相关的科学的世界视野和方法。我认为，教材关于"社会科学研究的世界视野"一章的新颖之处有如下三条：一是对马克思的"世界历史理论"的科学内涵、基本内容和形成发展的历史过程做了科学概括,明确指出马克思的"世界历史理论"为经济全球化和市场经济全球性展开提供了理论根据。二是马克思的"世界历史理论"同他所创立的唯物史观和剩余价值理论紧密结合起来,并运用于对近代以来世界经济及其社会发展趋势的分析和研究,深入地分析了经济全球化背景下的内在矛盾,特别是国际性剥削造成的两极分化的矛盾,以及一些西方国家为了自身的战略利益而干预发展中国家内部事务、制造地区冲突的行径,深刻指出只有通过生产力的充分发展,扬弃现有的生产方式,消除造成阶级之间、民族国家之间的利益矛盾的根源,方能从根本上消除经济全球化所固有的内在矛盾。三是深刻地揭示了马克思"世界历史理论"所蕴含的广阔的全球视野、深邃的历史眼光、求真务实的科学态度和解放全人类的远大情怀,并将其作为认识和研究方法,深入分析了当今世界在社会中出现的诸如全球化与民族化、统一性与多样性、社会主义与资本主义等重大关系问题,为我国社会主义建设新时期坚持改革开放、坚持中国特色社会主义做了深刻的理论阐发。显然,这样的理论内容是以往的思想政治理论课不曾有的,是对以往思想政治理论课的深化和提升。

其三,教材编写指导思想的明确性和理论是非观点的鲜明性。编写组在教材"前言"中强调指出,本教材在编写中力求体现两个主要特点和要求:一是这门课是思想政治理论课,而不是一般文化知识课;二是这是一门方法论课,而不是哲学原理课。应该说,本书编写组明确提出这两条编写指导思想,是十分重要的和必要的。"马克思主义与社会科学方法论"作为高校高层次硕士生的思想政治理论课,其基本的理论内容当然不应停留在对马克思主义基本原理及其应用的一般性论述和阐发上，而应对某些深层次重要理论问题和实践问题，特别是青年学生普遍关注的某些热点难点问题，以及与青年学生健康成长和成才紧密相关的一些重要认识问题，从马克思主义社会科学方法论的角度给以深入分析和阐发。在实现这一目标要求上，本教材编写组做出了很大努力，取得了明显成绩。比如，关于利益分析与阶级分析方法关系、马克思主义阶级分析法与韦伯阶层分析法的本质区别、马克思主义阶级阶分析方法在社会主义社会中的适用性和特殊性的分析和论述；关于社会历史发展的曲折性和前进性、中国社会主义发展的复杂性、特殊性、实践性和探索性，以及中国特色社会主义事业发展的历史性成就和重大现实问题的分析和论述；关于矛盾与和谐、理论创新与社会实践、解放思想与实事求是、价值的历史性和阶级性与传承性和普适性、改革发展和稳定等辩证关系和辩证思维方式的分析和论述；关于对诸如"西化论""价值中立论""儒化论"和两种教条主义等社会思潮的分析和批判；关于青年学生作为推动社会历史发展的主体，如何实现正确的主体性选择、发挥主体能动性和加强自身精神品格、学风修养等方面的分析和论述，都给人以深刻的方法论启示，从而推动了高校思想政治理论教育的提升。

深化高校思想政治理论课改革，实现中央提出的关于不同学历层次的理论教育"步步高"的要求，编写好相关的教学大纲和教材，须经历一个在教学实践中逐步探索和完善的过程。这部《马克思主义与社会科学方法论》教材，是按照教育部颁发的本课程教学大纲编写的，而教学大纲和教材的编写是同一个编写班子，是由中央党校原副校长杨春贵教授为组长、以高校思想政治理论课教师为主体的几位既有深厚马克思主义理论造诣，又有丰富领导工作和思想政治教育工作经验的知名学者组成的，教材编写又经过长时间酝酿讨论和多次认真修改。所以，从总体上看，这部教材是一部较为成熟的教材。当然，《马克思主义与社会科学方法论》作为一门新课程和新教材，不可避免地也会存在一些值得进一步深入研究和更臻完善的问题。在我看来，主要有以下三点：一是在教材某些章节目的标题表述和书稿正文的论述上，仍需从方法论上加以提炼和表述，以增强教材的方法论特色；二是在教材内容上，要进一步下功夫从方法上对党的路线、方针和政策，以及青年学生关注的深层次热点难点问题做出分析、回应的阐发，以增强教材的针对性和现实感；三是在某些具体理论内容的提法上和相关资料的使用上，以及教材内容的相互关联上，应进一步加以推敲和协调，以增强教材的科学性和规范化。上述几点，只是一个老理论教育工作者个人的意见和建议，仅供本教材编者和使用者参考。

后　　记

　　这本书主要是讲我的半个多世纪学习、研究、讲授和宣传马克思主义哲学的历程和心得体会。编写工作前前后后经历了五年左右的时间。起先是应上海《毛泽东邓小平理论研究》编辑部之约，为他们的"思想者之旅"专栏写了一篇万余字《我的半个世纪的哲学教学与研究》一文，发表在该刊 2013 年第 8 期上。这实际上成了本书的雏形。过后不久，由钱伟长主编的《20 世纪中国知名科学家学术成就概览》出版哲学卷（科学出版社），我被列入其中。根据该卷编委会的要求，我将上海发表的那篇文章做了补充、修改，寄给了他们，被收入到 2014 年 8 月出版的哲学卷第 3 分册。又过了一年多，2016 年 1 月 28 日，在我 80 岁生日的时候，我的家人和一些学生、同事、朋友，聚在一起吃便饭，我在饭桌上做了一个"八十感言"的即席发言，主要谈了我这个来自祖国东北县城小镇的穷孩子怎样在党和国家的关怀、培养下，一步步成长起来，成为我们党的最高学府——中共中央党校的一名教师、一名理论工作者和一名领导干部，也谈了我几十年从教治学的一些心得体会，以及我与思想理论界一些同志的交往，从中受到的启发、教育和帮助。一些同志听了以后，觉得这个发言还有点价值，说，"一粒沙中见世界",从中可以了解一点那个阶段的历史,特别是当时党校教育和思想理论界的一些情况,建议我将这个发言同上述两篇文章糅在一起,出一本书。这样,两篇文章加一篇发言,就成了这本书的基础,又经过两年多的充实、修改,五易其稿,便成了今天这本呈现在读者面前的《我与马克思主义哲学》一书。

这本书大体包括四个方面内容。

一是介绍我的人生足迹和哲学生涯,重点是介绍改革开放以来我的哲学活动。意在说明,我个人的命运同党和国家的命运是紧密相连的,没有中国共产党的领导,没有中国革命的胜利,没有改革开放的好政策,就没有我的今天。我感恩党,感恩祖国,感恩人民。其中有两篇文稿带有小结的性质。一篇是《永远的追求:学好用好讲好马克思主义》。这是我从教几十年最主要的心得体会,也是我人生始终不渝的追求,是我生存方式不可分割的组成部分。我不知道,离开了这件事,我的生活还有什么意义。另一篇是《面向实际的哲学:若干理论问题的探索和体会》,简要地概括了我重点研究的几个方面的理论问题,如关于党的思想路线问题,关于正确处理人民内部矛盾问题,关于提高战略思维能力问题,关于社会科学方法论问题,关于反对形式主义问题,等等。从中可以大体了解我的理论活动的主要特点和理论风格,这就是比较重视对重大现实问题的理论思考,比较重视马克思主义哲学的大众化,比较重视对思想方法、工作方法、领导方法的研究。

二是答记者问——说人生论哲学。这又大体包括两类内容:一种是记者关于我的学术人生的报道,如《人民日报》发表的《潜心读经典 业精哲思深》,《学习时报》发表的《马克思主义哲学是实践的大众的哲学》,《光明日报》发表的《哲学与人民共命运》等,从总体上介绍了我的学术活动和学术思想。另一种是记者就某一理论问题对我进行采访的报道,一般都是带有解疑释惑性质、有重大现实意义的理论问题,如:怎样科学对待马克思主义,怎样把握邓小平理论的科学体系、精髓和主题,怎样正确理解科学发展观所说的"以人为本",怎样深入学习习近平总书记系列重要讲话,等等。这些访谈均系记者执笔,不曾收入我的文集,放到这里,有助于读者更全面、更充分地了解我的理论活动和学术思想。在此谨向各位记者同志表示深深的谢意。

三是写思想理论界的良师益友,反映我向他们学习的心得体会。这里有我们党的领导同志,有我的老师,有我的同行和朋友,共十三位。读他们的书和文章,听他们的讲话和发言,同他们在各种场合的交往,使我深受启发和教育。我的每一点进步,不仅是党和国家培养、教育的结果,也同他们的影响和帮助分不开,同我国哲学界群体的进步分不开。这部分书稿都曾在报刊上发表过,从不同方面讲述了他们对我产生的影响。例如,李瑞环同志的《学哲学用哲学》,艾思奇同志的《大众哲学》,肖前同志的马克思主义哲学教科书,黄枬森同志的马克思主义哲学史研究,韩树英同志的《通俗哲学》,龚育之同志的自然辩证法和党的思想路线研究,张江明同志的社会主义社会辩证法研究,金春明同志的"文革"史研究,中国农民思想家吴仁宝同志的哲学智慧,等等,在我国思想理论界、哲学界,都有相当的影响,我所写的这些书评和回忆文章,虽然难免有挂一漏万之嫌,但都是我真实的亲身感受。

四是本书附录:本人论著的学界评论。当年这些书评都是对我的论著的支持和鼓励，使我深受感动。今天读来，仍然常怀感念之情。现在附录于此，再一次向这些作者表示深深的谢意。

本书在编写和出版的过程中，得到许多同志的热情鼓励、支持和帮助。他们或协助收集资料，或协助翻拍照片，或协助打印书稿，或协助联系出版事宜，付出了辛勤的劳动。其中主要有：李作钦、罗归国、尤元文、王成志、杨信礼等。中国社会科学出版社的领导同志和责任编辑为拙作的出版付出了极大心血和智慧，令我十分感动。在此向各位同志一并表示深深谢意。

作　者

2017 年 11 月 7 日于中央党校